KB099548

불쌍한
경제,
눈감은
정치

불쌍한 경제, 눈감은 정치

발행일	2020년 2월 17일		
지은이	권의종		
펴낸이	손형국		
펴낸곳	(주)북랩		
편집인	선일영	편집	강대건, 최예은, 최승헌, 김경무, 이예지
디자인	이현수, 한수희, 김민하, 김윤주, 허지혜	제작	박기성, 황동현, 구성우, 장홍석
마케팅	김회란, 박진관, 조하라, 장은별		
출판등록	2004. 12. 1(제2012-000051호)		
주소	서울특별시 금천구 가산디지털 1로 168, 우림라이온스밸리 B동 B113~114호, C동 B101호		
홈페이지	www.book.co.kr		
전화번호	(02)2026-5777	팩스	(02)2026-5747

ISBN   979-11-6539-080-8 03320 (종이책)   979-11-6539-081-5 05320 (전자책)

이 도서의 국립중앙도서관 출판예정도서목록(CIP)은 서지정보유통지원시스템 홈페이지(http://seoji.nl.go.kr)와
국가자료공동목록시스템(http://www.nl.go.kr/kolisnet)에서 이용하실 수 있습니다.
(CIP제어번호: CIP2020006286)

(주)북랩 성공출판의 파트너

북랩 홈페이지와 패밀리 사이트에서 다양한 출판 솔루션을 만나 보세요!

홈페이지 book.co.kr   •   **블로그** blog.naver.com/essaybook   •   **출판문의** book@book.co.kr

한 국 경 제 재 건 축

불쌍한 경제, 눈 감은 정치

권의종 지음

한국경제의 구조적 안정성과 결함 원인을 조사·측정·평가하여
보수·보강 방법을 제시한 경제 시평

북랩 book Lab

"경제 살리려면 모조리 헐고 새로 짓는 재건축이 해법"

경제가 힘이 없다. 소리 없이 시들고 있다. 절체절명의 위기라는 표현이 어울릴 정도다. 2019년 국내총생산(GDP)은 2.0% 증가에 그쳤다. 한국경제가 받아 든 최악의 성적표다. 실질 국내총소득(GDI)은 전년 대비 0.4% 감소했다. 1998년 이후 21년 만에 가장 낮다. 2026년 이후에는 경제성장률이 1%대로 주저앉을 것이라는 예상에 큰 이견이 없다.

수출은 두 자릿수 감소를 기록했다. 외환위기 이후 10년 만의 참사다. 재정을 풀어도 성장 엔진이 정상적으로 가동하질 못한다. 밑 빠진 독에 물 붓기다. 생산, 소비, 투자 등 거시 경제지표가 뒷걸음친다. 기업은 맥이 없다. 경쟁력이 소진되고 있다. 인건비 싼 나라를 찾아 떠나는 탈(脫) 한국이 러시를 이룬다. 자영업의 고통은 필설로 다 표현하기 힘들다. 공실 점포가 늘고, 재고떨이에 나서는 광경을 차마 눈 뜨고 보기 어렵다.

청년은 일이 없다. 대학을 나와도 갈 곳이 없다. 취업준비생이 70만 명을 넘었다. 노장년층은 돈이 없다. 삶이 고단하다. 명퇴의

칼바람을 피하지 못한 퇴직자의 실업급여 신청 행렬이 길어진다. 전국 110곳 고용센터가 초만원이다. 먹고 살랴, 자녀 기르랴, 노후 대책은 부실하다. 돈 몇 푼 쥐어보겠다고 폐휴지를 모으는 어르신들이 눈에 밟힌다.

고령화가 발목을 잡는다. 65세 이상의 고령인구 비율이 15.7%에 이른다. 거기에 매년 1% 가까이 늘고 있다. 저출산은 더 심각하다. 신생아 수가 매년 10%씩 급감한다. 2019년에 태어난 아이들이 32만 명에 그쳤다. 2020년생은 어쩌면 20만 명대까지 내려갈 수 있다는 분석이다. 집값은 다락같이 올라있다. 분양가 상한제 시행 이후 새 아파트 당첨은 로또 대박이 되었다. 평생 번 돈을 모아도 집 한 채 장만할 수 없는 현실이 눈앞에 벌어지고 있다.

GDP 증가 21년 만에 최저, 수출 감소 10년 만의 최악 국내 및 세계 경제전망 '먹구름'

살짝 건드리기만 해도 폭삭 주저앉을 것 같은 취약 지대가 도처에 널려있다. 산업, SOC, 농어촌, 고용, 교육, 연금 등 정부의 손길이 시급한 곳이 한둘이 아니다. 어디서부터 어떻게 손을 써야 할지 모를 지경이다. 모든 이슈가 하나같이 경제와 밀접하게 연관되어 있다. 부실이 비극으로 이어지지 않으려면 경제를 살리는 수밖에 달리 방도가 없다.

한국경제를 둘러싼 대외 여건 또한 순탄치 않다. 미·중 무역전쟁, 일본의 수출 규제, 남북 협력, 한미 방위비 협상 등의 난제가 즐비하다. 세계 경제도 불투명하다. 먹구름이 잔뜩 끼어 있다. 국제통화기금(IMF)은 2020년 세계 경제의 특징을 부진한 회복(sluggish recovery)으로 진단한다. 미국, 중국, 일본 등 세계 1~3위 경제 대국의 2020년 성장률이 지난해보다 둔화될 것으로 내다본다.

미·중 1단계 무역 합의가 이뤄지고, 영국의 '노딜 브렉시트' 가능성이 낮아진 긍정적 요인도 있다. 반면 미국과 EU 간의 새로운 무역 긴장이 조성될 수 있고, 미·중 갈등도 언제든 재발이 가능한 불안한 상태다. 최근 발생한 우한 폐렴의 파장이 세계 경제에 어디까지 미칠지 현재로서는 가늠조차 힘들다.

정치는 철이 없다. 현실을 통찰하고 미래를 읽어낼 줄 모른다. '선거가 중한지 경제가 급한지'조차 분별하지 못한다. 내놓은 공약이라는 게 허접하기 짝이 없다. 정당 간의 차이도 없다시피 하다. 공공 와이파이 확대, 유니콘 기업 육성, 골목상권 전용 화폐 발행, 대체휴일 늘리기 등이 고작이다. 경제 살리는 큰 그림은 안 보이고, 혈세로 비용을 줄여주는 쪼잔한 대책들만 눈에 띈다. 정책 경쟁은 기미조차 없고 꼼수 동원으로 표심을 현혹하려는 속내만 엿보인다.

힘없는 경제, 철없는 정치, 속없는 정부,
맥없는 기업, 일없는 청년, 돈 없는 노년, 정(情) 없는 사회

달콤한 레토릭, 선심성 포퓰리즘으로 부강해진 나라는 없다. 되려 경제를 힘들게 하고 국민을 빈곤의 나락에 떨어뜨리는 해악으로 작용한다. 동유럽과 남미 국가, 그리스를 보라. 경제에 눈감으면 자칫 그들의 전철을 밟을 수 있다. 어찌 보면 정치는 경제에서 비롯된다. 경제를 위한 정치가 되어야지, 정치를 위한 경제가 되면 안 된다. 혹독한 시련과 대가가 뒤따르게 마련이다.

정부는 속이 없다. 생각에 줏대가 없다. 자화자찬이 지나치다. 툭하면 경제가 나아지고 반등하는 징후가 보인다는 기대감을 드러낸다. 공감하는 자 많지 않다. 경제 활력 회복을 국정운영 방향으로 삼겠다는 다짐에도 시큰둥한 반응이다. 그런 소리는 예전에도 수없이 들어왔다. '경제낙관론'의 막연한 단정보다 차라리 '경제난관론'의 결연한 의지 표명이 더 설득력이 있을 듯싶다. 위기감이 더 나은 미래를 부른다.

사회에 정(情)이 없다. 민심이 두 동강 나 있다. 불신과 갈등의 골이 깊어지며 국민 분열이 가속화되고 있다. 무심코 건넨 정치 얘기 한마디로 지기지우(知己之友)가 등을 돌린다. 단체대화방에 불쑥 올라온 메시지에 상처받아 십년지기가 갈라선다. 편 가르기, 진영 논리가 도를 넘었다. 이분법의 가위로 세상만사를 재단하려 든다. 내 말만 옳고 남 얘기는 글렀다는 원리주의가 판을

친다. 가짜 뉴스까지 봇물을 이룬다. 대한민국 자화상의 일그러짐 정도가 깊고 크다.

경제가 살아나지 못하면 되는 일이 없다. 성장률을 끌어올리지 못하면 일자리 창출도, 소득 증가도, 커지는 복지 수요도 감당하기 어렵다. 국민의 삶이 나아져야 정치가 살고 국정 동력도 생긴다. 경제 살리기에 최우선 순위를 두고 올인 해야 하는 이유다. 근본적 변화가 절실한 때다. 없는 것투성이의 '지금까지의 경제'는 더 이상 안 된다. 있어야 할 게 꼭 있는 '앞으로의 경제'로 재탄생해야 한다. 낡은 경제 모조리 헐고 새로 짓는 재건축이 해법이다.

경제 부활에 경제주체 모두의 동참 호소
"세계가 부러워하는 한국경제 다시 만들자"

〈불쌍한 경제, 눈감은 정치〉라는 다소 과격하고 직설적인 제호를 내건 이 책에서는 한국 경제의 허약한 시스템과 부실한 행태를 마음먹고 담아내어 제대로 고쳐보고자 시도했다. 안전성을 정밀 진단하여 기존의 구조를 허물고 다시 짓는 경제 재건축을 도모하려는 것이다. 분야별로 진단과 대책을 함께 제시했다. 비전, 정책. 제도, 고용, 경영, 금융, 무역, 교육, 소비, 의식 등 10대 부문으로 나눠 집중적으로 건드렸다. 한눈에 보는 파노라마 사진처럼 한국경제의 미래 모습을 생생하게 꾸며 보려 했다.

경제를 누구보다 잘 알고, 또 걱정하는 사람으로서 더 늦기 전에 말해야 한다는 안타까움과 절박함이 참 많았다. 한국경제 살리기의 당위성과 가능성을 국민에게 널리 알리려 했다. 특히 선거와 정권에 혼이 빠진 정치권에 크게 외치려 했다. 이 책을 쓰기로 결심한 동기다. 이 책을 통해 한국경제의 화려한 부활에 경제주체들 모두의 동참을 호소하고자 한다. 대한민국 구성원이 함께 미래에 대한 비전을 공유하고 잠재된 실력을 무한 발휘하도록 촉구하고 싶다. 세계가 부러워하는 경제를 다시 만들어내는 것은 정부나 정치권만의 문제가 아니라, 우리 모두가 같이 풀어야 할 숙제인 것이다.

책이 나오기까지는 여러모로 힘이 되어준 손길이 많았다. 책 쓰기 결심을 진심으로 격려해주신 지구촌교회 조봉희 목사님께 감사의 인사를 드린다. 책자화 결정과 발간에 이르기까지 조언을 아끼지 않은 SIC 김진식 회장, 대한아이엠 조관영 대표와 박태영 소장, 호원대 박문서 교수, 목포 한사랑병원 조생구 원장, 금융소비자뉴스 정종석 발행인, 신용보증기금 K-DOC 박사들께도 고마운 마음을 전하고 싶다. 사랑하는 아내 안성혜, 믿음직한 자녀 지선, 지원, 선홍과 사위 홍지욱, 조병욱, 귀여운 외손 민기, 은성과도 출간의 기쁨을 함께하려 한다.

경제만큼이나 차가운 2020년 겨울

권의종

|CONTENTS|

PART 02 정책
-말보다 행동이다

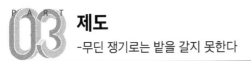

PART 03 제도
-무딘 쟁기로는 밭을 갈지 못한다

고용
-사람만 한 자산 없다

산업
-기업이 살아야 나라가 산다

PART 06 금융
-피가 잘 돌아야 건강하다

PART 07 무역
-22세기에도 수출은 우리의 먹거리다

교육
-이대로 가다 큰일 난다

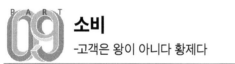

소비
-고객은 왕이 아니다 황제다

PART 10 의식
-유대인처럼만 해라

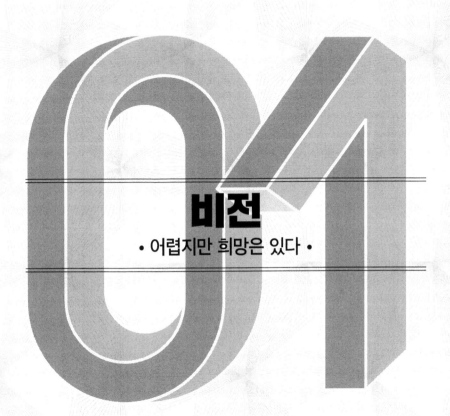

P A R T

04

비전

• 어렵지만 희망은 있다 •

01

온고지신의
혜안

어렵고 힘들수록 기업 위축되면 안 돼
근면한 부자의 풍모 한껏 떨치는 호시절 기대

세월은 거짓말을 안 한다. 365일, 12달이 지나면 어김없이 해
가 또 바뀐다. 2020년에도 새해의 동이 텄다. 금세기 두 번째 맞
는 경자(庚子)년 쥐띠 해다. 원단을 맞고 보면 으레 지난 한 해 동
안의 다사다난을 회고하며 저마다 야심찬 계획과 간절한 소망을
담는 일년지계(一年之計)를 호기롭게 세우곤 한다. 그게 어디 말
처럼 쉬운 일인가. 당장 지척의 시계조차 분간하기 힘든 불확실

한 시대상황의 면전에서 마음은 원(願)이로되 육신이 허약할 따름이다.

기업인들도 다를 바 없다. 사뭇 신중하게 마음가짐과 자세를 가다듬고 한 해의 경영 계획과 전략을 떠올려본다. 개략적 밑그림조차 선뜻 그려내기 여간 힘든 게 아니다. 그럴 바에는 차라리 온고지신의 혜안을 부릅뜨고 지난 세기 이후 쥐띠 해에 일어난 여러 가지 일들을 하나하나 되짚어 보고 이를 토대로 앞날을 더듬어 보는 것도 상책은 못될지언정 차선지책 정도로는 충분할 성싶다.

20세기 첫 쥐띠 해였던 1912년. 우선 일제강점기의 토지조사사업의 쓰라림을 더듬게 된다. 일본 제국은 당시 애매하고 혼란한 재래의 토지 소유관계의 정리와 개편을 빌미로 삼아 8년에 걸쳐 대규모 조사사업을 벌인다. 이 땅 한반도에서 식민지 정책을 제대로 펼치기 위해서는 근대적 토지소유권 확립이 가장 선결해야 할 과제로 삼았을 터이다.

1924년 갑자년에는 일제 수탈이 노골화되면서 기근이 창궐한다. 새해 벽두인 1월부터 전라남도 광주의 농민 500여 명이 소작쟁의로 경찰서를 습격한다. 무안군 암태면 농민 600여 명은 구속농민 석방을 외치며 시위에 돌입한다. 금산, 진안, 익산은 대흉작이 들어 기근자 1만 4,000명, 하루 1식자가 4만 5,000명에 이른다. 황해도 재령군 북률면에서는 동척 소작인들이 소작료 불납 동맹에 나선다. 쌀이 남아돌아 고민하는 오늘의 상황과 대비되어

가슴이 미어진다.

눈 부릅뜨고 과거에 일어난 일 되짚고 앞날 더듬는 차선지책의 일년지계 세워볼 만

1936년 병자년에는 일장기(日章旗) 말소사건이 터진다. 동아일보와 조선중앙일보가 그해 8월 하계 베를린올림픽대회 남자 마라톤에서 우승한 손기정 선수의 우승 사진을 개재하면서 유니폼에 그려진 일장기를 없앴던 게 화근을 부른다. 이후 동아일보는 무기 정간 처분을 당하고, 조선중앙일보는 휴간에 들어간다. 세계 언론역사에서도 보기 드문 사례로 꼽힌다.

1948년 무자년은 한국사의 뜻깊은 한 해였다. 5월 10일 대한민국 최초의 국회의원 선거가 실시된다. 198명의 의원으로 제헌국회가 구성되고, 정부수립 활동을 개시한다. 7월 17일에는 대한민국 제헌헌법이 공포된다. 이어 8월 15일 대한민국 제1공화국 정부 수립되고, 바로 그다음 날 미군정은 대한민국 정부에 정권을 이양한다.

여기에 1960년 경자년에는 4월 혁명이 일어난다. 제1공화국 자유당 정권은 이기붕을 부통령으로 당선시키기 위해 개표를 조작한다. 이에 반발하여 부정선거 무효와 재선거를 주장하는 학생 시위가 잇따른다. 전국에 걸친 대규모 시민들의 반독재투쟁 혁명

불쌍한 경제,
눈감은 정치

으로 확대된다. 급기야 이승만 대통령은 하야를 발표한다. 자유당 정권의 막이 내리고, 그 후 과도 정부를 거쳐 제2공화국 출범으로 이어진다.

1972년 임자년에는 7·4 남북공동성명이 발표된다. 대한민국과 조선민주주의인민공화국이 국토 분단 이후 최초로 통일과 관련하여 공동성명을 합의·발표한다. 자주, 평화, 민족대단결의 3대 통일원칙이 천명된다. 결과는 초라하다. 통일논의를 통해 남북 양측이 권력 기반 강화를 위해 이용했다는 오점을 남긴다. 지지부진하기만 한 남북관계가 이어지는 현실을 맞아 당시 상황이 재현되는 건 아닌지. 격세지감이 무색하기만 하다.

┃ 쥐띠 해라고 다른 해 비해 애사 많았을 리 없어
┃ 과거 아픔 들춰, 새해 액땜을 대신

같은 해 말에는 제4공화국 유신헌법이 공포된다. 말이 좋아 제7차 헌법 개정이지, 실제로는 구헌법을 폐지하고 새로 만든 헌법이다. 조국의 평화적 통일 지향, 민주주의 토착화, 실질적인 경제적 평등 실현을 위한 자유 경제질서 확립, 자유와 평화 수호의 재확인을 표방했다. 단지 말장난에 그쳤다. 박 대통령의 장기 집권시대를 여는 서막에 불과했다는 지적에서 자유롭기 어렵다.

1984년 병자년에는 태풍 '준'이 한반도를 강타한다. 서울 등 중

부지역에 집중호우를 뿌린다. 망원동, 성내동, 풍납동 등이 물에 잠겨 서울에서만 10만여 명의 수재민이 발생한다. 2만 채 이상의 주택이 침수된다. 사망 189명, 실종 150명, 재산피해 2,502억 원에 달한다. 그 와중에 전두환 대통령은 일본을 방문했고, 히로히토 일왕은 일제강점기에 대해 유감을 표한다. 무역 갈등, 지소미아 등으로 얼룩진 지난해의 한일관계와 비춰볼 때 묘한 비감마저 일게 한다.

지난 2008년 무자년에는 삼성그룹의 불법 비자금 의혹을 수사하는 삼성특검이 실시된다. 삼성의 지배권 승계와 관련된 고소·고발된 4개의 사건과 김용철 변호사가 주장한 비자금 조성과 로비 의혹 등이 수사의 범위였다. 결국 특검은 삼성의 불법 상속에 면죄부를 주었다는 평가를 받고 만다. 정경유착, 분식회계, 노조와해 등 불법 유혹을 떨치지 못해 이직도 단죄를 받는 삼성을 보며 정도(正道)경영의 절실함을 새삼 깨닫게 된다.

본디 역사는 비극을 보다 잘 기억하는 속성이 있다. 즐겁고 좋았던 일보다 힘들고 어려웠던 일이 더 기록으로 남게 마련이다. 쥐띠 해라고 해서 유독 다른 해에 비해 애사가 많았을 리 없다. 어쨌든 지난 과거사의 아픔을 들춰봄으로써 새해 액땜을 대신하고자 하는 마음 간절하다. 풍요와 근면의 상징 쥐. 부디 2020년 쥐띠 해만큼은 기업들이 국민 앞에 더 이상 나약하고 위축된 모습보다는 부지런하고 의젓한 부자(富者)의 풍모를 한껏 떨치는 호시절이었으면 하는 간절한 바람을 보탠다.

02

비관과 긍정, 모두 다 쓸모 있다

> 비관론은 만약에 대비하는 플랜B로
> 긍정론은 자신감 있는 정책추진 준칙으로 응용하면 제격

　사람들은 늘 경제에 관심이 높다. 모이기만 하면 말머리가 자연스레 경제에 쏠린다. 지금 경제 상황이 어떤지 앞으로 어떻게 돌아갈지를 두고 관심과 궁금증이 증폭되곤 한다. 국내외 연구소들은 앞다퉈 경제 전망을 마구 쏟아낸다. 전문가의 토론이나 세미나도 백가쟁명(百家爭鳴)을 이룬다. 본디 희망보다 불안이 앞서서인지 대개는 비관적 전망이 우세를 견지한다.

비관론의 근거는 별반 새로울 게 없다. 지금까지 그래왔던 것처럼 앞으로도 그럴 것이라는 평이한 예상이 주류다. 지난해에 이어 올해에도 미·중 간의 극적인 갈등 해소가 어려워 무역 제재와 이로 인한 교역 차질이 불가피할 것으로 내다본다. 당장의 수익 창출이 힘겨운 4차 산업혁명 관련 투자도 위축될 것이라는 예측을 내놓는다. 수요 위축이 투자와 수출에서 소비로 번지면서 경기하향의 골이 더욱 깊어질 거라는 우울한 추정을 하기도 한다.

국내 경제를 보는 시각도 어둡다. 성장동력이 빠르게 추락하는 현 상황이 상당 기간 이어질 것으로 진단한다. 세계경제 하향세가 멈추지 않는 한 수출의존도가 높고 다른 제조국가들에 중간재와 자본재를 공급하는 한국 경제로서는 타격이 클 수밖에 없다는 지적을 한다. 향후에도 국제교역 추세가 둔화되고 반도체 경기가 살아나지 못하는 한 경기침체와 수출 부진을 면하기 어렵다는 우울한 결론을 내린다.

걱정에는 한정이 없다. 지금부터는 생산가능 인구 감소가 본격화되어 내구재 중심의 소비 저하가 불가피할 것으로 내다본다. 주택경기 하향에 따른 투자 위축으로 건설투자가 마이너스 성장세를 지속할 소지가 있는 점도 악재로 꼽는다. 저성장 기조와 함께 0%대의 낮은 물가상승률이 지속될 경우 공포의 디플레이션이 현실화될 수 있다는 불길한 가설까지 세우고 있다.

향후 경제성장, 비관적 전망 우세하나,
올해보다 나아질 거라는 '경기바닥론'에도 무게감

국내 산업에 대한 시계(視界)도 캄캄하다. 나이스신용평가가 발표한 「2020 산업 전망 및 산업위험 평가 결과」 보고서 내용 역시 뜻밖이다. 비관 일색이다. 평가대상 40개 산업 가운데 올해가 지난해보다 업황이 좋아질 것으로 예측되는 분야가 단 하나도 없다. 32개 산업이 지난해 수준을 유지하는데 그치고, 8개 산업은 되레 더 나빠질 것으로 예측한다.

석유화학과 소매 유통, 디스플레이 패널, 종합건설, 주택 건설업, 시멘트, 부동산 신탁, 할부 리스 등이 지난해보다 더 힘든 올해를 보내게 될 업종으로 지목된다. 작년에 대한 전망에서는 메모리 반도체, 정유업 등은 그나마 업황이 좋을 걸로 예상되었다. 올해에 대한 전망에서는 그런 호황 업종마저 눈에 띄지 않는다.

2020년 중 자동차 부품, 소매 유통, 디스플레이 패널, 생명보험 등 4개 산업에서 신용등급이 떨어지는 기업이 속출할 것으로 추정한다. 나머지 산업의 기업들마저도 전년 수준에 머물 것으로 바라다본다. 신용등급 상승이 예상되는 산업이 전혀 없다는 사실이 도무지 믿기지 않는다. 관련 분석을 시작한 이래, 이듬해 신용등급 전망에서 '긍정적'인 산업이 하나도 없었던 적은 작년뿐이다.

그런 영향 때문일까. 글로벌 큰손들이 한국 쪽보다 중국 증시로 몰리고 있다. 2020년 들어서도 기관투자나 큰손의 개인투자자의 돈이 중국을 향하고 있다는 분석이다. 미·중 무역 갈등이 해빙 무드로 접어들면서 내수 회복이 예상되는 데다, 첨단기술 지원에 중국 정부가 나서고 있어 관련 업종의 실적 개선이 점쳐지기 때문이다.

경제 전망은 말 그대로 '전망', 시간 지나면서 조정되게 마련
턱없는 과시, 지레 위축은 금물

긍정론이 없을 리 없다. 국제통화기금(IMF) 등 글로벌 기관에서 발표되는 다수의 경제전망 보고서는 올해는 한국 경제 성장률이 지난해보다 높아질 것으로 밝게 추정한다. 한국개발연구원(KDI) 역시 2019년과 2020년 경제성장률을 각각 2.0%와 2.3%로 올려 잡았었다. 2020년 내수와 수출의 개선이 제한적 수준에 그칠 것을 인정하면서도 지난해보다 높은 수준의 성장률을 제시했다.

정부도 낙관을 호언한다. 경제가 올해는 지난해보다 좋아질 것이라는 자신감을 연이어 피력한다. 경제부총리는 올해에 최소 2.2% 이상의 경제성장을 위해 정책 역량을 집중하겠다고 장담한다. 과거의 정부 행적에 비추어 볼 때 심리적 기대치에 불과할 소지가 없지 않다. 그래도 당면한 상황이 워낙 절박한지라 정부를 믿고 싶은 마음이 굴뚝같아질 수밖에 없는 현실이기도 하다.

실제로 한국 경제가 지난해 저점을 찍고 2020년에는 최소한 지

불상한 경제,
눈감은 정치

난해보다 나빠지지는 않을 거라는 '경기바닥론'이 고개를 들고 있다. 경기회복, 기저효과 등으로 플러스 증가율의 수치 개선이 나타날 가능성을 점치는 이들이 시나브로 늘고 있다. 일부 전문가들도 경기회복에 무게감을 더한다. 다만 여기에는 여러 조건들이 전제되어 있다. 미·중 간 갈등 완화, 반도체 사이클 회복, 소재와 부품 산업 집중 투자, R&D 분야 노동유연성 확보, 획기적인 규제 해소 등의 난해한 단서들이다.

결국 그게 그 소리다. 비관과 긍정, 추론은 상이하나 논지는 동일한 셈이다. 양쪽 주장 모두 버릴 게 없다. 쓸모 있게 응용하는 게 관건이 된다. 비관론은 경계심을 유지하며 만약에 대비하는 플랜B로 활용하면 제격이다. 긍정론은 자신 있는 정책추진의 준칙으로 더할 나위 없다. 경제 전망은 말 그대로 '전망'에 불과하다. 어차피 시간이 흐르면서 조정이 반복되게 마련이다. 턱없는 과시는 금물이나 지레 겁먹고 떨 필요도 없다. 경제는 자신감이 요체다.

03

풍전등화 경제를 '바람 불어 좋은 날'로

위기 크면 기회도 커
거센 바람이 큰 배 만들 듯 세찬 바람(wind)서 벅찬 바람(hope) 찾을 때

〈바람 불어 좋은 날〉. 중년 이상은 다들 기억하는 추억의 영화다. 1980년에 발표된 작품이다. 최일남의 중편 소설 『우리들의 넝쿨』이 원작이다. 시인이자 소설가인 송기원이 각색했다. 반정부 활동 혐의로 수배 중이던 송기원은 자신의 이름을 올릴 수 없자, 엔딩 자막에 '이장호 각본'으로 써넣었다. 1980년대 고도성장 속에서 빈발한 억압과 빈곤, 사회적 모순을 블랙코미디로 처리했다.

불쌍한 경제,
눈감은 정치

서울에서만 10만 명이 넘은 관객을 모았다. 지금에 비하면 초라한 실적이나 당시로는 엄청난 흥행이었다. 제19회 대종상 영화제 3개 부문, 제17회 백상예술대상 영화 부문 대상을 비롯하여 3개 부문을 휩쓸었다. 광주민주화혁명 발생으로 엄격했던 검열을 통과할 수 있었던 데는 나름 가슴 죄는 사연이 숨어 있다.

검열위원회에서 주제 의식과 표현 방식이 문제가 되었다. 통상 2시간 남짓 걸리는 심사 시간이 10시간으로 길어졌다. 소설가 박완서 위원의 지지와 설득이 주효했다. 부정적 생각이던 검열위원들의 마음을 어렵사리 돌릴 수 있었다. 시골 청년의 상경기를 통해 여러 군상의 세태를 풍자, 구시대적 질곡을 통렬히 날리고 새 시대에 대한 갈망을 표출했다는 호평가를 받았다.

중국집 배달부, 이발사 견습생, 여관 종업원으로 일하는 덕배, 춘식, 길남 세 젊은이는 각각 세 여자를 만나 사랑을 나눈다. 그러던 어느 날 춘식은 폭행 사건에 연루되면서 교도소에 가게 된다. 길남은 군 소집영장을 받고 입대하기에 이른다. 세 청년은 좋은 날에는 바람 불어도 흔들리지 않아야겠다고 서로 다짐한다. 쉬지 않고 바람이 몰아치는 세상에서 흔들리지 않고 끝까지 버티려는 모습에 가슴이 뭉클해진다.

'바람 불어 좋은 날'
바람 부는 세상서 흔들리지 말자고 다짐하는 장면, '가슴 뭉클'

"까마귀는 바람 부는 날 집을 짓는다."

아모레퍼시픽 본사에 가면 만나게 되는 글귀다. 서경배 회장이
자주 쓰는 말이라 한다. 해설이 그럴듯해 마음이 쏠린다. "까마귀
는 나뭇가지를 물고 와 집을 짓는다. 바람이 없는 날 집을 지으면
바람이 셀 때 무너진다. 잘 나가는 기업도 바람이 불면 훅 한 방
에 갈 수 있다. 항시 위기의식을 가져야 한다"는 당부의 덕담이다.

위기가 기회가 되는 것은 역사가 수없이 증명한다. 유대인이 대
표적 사례다. 중세시대 주력 산업이던 농업에서 소외된 유대인은
상업과 금융업에 진출, 되레 더 많은 부를 축적할 수 있었다. 근
대에 와서는 소매업 진출 길이 막히자, 도매 유통업에 진출, 제조
업과 소매업의 중간에서 양쪽 전후방 산업을 지배했다. 제조업
단체인 길드에서도 받아주지 않자, 고객 만족과 혁신경영으로 경
쟁우위를 확보했다.

위기를 전화위복의 계기로 삼은 일본의 사례도 유사하다. 80년
대 중반까지 욱일승천의 기세였던 일본 경제는 1985년 플라자합의
로 급제동이 걸리고 만다. 인위적 엔화 절상으로 엔화는 그 후 2년
간 달러화 대비 65.7%나 절상되었다. 급작스러운 엔고로 버블이 붕
괴되고 그 후유증에 시달리며 '잃어버린 30년'의 쓴맛을 봐야 했다.

그대로 주저앉을 일본이 아니었다. 고환율과 불황 극복을 위한

불쌍한 경제,
눈감은 정치

절치부심이 집요했다. 일본 은행과 정부는 금융완화정책과 재정정책을 총동원, 기업 지원에 나섰다. 기업은 기업대로 연구개발(R&D)에 과감히 투자했다. 글로벌 인수합병(M&A)을 통해 시장 확대를 추진했다. 사업장을 생산비가 저렴한 동남아 등으로 옮기며 가격 경쟁력을 다졌다. 기업 경영은 회복되었고 경기는 확장세로 돌아섰다. 개인과 기업의 소비가 늘면서 실물경제가 성장 기반에 올라섰다.

위기를 기회로 연출한 유대인 삶, 절치부심으로 회생한 일본 경제 한국 경제의 '타산지석'감

풍전등화로 비유되는 한국 경제의 타산지석감이다. 일본 사례라 해서 가볍게 볼 일이 아니다. 민족 감정을 앞세우는 자폐적 쇼비니즘은 늘 경계의 대상이다. 큰바람 한 방에 훅 날아갈 수 있는 게 우리 경제의 현실이다. 악화일로의 경제지표가 이를 말해준다. 성장률이 떨어지고 경제가 침체되는 와중에 수출, 투자, 소비가 줄고 실업이 늘고 있다. 경제와 고용에서 경고음이 울린 지 오래다.

국민의 삶을 지탱하는 국민연금, 건강보험, 고용보험의 적립금이 바닥을 들어낼 조짐을 보인다. 더 나은 경영 여건을 찾는 대기업과 중견기업의 탈(脫) 한국 행렬이 점차 길어지고 있다. 내수시장에서 악전고투하는 소상공인과 자영업자의 시름이 깊어지고 있다. 이런데도 너나 할 것 없이 비난과 비판만 쏟아낸다. 문제점을 지적하는 소리가 백가쟁명을 이룰 정도다.

반성은 안 보이고 책임 전가에 분주하다. 야당은 정부 여당에 실패 책임을 묻기 바쁘고, 정부는 대외환경에 탓을 돌리는 구태를 답습한다. 잘되면 내 탓, 잘못되면 조상 탓이라더니, 꼭 그 모양 그 꼴이다. 견지망월(見指忘月)이라고, 달을 보라고 손을 들어 가리켰더니 손가락만 보는 형국이다. 본질을 외면한 채 지엽적인 것에 집착하고 있다.

대안 부재의 현실이 안타깝다. 바람 막을 궁리는 하지 않고 바람 걱정만 하고 있다. 위기의 바람이 어디서, 어떻게, 왜 부는지 알지 못한다. 알려고도 않는 듯하다. 위기가 클수록 기회도 커지는 법. 거센 바람이 빠르고 큰 배를 만든다. 바람을 바람으로만 보면 안 된다. 세찬 바람(wind)을 견디면서 그 속에서 벅찬 바람(hope)을 찾아야 한다. 그래야 바람 불어 좋은 날이 된다. 영화에서 바라던 대로.

불쌍한 경제,
눈감은 정치

04

디플레이션,
'경제 살리라'는 경고

금융·재정·세제·규제 개혁 등 정책 역량 총결집
적합 정책이 적기 실행돼야 적절 효과 생겨

　한국 경제에 못 보던 게 생겼다. 2019년 9월 여태껏 없던 마이너스(-) 물가상승률이 등장했다. 통계청이 발표한 소비자물가가 -0.4%로 역대 최저로 떨어졌다. 2019년 소비자물가지수는 전년보다 0.4% 상승하는 데 그쳤다. 통계 작성을 시작한 1965년 이후 가장 낮은 수준이다. 앞서 2015년 경기 부진과 저유가 영향으로 소비자물가가 0.7% 올랐다. 외환위기 직후인 1999년 0.8% 상승한 것을 포함하면 소비자물가 상승률이 0%대에 머무른 건 모두 세 차례에 불과하다.

디플레이션의 정의는 어려울 게 없다. 생각보다 심플하다. 경제 전반이 부진하면서 상품과 서비스의 가격이 지속적으로 하락하는 현상을 뜻한다. 인플레이션율이 0% 이하, 즉 마이너스 인플레이션이면 디플레이션으로 판정한다. 경제의 한 부문에서 가격이 하락하는 현상은 디플레이션이 아니다. 인플레이션만 겪어온 우리로서는 그래도 생소한 개념이다.

외국 사례를 보면 꼭 그렇지만도 않다. 1930년 이전에는 디플레이션이 자주 발생했던 사실을 확인케 된다. 영국의 주간 경제지인 《economist》는 "제1차 세계대전이 발생하기 직전의 영국의 물가는 런던 대화재가 발생했던 1666년 수준과 거의 동일했다"고 밝힌다. 물가가 매년 상승하는 현상은 부유한 공업국가에서도 1930년 이후에야 본격화되었다.

디플레이션 논쟁이 수그러들지 않고 있다. 지금 상황이 경기순환 주기의 일시적 저점인지, 총수요 감소라는 디플레이션의 전조인지에 견해가 엇갈린다. 정부나 한국은행은 일시적 현상이라며 디플레이션 우려를 황급히 차단하려 한다. 소비자물가 하락을 공급과 정책적 요인으로 인한 일시적 기저효과로 진단, 확대 해석을 경계하는 눈치다. 국제 유가 및 농축수산물 가격이 하락한 공급 요인과 건강보험 적용 확대, 무상급식 등에 따른 정책 효과라는 해석을 내놓는다.

소비자물가 첫 마이너스 상승률
정부는 디플레이션 전조 아니라지만, 경기침체 그늘 짙어져

정부는 물가가 계속해서 하락하는 디플레이션 우려는 없다는 입장이다. 적극적인 소비 진작 정책으로 저물가 흐름을 끊는 데 주력할 방침이라고 한다. 하지만 소비자물가뿐만 아니라 경제 전체의 물가 수준을 나타내는 국내총생산(GDP) 디플레이터도 2018년 4분기부터 지난해 3분기까지 1년째 마이너스에 머무르는 등 전반적인 경제 역동성이 떨어지는 국면이 전개되었다.

정부만 믿고 안심해도 되는 걸까. 불안하게 전개되는 현실이 왠지 께름칙하기는 하다. 경기침체의 그림자가 짙게 깔리고 있는 게 걱정거리다. 소비 심리가 얼어붙으면서 소매판매액이 감소하고 있다. 기업 투자도 위축이다. 민간투자의 국내총생산 성장기여도가 추락을 거듭한다. 생산, 소비, 투자 등 주요 지표가 하나같이 뒷걸음질하고 있다. 경기 둔화의 기미가 완연해지면서 저성장·저물가의 함정에 빠지는 것 아닌가 하는 의구심이 커진다.

경제의 젖줄 격인 수출은 2019년 두 자릿수 감소를 기록했다. 향후 경제성장 전망이 흐릿하다. 시계 제로 상태다. 소득 분배도 악화되는 모양새다. 2019년 2분기 소득이 중위소득의 50% 이상 150% 미만에 해당하는 가구 비중은 58.3%로 집계되었다. 중산층 비중은 작년보다 낮아져 사상 최저 수준으로 떨어졌다. 2015년 67.9%를 기록한 이후 4년 연속 하락이다.

글로벌 경제 환경 또한 녹록지 않다. 미·중 간 무역전쟁, 영국 브렉시트 등 세계시장에서의 불확실성이 수그러들지 않고 있다. 자국 중심의 보호무역주의가 2차 세계대전 이후 가장 심해지는 모습이다. 2008년 금융위기 직전까지 활발했던 글로벌 교역량이 한계에 달했다는 주장이 힘을 얻고 있다. 한일 간 무역 갈등까지 겹친 우리로서는 이래저래 치명적 위협 요인들이 도처에 널린 셈이다.

국내외 경제 환경 녹록지 않아
수출주도 한국경제로서는 이래저래 치명적 위협 도처 산재

이러다 저물가·저성장의 긴 수렁에 빠져드는 게 아닌가 걱정이 된다. '잃어버린 20년'을 겪은 일본의 전철을 밟는 건 아닌지 불안하기 짝이 없다. 어쨌거나 지금으로서는 경기둔화에 이어 들이닥칠 수 있는 경기침체의 위험요인을 없애거나 줄이는 수밖에 없다. 달리 방도가 없다. 설사 아니더라도 디플레이션의 가능성을 염두에 두고 정책을 펼치는 유비무환이 방책일 수 있다.

때맞춰 나온 폴 크루그먼 뉴욕시립대 교수의 충고가 마음에 와 닿는다. 그는 한국의 경제성장률이 떨어지는 직접적인 요인으로 '국제 교역 시장의 분란'을 지목했다. 이어 처방책도 함께 제시했다. "디플레이션 위험이 있을 때는 사회간접자본(SOC)투자와 같이 시간이 많이 소요되는 정책보다, 즉각적인 효과를 낼 수 있는 단기 부양책이 긴요하다"는 것을 강조했다. 금융·재정·세제·규제개혁 등 모든 분야에서의 정책 대전환을 통한 경제 살리기에 나서라는 긴급 경고로 들린다.

침체된 경제에 대한 활력 주입이 다급하다. 가계와 기업이 소비와 투자에 적극 나설 수 있게 해야 한다. 내수 부진을 타개할 대책 마련과 함께 기업의 수출경쟁력 배양에 정책역량을 집중시켜야 한다. 4차 산업혁명 시대에 걸 맞는 신산업 탄생을 후원하고, 미래 산업을 옥죄는 규제를 과감히 철폐해야 한다. 부실기업 정리를 비롯한 산업 전반의 구조조정에도 박차를 가해야 한다. 한국은행의 낮은 기준금리 유지도 그 어느 때보다 긴요하다.

아베노믹스도 벤치마킹의 대상이다. 제로 금리, 양적 완화, 재정지출 확대, 법인세율 인하, 규제 완화 등 경기 회생 대책을 총동원, 디플레이션과 엔고 현상에서 탈출한 일본의 경험이 타산지석이 될 수 있다. 양국 간 경제 여건이 다름을 이유로, 편협한 민족감정을 앞세워 외면해봤댔자 우리만 손해다. 꿩 잡는 게 매 아닌가. 정책은 타이밍이다. 우물쭈물 망설이다 실기(失機)했다간 득은커녕 화만 자초하고 만다. 적합한 정책이 적기에 실행돼야 적절한 효과가 생긴다.

05

중국 30년 앞서 갈
신(新) 산업구조

미래 세대 먹여 살릴 신(新)산업 포트폴리오
지금 세대가 감당할 시대적 큰 소명

청와대 공보비서를 지낸 원로의 회고담이다. 1978년 말 청와대에서 오찬 기자간담회가 열렸다. 모 중앙일간지 기자가 박정희 대통령에게 예정에 없던 질문을 불쑥 던졌다. 석유 한 방울 안 나는 나라에서 중화학 공업화 정책을 무리하게 추진하는 이유를 캐물은 것이다. 돌발성 질문에 장내는 순간 정적이 감돌았다. 잠시 침묵을 깨고 대통령이 입을 열었다.

지금 북경과 상해간 도로는 한 시간에 자동차가 한 대쯤 지나갈 정도로 한산하다. 하지만 이런 상황은 오래가지 않을 것이다. 중국이 11차 삼중전회(三中全会)에서 개혁개방 정책을 표방했다. 앞으로 중국이 국제시장에 뛰어들게 되면 한국의 설 땅이 없어진다. 산업구조를 지금보다 최소 20년은 앞으로 가져가야 우리 국민들이 30년 정도 중국보다 잘살 수 있다.

대통령의 마음에 걸리는 게 하나 또 있었다. 화교(華僑)였다. 이들을 그대로 둔 채 경제개발을 진행할 경우 비즈니스 감각이 탁월한 이들에게 성장 과실이 집중되는 것을 우려했다. 동남아 국가들처럼 '화교 재벌'이 탄생되지 않으리란 보장이 없었던 터였다. 국내에 거주하는 화교에 대한 대대적인 제한 정책이 잇달아 시달되게 된 이유다. 화교 영향력 축소를 위한 재산 몰수, 외환거래 금지, 무역업 규제, 부동산 소유 금지 조치들이 간단없이 취해졌다.

1968년 신규 토지취득 규제가 완화됐지만, 거주용은 200평, 상업용은 50평까지만 허가되었다. 차별정책으로 1945년 해방 당시 60만 명에 달했던 국내 화교인구는 1975년 5만 7,000명 수준으로 확 줄었다. 2018년 4월 기준 한성화교협회가 비공식 추산한 화교(대만 국적 보유자)의 수는 2만 1,000명 선에 불과하다. 압박과 통제를 못 견딘 화교들 상당수가 한국 땅을 등진 결과다.

중화학 공업화 정책 추진 박정희 대통령의 속내
중국 부상과 화교 재벌 탄생 막으려던 의도

어찌 됐든 시대를 앞지른 산업구조 덕분에 대한민국은 세계 10위권 경제 반열에 오를 수 있었다. 2018년에는 선진국 문턱으로 불리는 1인당 국민소득 3만 달러도 세계 일곱 번째로 돌파하는 쾌거도 있었다. 그 사이 중국의 추격도 매서웠다. 산업경쟁력 면에서 한국을 바짝 따라붙었다. 인공지능 등 일부 4차 산업혁명 부문에서는 추월이 목격된다. 국제무대에서 미국과 무역전쟁을 벌이는 G2 맹주의 단계에까지 이른 중국이다.

한국의 산업구조는 아직도 1960~1970년대 '박정희 모델'에 근간을 두고 있다. 그간 누려왔던 비교우위의 경쟁력이 시나브로 소진되고 있다. 이제 남아 있는 게 별로 없다. 박정희식 셈법대로라면 10년 전쯤 구조개혁에 나섰어야 했다. 시기는 놓쳤지만 이제라도 낡은 틀을 헐고 새로운 프레임을 짜야 한다. 지난날 박정희 정부가 했던 고심을 다시금 해야 할 처지에 놓여 있다.

어쩌면 지금이 그때보다 어려운 선택이 될 수 있다. 글로벌 경제 환경에서 화교 축출과 같은 차별적 규제는 꿈조차 꾸기 어렵다. 더구나 세계적 경쟁력을 보유한 한국의 벤치마킹 대상이 남아 있을 리 없다. 아무도 가지 않은 길을 자력으로 개척해야 하는 외로운 첨병(尖兵)의 입장이다. 그나마 박정희 모델에서 원용할 수 있는 요소는 미래에 대한 통찰력이다. 선견지명은 지금이 가

불쌍한 경제,
눈감은 정치

장 필요한 시기일지 모른다.

『알렉 로스의 미래 산업 보고서』의 저자 알렉 로스는 세계 산업지도를 재편할 차세대 산업으로 로봇공학, 사물인터넷, 데이터 분석 분야를 꼽았다. 정부도 산업혁신성장계획에서 전기와 자율주행차, 사물인터넷(IoT) 활용 가전, 에너지 신산업, 바이오와 헬스, 반도체와 디스플레이를 5대 신 성장산업으로 열거했다. 그렇다고 여기에 얽매일 일은 아니다. 장기적·거시적 관점에서 새롭게 심사숙고해야 한다.

산업 새판 짜기, 단임제 정부에겐 마뜩잖은 사안
실기했다간 후세에 두고두고 원망받을 일

산업의 새 판 짜기에도 바쁠 터에 소모적 논쟁으로 허송세월하는 현실이 안타깝다. 소득주도 성장, 최저임금 인상, 주 52시간 근로 정책 등을 놓고 벌이는 이전투구(泥田鬪狗)가 가관이다. 도를 넘었다는 평가다. 남의 말 듣기를 꺼리는 정부나 이대로 가면 나라 망할 것처럼 떠벌리는 언론이나 정치권, 모두 좋은 점수 받기는 글렀다. 고담준론의 소일로 차세대 산업구조 설계에 실기한다면 후세로부터 두고두고 원망만 살 것이다.

남은 시간이 넉넉지 못하다. 단임제 대통령의 집권 5년은 시위를 떠난 화살처럼 후딱 지나간다. 이미 절반을 넘어섰다. 크고 작은 현안에 매달리다 보면 어느새 임기 말을 맞게 된다. 잘못된 과거사 들추기 등에 힘을 쏟다 보면 정작 해야 할 일을 못할 수 있다. 역대 정부들이 저질러온 과오이기도 하다. 게다가 산업구조 재편과 같이 임기가 끝나고 한참 지나서야 효과가 나타나는 장기적 과제는 단임제 정부로서는 마뜩잖은 일거리다.

추진 방식도 달리야 한다. 박정희 시절처럼 정부가 위에서 일방적으로 정하고 밀어붙이는 톱다운 방식은 더 이상 통하기 어렵다. 지금은 개발독재 시대가 아니다. 정부는 창의력과 융복합이 일상화될 4차 산업혁명 시대를 이끌 혁신 주체로서 적합지 못하다. 각계의 전문성을 동원하고, 정부와 기업, 이해관계자들이 의사결정에 참여하는 버텀업 형식이 더 바람직할 수 있다.

향후 30년을 위한 먹거리 발굴은 더 이상 지체될 수 없는 한국 경제의 긴급 과제다. 다음 세대를 먹여 살리기 위해 산업 포트폴리오를 어떻게 가져갈 것인지에 대한 진지한 성찰이 요구된다. 현세대가 감당해야 할 시대적 큰 소명이다. 그러려면 멀리 내다봐야 한다. 근시는 멀리 보지 못한다. 눈앞의 일에만 사로잡혀 앞일을 짐작하는 지혜를 발휘하기 어렵다. 가까운 곳과 먼 곳을 두루 잘 볼 수 있는 '다초점 혜안'으로의 교정이 시급해 보인다.

06

'정치 블랙홀' 탈출, 경제로 눈 돌리자

| 경제 무너지면 되는 일 없어
| 신물 나는 정치 타령, 극심한 갈등 그만 끝내고, '다시 경제로'

강한 자도 쉽게 쓰러진다. 고대 로마제국의 멸망도 알고 보면 사소함에서 비롯되었다. 로마는 제정 말기 팽창정책을 쓰면서 세입보다 세출이 더 많았다. 재정적자에 시달리던 네로 황제는 서기 64년 묘안을 떠올렸다. 로마 대화재 후 재건과 도심 개조를 겸한 재원확보를 위해 화폐개혁을 단행했다. 이 과정에서 은전을 주조할 때 구리를 살짝 섞어 은 함량을 줄인 주화를 대량 유통했

다. 주화의 구리 함량이 적어 일반인은 알아보지 못했다.

후대로 가면서 왕들은 은전의 구리 함량을 늘려갔다. 은전은 그 가치의 3분의 2를 상실했다. 고티쿠스 황제 시절인 244년 이후에는 은의 함량이 20분의 1까지 줄어들었다. 은전으로 발행된 화폐는 누가 봐도 구릿빛 확연한 동전(銅錢)이었다. 시민들의 은전 기피는 당연했다. 이방인들도 로마에 파는 상품 대금으로 은전 수령을 거부했다. 로마 군대가 이국에 주둔할 때 먹이고 재우고 입히는 경비로도 은전 데나리우스를 받지 않았다.

더 볼만했던 것은 나라가 세금을 징수할 때 자기들이 만든 은전을 기피하고 순수 은괴로만 내게 한 점이었다. 은전이 시장에서 교환가치를 잃고 은전을 매개로 한 상거래가 불가능해졌다. 물물교환이 출현했다. 도시인끼리 물물교환을 해봤자 농촌에서 생산되는 식량은 구할 수 없었다. 농촌 사람들이 돈 받고 식량을 팔지 않자 도시인들은 자기 물건을 갖고 농촌에 내려가 식량으로 맞바꿔야 했다.

물물교환 경제가 성행하다 보니 도시 시장이 무너졌다. 살길이 막막해진 도시인들이 대거 시골로 내려갔다. 시골에 가도 자기 땅이 없다 보니 영주한테 몸을 의탁해야 했다. 영주의 땅을 빌려 농사를 짓고 지대를 바쳤다. 영주 농장에서 농사도 지어주었다. 농부와 노예의 중간신분인 이들을 농노(農奴)라 불렀다. 변화는 여기서 끝나지 않았다. 이때가 서로마제국을 끝으로 고대를 마감하고 중세 장원경제의 서막을 여는 역사의 분기점이 되었다.

위조 화폐에 무너진 로마
국가 몰락, 백성의 고통 부르고, 고대에서 중세로 역사 흐름까지 바꿔

역사는 이 시기를 암흑의 중세라 부른다. 그리스 로마의 찬란했던 사상과 철학, 문학과 문명이 어둠 속에 잠겼다. 역사의 진보도 멈췄다. 훗날 막스 베버는 로마제국의 멸망은 상거래 감소와 물물교환 경제의 확대가 주원인이었다고 진단했다. 경제 파탄이 국가 몰락, 백성 고통을 초래했고, 고대에서 중세로 역사의 흐름까지 바꿔 놓은 셈이다.

막강 로마제국이 경제적 요인으로 무너진 것은 역사의 의문이다. 로마제국의 몰락은 한국 경제에게도 소중한 교훈을 선사한다. 첫째, 시장 경제를 무시한 결과가 어떠한 것인지를 보여준다. 부의 원천이 오로지 농업에 있는 것으로만 믿고 상업을 경시했던 당연한 귀결이다. 상업의 쇠퇴는 시장 경제를 무너뜨리고 결국 로마제국까지 쓰러뜨린 것이다.

우리 경제를 로마제국 당시와 비교하는 건 얼토당토않은 일이다. 그렇다고 양자 간 유사점이나 없는 것도 아니다. 남북관계 교착, 미·중 무역전쟁 장기화, 한일 무역 갈등 지속 등 대외 요인과 함께 국내적으로 경제난에 시달리는 게 작금의 우리 현실이다. 각종 대내외 악재에 시달렸던 로마제국 말기와 흡사하다. 온갖 정치적 이슈들에 가려 경제가 국정의 우선순위에서 밀려 있는 것도 닮은꼴이다.

둘째, 국민 불신이 국가 멸망의 단초가 되었던 점도 주목할 만하다. 폭발적 인플레이션이 화폐의 신뢰도를 떨어뜨리고 실물 선호도가 높아지면서 국가 통화시스템을 무너뜨렸다. 인플레이션 앞에서 거대 제국도 맥없이 무너질 수 있음을 로마가 현실로 보여주었다. 지금 한국경제는 인플레이션보다 더 위험한 디플레이션 공포에 위협받고 있다. 정부는 아니라고 극구 부인하지만 기업과 국민은 벌써부터 경기 침체의 한기를 온몸으로 느끼고 있다.

경제는 이론이 아닌 실제, 말로 적당히 때우는 정치와 달라 현실로 결과 보여줘야

불신이 위기를 부른다. 정부는 재작년 초 연말이 되면 경제가 좋아질 것으로 자신했다. 물론 그해 연말이 되어도 경기는 나아지지 않았다. 또다시 작년 하반기가 되면 경기가 살아날 것으로 호언했다. 혹시나 하고 기대했지만 결과는 역시나 였다. 최근 들어서도 정부는 또 말을 바꾸고 있다. 경제가 어렵지만, 방향은 제대로 가고 있다는 등의 자평을 연이어 내놓고 있다.

청와대는 경기 하강의 원인이 반도체와 세계경기 둔화 때문이라는 주장까지 펼친다. 그 말을 그대로 믿고 싶지만 그간 하도 그런 말을 자주 듣다 보니 이제는 변명으로밖에 안 들린다. 도대체 국민을 뭐로 보는 건지. 아무것도 모르는 바보로 여기는지. 속상

불쌍한 경제,
눈감은 정치

함과 분함보다 위기의식 부재의 정부가 되레 더 걱정이 된다.

셋째, 경제가 제대로 돌아가지 않으면 정치도 성립할 수 없음을 일깨워준다. 로마제국 몰락 이후 중세의 역사는 천년의 암흑세계를 견뎌야 했다. 후기 로마의 정치적 불안정과 무역 활동 침체가 제국 몰락의 직격탄이 되었다. 이에 견주어볼 때 작금의 우리 형편도 안심할 상황은 못 된다. 꼬리에 꼬리를 무는 각종 정치적 사태와 사건 등으로 야기된 국민 불안과 갈등의 여진이 상당 기간 지속될 것으로 보인다. 일 년 이상 추락 중인 수출 동향과 성장률 저하도 예사롭지 못하다.

경제는 이론이 아닌 실제(實際)다. 말로 적당히 때울 수 있는 정치와 사뭇 다르다. 현실로 결과를 보여줘야 한다. 그리스 아고라 광장에서 시작된 고대 민주주의도 아테네의 탄탄한 경제기반 위에서 태동할 수 있었다. 검찰 개혁, 선거법 개정, 공수처 설치 등 어느 정치적 사안도 긴급성과 중요성 면에서 경제에 못 미친다. 경제가 무너지면 아무것도 되는 게 없다. 나라와 백성은 고달파진다. 신물 나는 정치 타령, 극심한 국민 갈등은 그만 끝내자. 이제 경제로 눈 돌리자.

07

활짝 웃는 경제를
학수고대

‘미소(微笑) 정책’으로
한국 경제 한껏 기 펴고, 국민 살림살이 나아지기 소망

> 너는 농담을 참 좋아했어. 농담뿐 아니라 웃기도 잘했지.
>
> 그런데 넌 실컷 웃고 나서 "뭐가 그렇게 우스워?"하고 물으면,
>
> 왜 웃었는지 모른다고 답하곤 했지.

오랜만에 만난 초등학교 동창 모임에서 어릴 적 추억을 회상하는 대화 내용이 아니다. 미국 41대 대통령이었던 조지 H.W. 부시

전 대통령의 장례식장에서 있었던 추도사의 한 대목이다.

'선거유세 때, 백화점에서 많은 사람들과 악수를 나누다 마네킹과도 악수를 했다'는 일화가 소개되자 장례식장은 온통 웃음바다로 변했다. "최근 며칠 동안은 부시 대통령보다 반려견 설리가 언론에 더 자주 등장하며 인기가 있었다"는 말은 담당 목사가 꺼냈다. 엄숙해야 할 추모 행사에서 고인의 허물이나 들추고, 개가 더 유명하다며 웃고 떠들다니.

아들의 추도사는 더 가관이다. "아버지의 골프 숏 게임 실력은 형편없었고, 채소는 드시지 못했다. 특히 브로콜리가 그랬다. 그 유전적 결함이 우리에게 전해졌다"며 자기가 채소를 좋아하지 않는 것을 아버지 탓으로 돌렸다. 그것도 모자라 여러 우스개로 추모객을 웃기고는 "슬프지만 웃읍시다"라는 말로 인사말을 맺었다. 사적 모임에서도 꺼내기 조심스러운 화두를 부친 장례식장에서 서슴지 않은 아들이다. 그것도 세계 최강 미국의 전직 대통령의 장례식에서다.

한국 언론도 웃긴다. 이런 장례식 분위기를 '국장으로 엄수됐다'고 전했다. 국어 공부를 더 해야 할 것 같다. 엄수(嚴修)라는 말은 '엄숙하고 조용하게 치른다'는 뜻이다. 웃음바다 장례식 분위기에 어울리지 않는 언어 선택이다. 어찌 됐든 조용히 앉아 술잔이나 기울이며 조문객끼리 얘기나 하다가 돌아가는 우리네 장례문화보다 나아 보인다. 고인에 관한 얘기로 왁자지껄 웃고 떠드는 게 추모의 취지에 되레 맞을 성싶다.

지금 경제 상황, 분배 악화 속 저성장 고착
가계소득 부진-사회안전망 부족으로 양극화 깊어

　우리의 문화는 정반대다. 일상에서 좀처럼 웃는 낯을 대하기 힘들다. 웃고 즐겨야 할 자리에서도 그러지 못한다. 왠지 여유가 없고 지 못 엄숙하다. TV 개그 프로그램을 시청하면서도 웃지 않으려 애쓴다. 웃음이 나와도 입을 벌리지 않고 '피식' 웃음에 그치기 일쑤다. 박장대소는 천박함으로 통한다. 심각하고 화난 표정이 대한민국의 자화상처럼 어언간 굳어졌다. 하기야 가뜩이나 먹고살기 힘든 판에 웃을 일이 얼마나 있었겠는가.

　근년의 경제상황도 편안치 못하다. 분배가 악화되고 저성장이 고착화되고 있다. 가계소득 부진, 사회안전망 부족으로 양극화가 깊어지고 있다. 주력 산업의 경쟁력 약화와 혁신 지체 등으로 성장 잠재력에 비상이 걸렸다. 저출산 심화는 인구감소를 가속화시켜 성장 능력을 짓누른다. 세계에서 가장 빠른 고령화 진행에 따른 인구구조 변화도 분배에 악영향을 미친다.

　외부 탓만 하기에는 상황이 녹록지 않다. 당면한 경제난이 통제 불가능한 외부 요인에 기인하는 바 크나, 정부실패나 정책 실패에 기인하는 측면 또한 못지않다. 청년실업이 생각보다 심각하다. 임시·일용직, 영세자영업자 등 취약계층 일자리 부진도 한계 상황을 넘어섰다. 제조업 불확실성과 심리 위축이 투자 부진으로 이어져 기업과 시장의 활력이 추락 중이다. 산업구조 개혁마저 지

50

불쌍한 경제,
눈감은 정치

연되면서 성장잠재력 역시 지속적으로 약화되는 추세다.

세계적으로 양극화가 심화되며 지속가능한 성장이 위협받는 상황이 동병상련의 위안거리가 될 수 없다. 미·중 간 무역전쟁, 남북관계 개선 부진을 성장 둔화의 핑계로 삼아서도 안 된다. 지난 정부의 적폐 요인으로 책임을 돌리는 것도 더 이상 통하기 어렵다. 그러기에는 시간이 너무 흘렀다. 주어진 여건에서 적정한 대응과 최선의 해법을 찾아 실행에 옮기는 정부 본연의 역할 말고는 달리 취할 방도가 없다.

경제정책 좌표 설정은 현상 분석-피드백서 출발해야
시행착오, 순·역기능 면밀히 따져봐야

문제가 곧 답일 수 있다. 특히 경제 문제는 현상을 뒤집어보면 제법 해법이 보이곤 한다. 그간의 경험법칙에 근거해서다. 실제로 경제 운영에는 경험만큼 유효한 것도 없다. 교과서적 이론이나 다른 나라의 유사 사례가 우리 현실에 맞을 리 없다. '현장에 답이 있다'는 논리가 설득력이 유지되는 이유다. 다만 현상을 제대로 보지 못하거나 마음에 안 드는 결과를 인정하지 않으려는 정부의 태도가 문제일 따름이다.

그런 점에서 2020년의 경제정책의 큰 흐름은 2019년 경제 상황에 대한 현상 분석에서 출발하는 게 바른 순서일 수 있다. 올 한

해 경제 운영의 성과를 정확히 파악하고 그간의 시행착오를 면밀히 되짚어 봐야 한다. 득과 실, 순기능과 역기능을 피드백, 경제 운용 좌표 설정에 반영할 필요가 크다. 답은 멀리서 보다는 가까이 있는 경우가 흔하다.

일자리를 늘리고 가계소득을 높여 사회안전망 확충을 도모해야 힌다. 과감한 규제혁신을 추진하고 창업 생태계를 강화하는 한편, 신산업에 대한 지원으로 혁신의 토대를 구축해야 한다. 불공정거래를 뿌리 뽑고, 대·중소기업 상생 등을 통한 시장경제의 건강성도 높여야 한다. 당장 대내외 경제 환경이 녹록지 않다. 날은 저무는데 갈 길이 멀다. 올해의 경제 상황이 지난해 수준 이상으로 나아지도록 가용 가능한 정책 수단을 총동원해야 할 시점이다.

세상사 쉬운 일 없다. 근데 못해낼 일도 없다. 아무리 힘들어도 부모를 떠나보낸 장례식장의 상주 심정만 하겠는가. 어차피 해야 할 일이라면 웃으며 하는 게 좋다. 비장하고 진지하다고 나은 결과가 나올 리 없다. 지금까지는 잔뜩 찡그리며 지냈지만, 금후로 다가올 미래에는 함빡 웃고 싶다. '미소(微笑) 정책'으로 한국 경제가 한껏 기를 펴고 국민들 살림살이도 활짝 폈으면 좋겠다. 웃으면 달아났던 복도 되돌릴 수 있다.

불쌍한 경제,
눈감은 정치

정책

• 말보다 행동이다 •

01

힘 있는 정부보다 자상한 정부 반겨

기업에 프로젝트 매니저(PM) 파견
정부의 연구개발 지원 활성화 및 중장년 일자리 창출 기대

어렵다 어렵다 해도 이 정도까지인 줄은 몰랐다. 중소기업 10곳 중 9곳가량이 투자 확대나 신사업 진출은 꿈도 못 꾸는 것으로 알려졌다. 중소기업중앙회가 전국 500개 사를 대상으로 조사한 '중소기업 경영애로 및 하반기 경영전략'을 통해 밝혀진 결과다. 기업의 86.4%가 '내실을 다지거나(60.2%), 사업 축소 등 생존 우선(26.2%) 전략을 구상 중'이라고 답했다. 투자 확대(5.6%), 신사업·신기술 도입(8%)을 계획 중인 기업은 13.6%에 불과했다.

향후 경기전망에 대한 인식이 그만큼 어둡다는 얘기다. 실제로 기업의 51.2%는 올해가 지난해보다 더 어려울 것으로 우려한다. 매출과 영업이익이 줄고 자금조달에 어려움이 가중될 것으로 내다본다. 경영상황이 호전될 것이라고 답한 기업은 11%에 그친다. 미래 성장전략 수립은 고사하고 현상 유지조차 버거운 현실에서 기업가정신이 발휘될 리 만무하다.

답답함은 자연스레 정책 불만으로 이어지게 마련이다. '현실에 맞는 정책이 필요하다', '경제 정책은 여러 사람 의견을 들어 반영할 필요가 있다' 등의 볼멘소리가 끊이지 않는다. 중소기업 관련 단체들은 기업이 경제 심리를 회복하고 투자와 일자리 창출에 나설 수 있도록 적극적인 경기부양 대책이 마련돼야 함을 호소한다. 말이 좋아 호소이지 절규처럼 들린다.

정부가 손 놓고 있지 않았다. 한국경제의 미래를 담보할 연구개발(R&D) 지원을 위해 무진 애를 써왔다. 2018년 한 해만 해도 R&D 사업에 19조 7,800억 원을 집행했다. 2019년에는 21조 1,100억 원, 2020년에는 24조 9,000억 원의 예산이 책정되었다. 기업으로서는 대학이나 연구기관에 지원이 분산되는 게 아쉬울 수 있다. 그렇다고 기초연구, 연구 인프라 구축, 공공성·범용성 기술개발, 연구성과 활용과 사업화에 대한 예산 책정의 필요성을 모르는 바 아니다.

10곳 중 9곳 중소기업, 신사업 진출은 꿈도 못 꿔
정부 지원 풍성해도 기업은 몰라서 못 써

R&D 예산으로 산업통상자원부에 4조 1,440억 원, 중소벤처기업부에 1조 4,560억 원이 배정된 것만도 작은 규모가 아니다. 솔직히 중소기업은 우리 경제의 '성역'으로 대접받아 왔다. 경제가 어려워져 모든 경제주체들이 단죄를 받고 온갖 비난에 시달릴 때도 중소기업은 각계에서 쏟아지는 동정표와 지원책을 감당치 못할 정도였다. 비판적인 언론이나 국민들도 약속이나 한 듯 중소기업에 대해서는 싫은 소리 한마디 하지 않는다. 마냥 천사가 된다.

국회의 예산심의 과정에서도 중소기업 지원 예산은 깎이는 일이 거의 없다. 여야를 막론하고 오히려 더 못 주어 아우성이다. 사실은 정부의 R&D 지원 정책이 현실과 호흡이 안 맞는 '엇박자'라는 게 문제다. 제도가 기업의 니즈를 제대로 충족시키지 못하는 게 옥의 티라 할 수 있다. 중앙정부, 지자체, 지원기관이 방대한 양의 R&D 지원에 나서고 있으나 성과가 기대에 못 미친다.

금융처럼 상환 부담이 없는데도 R&D 지원 사업에 대한 기업의 활용도가 이상할 정도로 저조하다. 기업들이 서로 받겠다고 난리를 칠 터인데 실상은 그렇지 못하다. 지원 창구가 한산하고 경쟁률이 생각보다 높지 않다. 지원 대상으로 선정된 후에도 요건을 충족하지 못해 중도 탈락하는 기업도 적지 않다. 실적에 목맬 수밖에 없는 지원기관이 되레 애가 탈 지경이다. 왜 그럴까?

불쌍한 경제,
눈감은 정치

R&D 지원 사업을 모르는 기업들이 태반이다. 지원하는 기관이나 종류, 금액 등이 다들 제각각이다. 어디서 알아보고 어떻게 진행해야 될지를 정확히 아는 기업이 드물다. 소문난 잔치에 먹을게 없는 것이 아니라, 아예 소문이 나지 않아 찾는 기업이 적은 모양새다. 그러다 보니 이미 지원받은 기업들이 다시 신청 대열에 합류하는 형국이다. 정부가 지원 횟수와 금액을 제한하고 있으나 중복 수혜를 희망하는 열기를 꺾기 어렵다.

현실과 동떨어진 제도 운영으로 소수 기업에 지원 편중 좀비 기업과 컨설팅업체까지 창궐

연구개발 지원금을 노리는 기업의 출몰도 잦다. 애당초 제품화나 사업화에는 관심이 없고 정부 지원금으로 인건비나 경비를 충당하려는 좀비기업의 초라한 군상이다. 정보에 어두운 기업을 물색, 정부 지원금을 알선하고 수수료를 챙기는 컨설팅업체까지 버젓이 활개 치고 있다. 현실과 동떨어진 제도 운영, 연구개발 중복성 확인 곤란, 허술한 사후관리의 틈새로 아까운 혈세가 낭비되고 있다.

서류 작성도 중소기업에게는 부담 요인이다. 지원 기관의 입장에서야 신청 사업을 심사할만한 자료를 요구하는 건 당연지사다. 기술성, 시장성, 사업성을 따져보려면 자료 징구를 피하기 어렵다. 기업의 편의를 위해 제출 서류 양식을 예시하고 작성 방법을 소상히 설명은 하고는 있다. 그럼에도 일상이 분주한 중소기업 형편에서는 서류 작성부터가 말처럼 쉬운 일이 아니다.

감당할만한 인력이 마땅치 않다. 기존 업무에 바쁜 인력을 따로 빼내 전담시킬만한 여유도 없다. 적게는 수십 쪽, 많게는 100쪽이 넘는 서류를 작성하려면 회사 전체가 나서야 할 판이다. 한바탕 홍역을 치러야 한다. 그러고도 상당한 노력과 시일이 소요되어 제출 시한에 맞추기조차 힘들다. 중소기업에게 대기업 수준의 서비스를 기대하는 것 자체가 어쩌면 무리일지 모른다.

외부 전문가를 기업에 파견, R&D 지원 사업을 돕도록 하는 방안이 검토될 만하다. 대기업이나 금융기관 출신의 전문 인력을 프로젝트 매니저(PM)로 활용, 비용부담을 최소화할 수 있다. 정부의 R&D 지원 사업에 대한 기업의 활용을 늘리면서, 중장년 일자리까지 창출하는 일석이조의 효과를 거둘 수 있다. 기왕 도와줄 바에는 제대로 도와주는 게 맞다. 힘 있는 정부보다 자상한 정부를 기업들은 반긴다.

02

정책의 유연성과
합리성

> '입 큰 정부'와 '귀 큰 정부'
> 정책 변경은 실패의 자인도, 무능의 소치도 아냐

　궁금하면 못 참는 성격에서일까. 한동안 난이도 논란의 중심이
었던 2019학년도 대학수학능력시험 국어 31번 문제에 대한 인터
넷 검색을 뒤늦게 시도해 보았다. 시간이 흘러도 충격의 여진이
쉽사리 가시지 않는 진정한 원인을 알아보고 싶었다. 문제와 지
문의 일부 내용은 이러했다.

31. <보기>를 참고할 때, [A]에 대한 이해로 적절하지 않은 것은? [3점]

구는 무한히 작은 부피 요소들로 이루어져 있다. 그 부피 요소들이 빈틈없이 한 겹으로 배열되어 구 껍질을 이루고, 그런 구 껍질들이 구의 중심 O 주위에 반지름을 달리하며 양파처럼 겹겹이 싸여 구를 이룬다. 이때 부피 요소는 그것의 부피와 밀도를 곱한 값을 질량으로 갖는 질점으로 볼 수 있다.

이 지문 바로 아래에 있는 5개 답안 중 틀린 것을 찾는 문제였다. 부족한 실력에도 용기를 내 풀어보고자 했다. 내용도 쉽지 않았지만 무얼 묻는지 알 길이 없었다. 질문에 나오는 [A]가 지문에서 안 보였다. 한참을 헤매서야 '문제 27~32'와 관련한 지문 중 네 번째 문단 옆에 있는 걸 찾을 수 있었다. 문단이 무려 8개로 A4 용지 두 쪽에 상당하는 분량이었다. 기가 질렸다. 이런 지문을 언제 다 읽고 어떻게 풀 수 있단 말인가. 16쪽에 이르는 이런 유의 문제들을 80분에 다 읽고 풀어야 한다는 게 황당했다.

과학 시험인지 국어 시험인지 분간하기 어려웠다는 수험생 불만이 이해될 만했다. '국어는 무엇을 어떻게 공부해야 하는지' 근본적인 의문점마저 들게 했다. 어떤 과목이든 사회에 나와 잘 활용하려고 학습할 터인데, 이런 식의 문제 풀기는 사회생활에 도움이 안 되어 보였다. '읽기, 쓰기, 말하기, 듣기'의 어학 공부에서 국어 수능만 왜 '읽기' 학습에만 국한하는지. 듣기평가를 위해 항공

불쌍한 경제,
눈감은 정치

기 이착륙까지 막으며 요란 떠는 영어 수능과도 극명한 대조를
이룬다.

'읽기'만 고집하는 국어 수능
듣기평가 위해 항공기 이착륙까지 막으며 요란 떠는 영어 수능과도 대조적

듣기도 중요하다. 글을 잘못 읽어 생기는 애로 못지않게 말을
잘못 듣거나 듣지 않아 생기는 문제 또한 적지 않다. 기업 경영에
서도 '듣기'의 중요성은 간과되기 어렵다. 첨단 기술, 혁신 제품이
라도 듣도 보도 못한 전혀 새로운 것이 차지하는 비율은 고작
10%를 넘지 못한다. 원리 자체가 새롭다 하더라도 그것을 구현
하는 방법이나 수단은 기존의 것을 동원하게 마련이다.

회사 안팎의 지식이나 정보, 경험, 노하우 활용이 기업의 성패
를 좌우하다 보니 관련된 정보, 데이터, 특허, 보고서를 열심히
찾아 읽어야 한다. 하지만 이런 것들은 성공한 결과와 과정만 쓰
여 있어 디테일까지 파악하기 힘들다. 결과에 이르기까지 겪게
되는 시행착오, 실수, 실패는 나와 있지도 않다. 관련자들끼리 자
주 만나 많이 이야기하고 잘 들어야 하는 게 효과적이다. 그런 걸
알고 일을 하면 효율을 높일 수 있기 때문이다.

지식경영을 들먹이며 많은 것을 기록하게 하고, 비싼 서버를 두
고 관리를 해 보지만 효과가 기대에 못 미친다. 기록을 않거나 기

록을 해도 제대로 하지 못해 찾아 읽어도 이해가 쉽지 않다. 직접 만나 대화를 해야 깊은 것까지 자세히 알 수 있다. 쓰고 말하고 듣는 게 이처럼 중요하지만 우리의 교육 과정에는 이런 훈련이 없다. 듣기 교육이 특히 빈약하다.

듣기에 취약한 현실은 자기주장만 할 뿐, 남의 말은 듣지 않으려는 문화적 특성에 기인하는 바도 크다. 특히 정부 쪽 사람들이 그래 보인다. 탈(脫) 원전이 그렇고, 소득주도성장 정책도 그런 사례라 할 수 있다. 최저임금 인상, 최장 근로시간 이슈에도 의견들이 홍수를 이루나 경청의 기색은 뚜렷하지 않다. 되레 귀에 거슬리는 얘기는 듣고 싶어 하지 않는 모양새다.

정부, 자기주장만 하고 남의 말 안 듣는 특성이 문제
프랑스 마크롱 정부의 정책 유연성 참고할 만

반대 목소리가 우리에게만 있을까. 동서고금 모든 나라가 직면하는 공통 사항이다. 민권이 신장된 국가일수록 반정부, 반정책의 목소리는 크고 거칠다. 2018년 말 이후 한동안 화제를 모았던 프랑스 '부유세 부활' 논쟁도 그런 사례의 하나다. '노란 조끼' 집회가 극도의 폭력으로 치닫자 에마뉘엘 마크롱 정부가 유류세 인상을 연기한 데 이어 부유세 부활도 검토하기로 했다.

부유세를 대체한 부동산자산세(IFI)에 대해 "우리가 취한 조치들이 별다른 효과도 없고 제대로 작동하지 않는다고 판단되면 그것을 바꿀 것"이라는 급한 입장 선회가 있었다. 2017년 부유층과 외국 투자가들의 투자 촉진을 명목으로 기존의 부유세를 부동산 자산세로 축소 개편하면서 사실상 폐지한 부유세였다. 하지만 "돈이 중소기업의 혁신과 고용 등에 흘러 들어가야 하는데 그렇지 않고 효과도 없다고 판단되면 논의를 다시 시작할 수 있다"며 태도를 돌연 바꾸었던 것이다.

중요한 것은 이를 바라보는 시각이다. 성난 여론에 정책을 줄줄이 U턴 시켰던 프랑스 정부의 태도 변화를 정부실패나 정책 실패로 오인하면 안 된다. 오히려 개혁 정부가 취할 수 있는 유연성과 합리성으로 파악하는 것이 현명한 현실 인식일 수 있다. 정책 전환은 실패의 자인도 무능의 소치도 아니다. 여론 수렴과 반대의견 포용은 민주 정부가 구비할 필수 덕목이자 준수할 기본 책무에 속한다.

일견 쓸모없어 보이는 말에도 보석같이 값진 정보가 숨어 있을 수 있다. 들으려 하다 보면 들리게 마련이다. 듣지 않으려다 보니 안 들리는 것이다. 자기 말 잘하는 '입 큰 정부'와 남의 잘 들어주는 '귀 큰 정부'. 이 둘 중 국민들은 과연 어느 쪽을 택할까. 당연히 후자다. 국민의 선택만큼 두렵고 떨리는 존재도 없다. 군말 없이 따르는 게 상책이다.

03

지치고 힘든 기업엔
'피로회복제' 정책

강요보다 위로가 약(藥) 돼
이래저래 샌드위치 신세인 대기업과 중소기업의 딱한 현실

고래 싸움에 새우 등 터진다. 2018년 벌어졌던 화웨이 사태가 딱 그런 경우였다. 미·중 무역 전쟁이 패권 다툼으로 번지며 그 틈새에 낀 우리 정부와 기업들이 사면초가 처지에 처했다. 진퇴 양난 국면이었다. 당시 미국이 동맹국에게 '반(反)화웨이' 행보에 동참할 것을 공개적으로 요구하면서부터다. 해리스 주한 미국대사가 사이버 보안은 동맹국 통신을 보호하기 위한 핵심이라며 화

불쌍한 경제,
눈감은 정치

웨이와의 결별을 주문했다.

중국 정부도 가만있지 않았다. 중국 경제개발기획원과 상무부 등은 삼성과 SK하이닉스를 불러 화웨이와의 거래를 지속해 달라고 당부하고 나섰다. 상무부를 통해 '신뢰할 수 없는' 해외기업 명단을 만드는 과정이 진행 중이며 조만간 공개될 것임을 경고하기도 했다. 한국 정부와 기업이 올바른 판단을 해야 한다는 주문이었다. 말이 주문이지 위협으로 들렸다.

우리 정부는 신중 모드를 유지했다. 화웨이 문제는 기업들이 자율적으로 결정해야 할 사안이라며 한발 물러서 있었다. '전략적 모호성'으로 대표되는 이른바 '로키(Low Key)' 외교 기조를 유지했다. 미·중 분쟁 문제를 해결할 조직을 구성하라는 국무총리의 지시가 있었던 게 고작이었다. 미국과 중국 양측 눈치를 보며 대응을 미루다 중국의 보복을 자초했던 사드(THAAD·고고도 미사일방어체계) 사태가 재현되는 것 아니냐는 우려마저 고개를 들었다.

언론이나 전문가들은 온갖 처방을 쏟아냈다. 백가쟁명에 그쳤다. 어느 하나 속 시원한 해법이 없었다. 향후 어떤 사태가 벌어질지 한 치 앞도 내다보기 힘든 시계 제로의 상태가 한동안 이어졌다. 애꿎은 기업들의 속만 타들어 갔다. 비상전략회의 개최 등 나름대로 안간힘을 써보았지만 뾰족한 수가 나올 리 없었다. 기업 자체적인 해결이 힘든 사안인 만큼 좌절감만 더할 뿐이었다. 힘없는 약자의 설움이었다.

대기업은 미·중 간 패권 다툼으로
중소기업은 현실성 뒤지는 정부 일자리 정책으로 곤욕

샌드위치 신세는 정부나 대기업만이 겪는 고충이 아니다. 중소기업은 늘 비슷한 상황에 처하곤 한다. 정부와 취업자들 사이에 끼어 이러지도 저러지도 못하는 적이 한두 번이 아니다. 정부의 일자리 정책이 대표적 사례다. 문재인 정부가 출범한 이후 중소기업 지원체계를 일자리 중심으로 추진해 오고 있다. 일자리를 늘려야 정부의 우대 지원을 받을 수 있도록 했다. 일자리 양의 확대는 물론, 사업주와 근로자 간 성과공유, 근로시간 단축기업 등이 평가 기준에 해당된다.

'일자리 정부'를 표방한 정부의 일자리 정책에 토를 달 생각은 추호도 없다. 다들 공감하는 분위기이기도 하다. 중소기업 분야에서도 일자리를 늘려야 하는 게 당연하다. 일자리 창출 기업을 우대 지원, 일자리의 양과 질의 개선을 유도하려는 정부의 속뜻을 모르는 바 아니다. 실제로 지원을 받은 일자리 우수기업들이 고용 확대에 기여하는 바가 큰 것도 사실이다.

그렇다고 중소기업 지원사업을 일자리의 양에 따라 우대하겠다는 발상에는 동의하기 힘들다. 정부 지원책을 미끼로 채용을 늘리려는 것은 현실을 도외시한 발상이 아닐 수 없다. 일자리 정책은 그렇게 단순히 설계될 사안이 아니다. 최저임금 인상과 주 52시간제 시행으로 그러잖아도 가뜩이나 힘들어하는 기업들이

불쌍한 경제,
눈감은 정치

다. 기업을 돕겠다는 정부 지원제도가 되레 그들을 힘들게 하는 모양새가 되어서는 곤란하다.

'기업을 위한 정책'이 되어야지 '정책을 위한 기업'이 되어서는 안 된다. 정부가 정책 효과만 염두에 두고 정작 도움을 필요한 기업의 입장은 헤아리지 못함을 반증한다. 정부로부터 지원 좀 받아보겠다고 치솟는 인건비 부담을 끌어안고 마냥 고용을 늘려갈 수 없는 노릇이다. 중소기업이나 자영업자에게는 그럴 만한 힘도 없고 그 정도의 여유도 남아 있지 않다.

'기업을 위한 정책' 아닌 '정책을 위한 기업' 돼선 안 돼
기업이 살아야 고용도 늘릴 수 있어

노동집약적 경영으로는 승산이 없다. 지금도 그렇지만 앞으로는 더욱 그렇다. 글로벌화 진전으로 원가 우위와 차별화 우위가 핵심 경쟁전략이 되었다. 특히 사람을 줄이거나 무인화로 이행하지 않고는 경쟁우위가 부지되기 어렵다. 국내 대기업과 중견기업이 앞다퉈 해외로 사업장을 옮기는 주된 이유 중 하나가 늘어난 인건비 부담 때문 아닌가. 내수시장에나 목맬 수밖에 없는 중소기업이나 영세 자영업자들로서는 원가나 경비 절감 외에는 달리 방도가 있을 리 없다.

더욱이 지금은 4차 산업혁명의 시대를 살고 있다. 인간처럼 움직이는데 급급했던 로봇이 스스로 학습하고 생각하고 행동하기 시작했다. 크고 작은 작업을 대신하며 무인화와 자동화의 세상을 만들고 있다. 사물인터넷은 복잡한 작업공정을 획기적으로 단축시키고 있다. 인공지능(AI)은 전 산업 모든 직종에 파고들며 일자리를 빼앗고 있다. 사람보다 말귀를 더 잘 알아듣고 실수 없이 빠르게 일을 척척 해내고 있다.

이런 제반 요인들로 인해 현실적으로 기업들이 일자리를 늘리기 어렵다. 정부의 일자리 정책에 부응하기 힘들어지고 있다. 기업이 자선단체가 아닌지라 남 생각할 겨를이 없다. 솔직히 남 돕자고 사업에 뛰어들지 않았다. 돈을 벌기 위해 창업을 했고 그 과정에서 필요한 인력을 고용하는 구조다. 기업이 우선 살고 봐야 고용도 늘리고 사회적 기여도 가능해진다.

기업도 일자리 늘리고 싶은 마음 굴뚝같다. 사업이 잘돼 사람이 더 필요해지면 정부가 말 안 해도 더 뽑게 마련이다. 정부 정책에는 '순한 양(羊)'이, 취업자에게는 '선한 양'이 되고 싶다. 사업이 어려워져 동고동락한 직원들을 내보내야 하는 처절함은 당해 보지 않고는 모른다. 지치고 힘든 기업들에는 강요보다 위로가 약이 될 수 있다. '피로회복제' 정책 처방이 긴요하다.

'레깅스 경제학', 신축성은 정책에 더 필요

| 경제에 희망 주려면 정책 획일성부터 손봐야
| 수정이나 보완은 정책 실패 아닌 개선 조치

　레깅스(leggings) 패션의 유행이 길다. 신체 하부에 입는 바지와 비슷한 옷을 말한다. 신축성 좋은 소재를 써서 몸에 꼭 맞는다. '쫄쫄이'로 불린다. 국립국어원이 순화어로 '양말바지'를 제시했으나, 업계와 소비자들 간에는 원어 용어가 더 잘 통용된다. 얼마 전까지만 해도 운동복이나 요가복 정도에 그쳤으나 근자에 이르러 평상복으로도 널리 애용되는 추세다.

레깅스 시장이 급팽창하고 있다. 평상복의 대명사로 군림해 온 청바지 시장을 위협하고 있다. 미국에서는 2017년 레깅스 수입량이 2억 장을 넘기며, 사상 최초로 청바지 수입량을 제쳤다는 소식까지 들린다. 영국 정부는 레깅스를 소비 패턴을 반영하는 물가상승 지표에 추가했을 정도다. 소비자 구입이 많은 보편적 상품의 반열에 올랐다는 뜻이다.

향후 수요도 꾸준할 거라는 전망이다. 국내 의류업체는 침체한 패션 시장에 활력을 불어 줄 차세대 유망주로 레깅스를 꼽는다. 일상에서 입는 운동복을 뜻하는 애슬레저(athleisure)의 대표 상품으로 기대하는 눈치다. 한국패션산업연구원은 애슬레저 시장 규모가 2009년 5,000억 원 수준에서 2020년 3조 원에 이를 것으로 내다봤다. 2014년 7조 1,600억 원이라는 경이적 실적을 기록했던 국내 아웃도어 시장이 2017년 4조 5,000억 원, 2018년 2조 5,524억 원까지 급감한 것과 극명한 대조를 이룬다.

레깅스의 인기 요소는 활동성과 실용성에 있다. 쭉쭉 늘어나는 탄력성이 가장 큰 장점이다. 용도나 체형 구분 없이 누구에게나 어울리고 잘 맞는다. 스판덱스로 제작되어 부드러운 촉감과 신축성을 자랑한다. 스판덱스는 폴리우레탄이 주성분으로 고무줄에 비해 가볍고 강도가 3배나 된다. 원래 길이의 5~8배나 늘어나고 본래의 탄성을 유지하는 특성이 탁월하다. 레깅스가 허리부터 다리까지 전체적으로 라인을 예쁘게 잡아주고 착용감이 아늑하다는 극찬을 받는 이유다.

레깅스서 얻는 시사점
탄력성 커 용도·체형 구분 없이 모두에게 잘 맞아

경제 정책도 제발 그랬으면 좋겠다. 레깅스처럼 신축적이고 유연했으면 하는 바람이다. 상황에 따라, 업종에 따라, 시기에 따라, 지역에 따라 제도나 정책이 신축적으로 설계되고 유연하게 운영되었으면 한다. 국민적 불신과 사회적 논쟁의 상당 부분이 현실과 동떨어진 정책이 획일적이고 경직적으로 운영되는 데서 비롯되는 바가 크다.

완벽한 정책이 있을 리 없다. 정책이 설계될 당시 모든 상황이 빠짐없이 고려되기는 불가능하다. 만인의 이해를 충족시킬 대안은 존재하기 어렵다. 최선의 노력으로 현실에 부합되는 최적의 대안을 마련하는 수밖에 없다. 추후 미흡한 부분이나 예상치 못한 결과가 생기면 바로잡으면 된다. 수정이나 보완은 정책 실패가 아니다. 개선을 위한 필수조치에 해당한다. 한번 결정되면 고치지 않으려는 아집이 더 큰 문제다.

그런 점에서 탄력근로제 확대 방안에 관한 경제사회노동위원회에서의 노사정 합의는 의미가 크고 깊다. 대통령의 개선 의지가 출발점이 되었던 점도 인정해야 할 부분이다. 2018년 11월 여야 5당 원내대표와 만난 자리에서 탄력근로제 확대를 약속했다. 노사 합의로 방안을 만들어 국회로 보내 달라며 요청했다. 경사노위는 석 달간 9차례 전체 회의와 수십 차례 비공식 회의를 진행하면서 입장 차를 좁혀 극적인 합의를 이끌어냈다. 큰 박수를 받았다.

최장 3개월이던 탄력근로제 단위 기간이 6개월로 늘어났다. 이에 대한 보완책으로 근로자의 과로를 막고 건강을 보호하기 위해 노동계가 요구한 건강권과 임금 보전, 도입요건 완화 방안도 일괄 타결되었다. 일감이 많다는 이유로 장시간 일하는 것을 방지하기 위해 11시간 연속 휴식하는 방안도 처음으로 포함되었다. 탄력근로제 단위 기간 연장은 2003년 이후 16년 만이다.

경제정책도 신축성-유연성 높여야
'탄력근로제' 노사정 합의는 칭찬감

노사가 한발씩 양보함으로써 산업현장의 초미 관심사가 해결될 수 있었다. 이토록 잘할 수 있는 일을 부질없는 논쟁으로 소일해 왔던 게 아쉽고 속상했다. 이미 지난 얘기지만 사회적 대화 기구인 경사노위라는 기구 없이도 충분히 해결될 수 있는 일이었다. 노사가 진즉 머리를 맞댔으면 더 빨리 합의할 수 있었다. 그렇다고 잃은 것만 있었던 것은 아니다. 소득도 없지 않았다.

유연한 사고만 가지면 어떤 현안도 너끈히 해결해낼 수 있다는 자신감을 얻었다. 해미다. 한국 경제의 최대 화두인 최저임금 인상의 문제도 이런 자세로 접근하면 어려울 게 없다. 대통령도 소상공인·자영업자 초청 간담회에서 최저임금의 급격한 인상이 경영에 부담이 된다고 호소를 듣고, "미안하다"며 위로의 뜻을 전하지 않았던가. 그때 주무 장관도 부작용 최소화를 위한 정책 보완에 힘 쏟겠다는 뜻을 밝혔다. 긍정적 시그널이다.

그동안 최저임금 인상이 부담이 되었다면 이를 감안해 앞으로부터라도 자영업자의 부담을 최소화하는 선에서 인상폭을 결정할 필요가 있다. 실제로 2020년 최저임금 인상률은 전년 대비 2.9% 인상에 그쳤다. 천양지차를 보일 수밖에 없는 업종별, 업체별, 지역별 상황을 최대한 감안, 차등 폭을 신축적으로 운영하는 과제도 차차 풀어 가면 된다. 실질임금은 보장하면서 일자리를 보전하는 최선의 해법을 찾는데 모두의 지혜를 모아야 한다. 말처럼 쉽지 않을 것이나 불가능한 일도 아니다.

종전처럼 정부나 노사가 자기 입장만 내세우면 곤란하다. 상대방 탓을 되풀이하는 식이면 해법이 나올 리 없다. 한국 경제가 침체에 빠져들고 있다. 투자는 꽁꽁 얼어붙고 일자리가 줄고 있다. 저소득층 소득이 급감하면서 양극화가 심화되고 있다. 세계 평균 경제성장률보다 낮은 저성장이 이어질 불길한 조짐이다. 꽉막힌 경제에 희망을 주려면 정책의 획일성부터 고쳐야 한다. 신축성은 레깅스에만 필요한 게 아니다. 정부 정책에 더 긴요하다.

05

'나나랜드', 당당해야 성과도 좋아

| 젊은이들 유행 '나나랜드'의 정치경제학
| 대한민국은 '우리'가 주인, '나'를 주어로 해야

　3·1운동 100주년을 맞았다. "오등(吾等)은 자(玆)에 아(我) 조선의 독립국과 조선인의 자주민임을 선언하노라"로 시작하는 독립선언서가 낭독된 지 한 세기가 지났다. 3.1절 관련 보도를 접할 때마다 마음에 걸리는 게 있다. '일제강점기'란 용어다. 근대사 중 1910년 8월 국권 피탈로 대한제국이 멸망한 후부터 8·15광복에 이르기까지 일제강점 하의 식민통치 시기를 지칭한다.

일제가 주어(主語)인 표현이다. 우리는 점령당한 대상일 뿐이다. 우리는 점령만 당하고 있지 않았다. 수많은 백성이 목숨 걸고 독립을 외치며 일제에 항거했다. 우리 입장에서는 '항일전쟁기'나 '항일운동기'로 정의되는 게 마땅하다. 차라리 일제피점기라고 하면, 우리가 약해서 나라를 빼앗기고 고생을 했으니 힘을 길러야겠다는 각오라도 다질 수 있을 터인데. 어쨌든 그냥 넘길 수 없는 부분이다.

'위안부' 용어는 더욱 일본 중심적이다. '일본에 의한, 일본을 위한, 일본의' 용어임에 분명하다. 게다가 참기 힘든 모욕적 언사다. 위안이란 '위로하여 마음을 편안하게 한다'는 뜻이다. 성노예로 삼은 일본군을 죽이고 싶었을 그분들을 어떻게 위안부로 부를 수 있다는 말인가. 용어의 유래를 알고 나면 더 이가 갈리고 치가 떨린다.

일본군은 성욕 해결을 위해 여성들을 동원해 설치한 시설물을 '위안소'라 불렀다. 상해(上海)사변이 있었던 1932년 전후부터다. 그리고 위안소에 수용된 여성들을 예기(藝妓), 작부, 매음부, 접객부, 종업부, 영업자, 기녀 등으로 불러댔다. 차마 입에 담기 힘든 호칭이었다. 그러다 우여곡절 끝에 '위안부'라는 말로 바뀌었다.

'일제강점기', '위안부' 용어, 일제가 주어(主語)
그대로 가져다 쓰는 우리 모습이 더 한심

용어를 아무 생각 없이 그대로 가져다 쓰고 있는 우리 모습이 더 한심하다. 그간 정부는 뭘 했고 역사학자나 국어학자는 어디 갔단 말인가. 일언반구 언급조차 없던 언론도 원망스럽다. 무심코 용어를 구사하는 것은 말이나 글을 쓸 때 주어를 생략하는 관습 탓도 크다. 주어를 '나'나 '우리'로 표현하면 성폭력 피해자라고 하지 위안부 피해자라고는 하지 않았을 것이다.

그런 점에서 정부가 신세대에게 배워야 할 것 같다. 근년 밀레니얼 세대를 중심으로 '나나랜드(Na Na Land)'가 유행이다. 타인의 시선이나 사회의 관습보다 나만의 기준으로 스스로를 사랑하자는 새로운 소비 트렌드다. '내가 중심인 세상'이라는 자기 긍정주의의 패턴이다. 남의 눈과 세상의 기준보다 나에게 집중한다. 서울대 소비트렌드분석센터의 '트렌드코리아 2019'가 선정한 10개 소비트렌드 가운데 하나다.

데이미언 세이어 셔젤 감독의 영화 〈라라랜드〉에서 따와 내가 중심인 세상에 살아야 한다는 의미에서 생긴 신조어다. 이를 반영한 패션 품목이 주목받고 있다. 플러스 사이즈 모델, 어글리 패션 등이 인기다. 체중이나 체형과 관계없이 편안한 착용감을 주는 레깅스, 낮은 굽으로 편안함을 강조하는 컴포트 화(靴) 등도 불티나게 팔리고 있다.

나나랜드의 핵심 키워드는 '주인의식'이다. 이런 게 우리 정치나 경제에서는 보이지 않는다. 극심한 어려움에 봉착한 일자리 성적표를 대하는 정부 당국자의 태도만 봐도 그렇다. "고용 지표가 크게 개선됐고, 고용 시장의 활력을 보여주는 경제활동 참가율도 높아졌다"는 자화자찬뿐이다. 현실을 몰라도 너무 모른다.

취업 통계에서도 유리한 점만 들춰 내 자랑하기 바쁘다. "13개월 만에 취업자 수가 20만 명대로 회복되어 다행스럽다"는 막연한 평가다. 취업자 수가 1년 전보다 26만 명 증가한 점만 말하고, 30~40대 취업자가 24만 명 줄어든 점에는 본체 만체다. 자기 일을 남 얘기하듯 한다.

3.1운동 한 세기, 치욕적 용어 바로잡고
실종된 '주인의식'과 '자존감' 일으켜 세울 때

신용카드 소득공제 논란도 그랬다. 주인의식 부재의 전형을 보였다. 줏대 없이 방향이 오락가락 춤을 추었다. 논란의 발단도 주무 장관인 경제부총리의 실없는 발언에서 비롯되었다. "신용카드 소득공제와 같이 도입 취지가 어느 정도 이뤄진 제도에 대해서는 축소 방안을 검토하는 등 비과세·감면제도 전반을 종합적으로 검토하겠다"며 제도의 축소·폐지 의사를 뜬금없이 내비쳤다.

서민 증세라는 반발이 몰아치자 정부의 태도가 돌변했다. "신용카드 소득공제 제도가 근로자의 보편적 공제제도로 운용돼온 만큼 일몰 종료가 아니라 연장돼야 한다는 대전제 하에서 개편 여부와 방향에 대해 검토하고 있다"며 말을 바꿨다. 한 입으로 두 말을 한 꼴이다. 부주의한 말 한마디가 정부의 신뢰를 땅에 떨어 뜨렸다. '아니면 말고 식' 행정으로 서민들도 가슴 졸이며 냉온탕을 오기야 했다.

나라의 주인인 국민을 얕잡아보는 사례는 한둘이 아니었다. 어느 경제장관 후보로 지명된 사람이 지명 직전 자신이 소유한 아파트를 딸과 사위에게 증여하고 그 집에 도로 월세로 들었다 한다. 또 다른 장관 지명자는 그동안 체납해 온 세금을 서둘러 낸 것으로 알려졌다. 바쁘게 살다 보니 깜빡했다나. 다들 눈 가리고 아웅이다. 그나마 찔리는 양심은 있었던 모양이다. 그게 사실이라면 스스로 고사하는 게 옳다. 머슴이 주인에게 취할 수 있는 최소의 도리다.

실종된 주인의식 회복은 시대적 과제로 서둘러야 한다. 100년 전에도 천하보다 귀한 목숨까지 내걸며 '오등은 ~하노라' 하면서 우리가 주인임을 내외에 선포했다. 나나랜드처럼 '나'를 주어로 해야 내가 주도권을 가질 수 있다. 그래야 잘못을 깨달을 수 있고, 바로잡을 수 있다. 누가 뭐래도 대한민국은 우리가 주인이다. 주객전도(主客顚倒)나 객반위주(客反爲主)는 어떤 경우라도 용납될 수 없다.

불쌍한 경제,
눈감은 정치

06

쓸데없는 낙관 버리고,
쓸모 있는 비관 수용

낙관에는 '하면 된다'는 긍정의 에너지
비관에는 '잘못되면'의 부정적 사고에 치유능력 있어

보는 눈이 달라도 너무 다르다. 경제에 대한 시각차가 현저하다. 서로 정반대다. 정부는 일관된 낙관론이다. 경제성장률 하락이나 경기침체 정도는 개의치도 않는 눈치다. 대외 여건이 예상보다 빠르게 악화되면서 경제에 위협이 되기는 하나, 점차 회복돼 개선될 거라는 전망을 내놓는다. 경제의 기초 체력이 튼튼하고 거시 지표들이 안정적으로 관리되고 있다는 자평이 여전하다.

2018년이었던가. 그해 연말이 되면 경기가 좋아질 거라던 청와대 정책실장의 발언은 잊혀진지 오래다. 옛말이 되었다. 경제사령탑인 부총리의 자신감도 넘쳐흘렀다. 성장률 목표치에 대한 수정 계획이 없으며, 2019년 정부의 목표치는 2.6~2.7%라고 딱 잘라 말할 정도였다. 한국은행 총재 역시 "금리 인하는 검토하지 않고 있다"며 경기를 낙관하는 발언을 이어왔다.

성장률이 '3050클럽' 중 가장 높을 것이라는 소셜 미디어에 올라온 청와대 메시지도 희망적이었다. 3050클럽은 인구 5000만 명, 1인당 소득 3만 달러 이상의 국가를 뜻하며, 미국, 일본, 독일, 영국, 프랑스 등이 이에 속한다. 다들 이구동성으로 "펀더멘털은 튼튼하다"는 말을 거침없이 쏟아냈다.

정부가 20년 전 외환위기 직전에도 똑같은 말을 했던 지라 마음 한구석에 불안감이 엄습했다. 하지만 정부가 하도 장담을 해 일단은 안심을 했던 것이 사실이다. 4천억 달러가 넘는 외화보유액이 건재, IMF 때의 상황과는 판이해 보였다. 30%를 밑도는 단기외채 비율, 부채를 크게 능가하는 대외자산, 한국 국채에 몰리는 외국인 투자 행렬만 봐도 경제가 심각한 지경은 아닌 듯싶었다. 그런데 결과가 어쨌는가. 예상과 한참 동떨어지고 말았다.

경제를 보는 시각차 현저, 서로 정반대
정부는 일관된 낙관론, 일각에서는 비관론 제기

불상한 경제,
눈감은 정치

지금도 안심하기에는 왠지 께름칙하다. 조짐이 수상하다. 심상 찮은 징후들이 산견되고 있다. 국내총생산(GDP)성장률, 수출, 투자, 소비가 주춤거리거나 뒷걸음질 친다. GDP는 한때 마이너스로 돌아서는 우여곡절도 있었으나 2019년 2.0% 증가로 겨우 턱걸이했다. 실질 국내총소득(GDI)는 전년 대비 0.4% 감소했다. 한국경제가 받아 든 최악의 성적표가 아닐 수 없다. 1998년 이후 21년 만에 가장 낮은 수치다. 머지않아 경제성장률이 1%대로 주저앉을 것이라는 예상에 큰 이견이 없다. 중국과 미국이 성장세를 이어가는 것과 극명한 대비다.

철석같이 믿어온 수출마저 늪에 빠져 있다. 수출이 연속 하락세다. 2019년에는 10.3% 두 자릿수 하락세를 보였다. 투자 또한 뒷걸음질이다. 설비투자와 건설투자 공히 줄어들고 있다. 특히 설비투자는 IMF 사태 이후 최저 기록을 보이고 있다. 설상가상으로 주택건설과 토목건설도 부진을 면치 못하고 있다.

성장 전망도 어둡다. 별로 달라질 기색이 없어 보인다는 게 중론이다. 속속 발표되는 우울한 지표들이 이를 방증한다. 통계청이 발표한 '산업 활동 동향'에 따르면, 경기 동행·선행지수 순환변동치가 공히 역대 최장의 하락세다. 지금도 경기가 안 좋지만 향후 전망 역시 불투명하다는 에보다. 일부 산업별 주요 지표가 다소 개선되고는 있지만 경기가 하강 기조에서 탈출했다고 보기에는 역부족이다.

자료가 말하고 현실이 보여주듯 당면한 경제 여건이 만만찮다.

앞으로 경기가 정부의 예측대로 살아날지, 아니면 일각의 반론대로 어려워질지는 누구도 장담하기 어렵다. 그때 가봐야 알 수 있는 일이며, 현재로서는 오직 신(神)만이 알 뿐이다. 정작 중요한 것은 어느 쪽의 예측이 맞느냐가 아니다. 부질없는 논쟁으로 허송세월하는 지금의 모습이 문제다. 정책은 타이밍인데 그러다 대책 마련에 실기할까 걱정이다.

지나친 낙관도, 정도 넘는 비관도 걸림돌
정부, 납득할 만한 설명부터 국민 앞에 내놔야

소모적 논쟁은 당장 걷어치우는 게 낫다. 지나친 낙관도 도움이 안 되지만, 정도에 넘는 비관 역시 걸림돌로 작용하게 마련이다. 그런 점에서 성장 둔화와 경기 부진을 온전히 외부 여건 탓으로 돌리려는 정부의 태도 또한 바람직하지 못하다. 부정적인 메시지를 전하는 일련의 경제지표에 대해 납득할 만한 설명부터 국민 앞에 내놔야 할 것이다.

쓸데없는 낙관을 버리고 쓸모 있는 비관을 받아들여 스스로 다그치는 모습을 보여야 한다. 보고 싶은 것만 보고, 듣고 싶은 것만 듣고, 말하고 싶은 것만 말해서는 산적한 난제 해결은 고사하고 현상 파악조차 곤란하다. 눈을 크게 부릅뜨고 귀를 활짝 열고 누구와도 열린 소통을 마다치 않아야 한다. 역지사지(易地思之)

의 관점에서 상반된 시각이나 대립하는 주장에 대해서도 최선의 해법을 이끌어내는 명철함이 긴요하다.

모든 걸 정부 책임이나 정책 실패의 잘못으로 돌리려는 처사도 온당치 못하다. 비판받아 마땅하다. 근거 없는 막연한 단정보다 구체적 근거와 생산적 대안을 제시하는 게 올바른 태도다. 잘못된 줄 뻔히 알면서 '우긴 김에 우기는' 식의 접근으로는 누구의 공감도 얻어내기 힘들다. "낙관적인 사람은 고난에서 기회를 보고, 비관적인 사람은 기회에서 고난을 본다"는 윈스턴 처칠의 충고를 새겨들어야 할 것이다.

난제 해결에는 낙관과 비판 모두가 필요하다. 양쪽에는 각각 단점과 함께 장점과 순기능이 들어 있다. 낙관에는 '하면 된다'는 긍정의 에너지가 있어 여기에 집중하면 발전과 성취를 이뤄낼 수 있다. 비판에는 '잘못되면'이라는 부정의 사고에 근거해 문제를 바로잡고 대안을 만들어내는 힘이 존재한다. 능력자에게는 버릴 것이 없다. 세상만사 다 자기 하기 나름이다.

07

혁신성장,
캐치프레이즈 수준에 그쳐서야

현수막에 걸린 '혁신', 너도나도 '신(新)과 함께'
실천 뒤따르지 않는 계획은 없느니만 못해

'혁신' 열풍이 분 지 오래다. 여기저기 너도나도 혁신 타령이다. 정부 발표나 언론 기사에 혁신의 용어가 즐비하다. 인기 대중가요 표현을 빌리자면, '여기도 혁신, 저기도 혁신, 혁신이 판친다.' 의미나 제대로 알고 떠드는지 의문이다. 언젠가 모 일간지에 우스꽝스런 제목이 실린 적이 있다.

"혁신제품 발굴하는 '혁신조달'로 경제혁신 이끌겠다."

불쌍한 경제,
눈감은 정치

조달청장이 한 인터뷰 기사였다.

혁신 조달은 뭐고 경제 혁신은 뭘 뜻하는지에 대한 설명도 없이 그저 혁신만 들먹이는 게 어색했다. 혁신이 무슨 뜻인지 사전한번 찾아보지 않은 듯싶다. '도청이 소재한 신도시를 혁신도시로 지정해줄 것을 정부에 촉구했다'는 다른 기사도 멋쩍기는 마찬가지였다. '혁신도시'가 어떤 도시를 뜻하는지, 몇 번을 읽어봤지만 도무지 감조차 잡기 어려웠다. 아무래도 올해에도 '혁신'이라는 단어를 지겹게 들을 것 같다.

문재인 대통령이 지난해 신년 기자회견에서 혁신을 여러 번 언급한 때문일까. 정부나 공공기관의 자료를 보면 말끝마다 혁신이다. 조직이나 기구 명칭에까지 혁신을 끌어다 붙인다. 누가 누가 잘하나 경쟁하는 모습이다. 혁신이라는 단어를 몇 번 사용했는지를 기관장 업적평가 지표에 반영해야 하는 것 아니냐는 우스갯소리까지 나올 정도다. 어처구니가 없어 실소를 금할 수 없다.

혁신(革新)이란 무엇인가? 말 나온 김에 확실한 이해가 필요해 보인다. 사전적 정의를 보면 '묵은 풍속, 관습, 조직, 방법 따위를 완전히 바꾸어서 새롭게 함'이다. 한마디로 변화를 뜻하는 단어다. 변화의 언어도 여럿이다. 개선(改善)은 잘못된 것이나 부족한 것, 나쁜 것 따위를 고쳐 더 좋게 만드는 것이다. 쇄신(刷新)은 그릇된 것이나 묵은 것을 버리고 새롭게 하는 뜻이다. 개혁(改革)은 제도나 기구 따위를 새롭게 뜯어고치는 것을 의미한다.

문재인 정부서도 기관마다 '혁신 타령'
의미나 제대로 알고 떠드는지 의문

혁신에 대한 언급은 문재인 정부가 처음이 아니다. 역대 정부들이 하나같이 경제정책의 화두를 '새로움'에서 찾았다. 모두 '신(新)과 함께'를 외쳤다. 초대 이승만 정부는 '재건(再建)'의 용어를 즐겨 썼다. 전쟁으로 폐허가 된 국토와 산업시설 재건을 위해 경제를 일으켜 세우겠다는 의지의 발로였다. 박정희 정부는 초기에는 '쇄신(刷新)'을 사용하다 집권 후반에는 '유신(維新)'까지 동원했다. 장기독재, 철권통치를 이어가려는 언어의 긴급조치였다.

전두환 정부는 전임 정부가 쓰던 쇄신을 폐기처분하고 '정화(淨化)'로 대체했다. 불순하거나 더러운 것을 깨끗하게 하겠다는 명분이었겠지만 결과는 판이했다. 정화는커녕 부조리와 부패만 창궐했다. 김영삼 정부는 한국병(病)을 들먹이며 '신(新)한국', '신(新)경제'를 내세웠다. 기존의 경제사회발전 5개년계획을 중단시키고 신경제5개년개획까지 새롭게 발표했다. 경제 활력 회복과 선진 경제권 진입을 노렸으나 종국에는 IMF 외환위기로 침몰하고 말았다.

김대중, 노무현 정부는 구조개혁과 '신(新)산업' 육성에 초점을 두었다. 벤처 거품 붕괴의 홍역을 치렀지만, IT 등 첨단산업의 초석을 다졌다는 공(功)도 없지 않았다는 평가다. 이명박 정부는 '실용' 정부를 표방했으나 4대강 사업 추진으로 '토목 정부'의 오명을 뒤집어써야 했다. 박근혜 정부는 '창조(創造)경제'를 내세웠다. 전에 없던 것을 처음으로 만들겠다는 시도는 참신했으나 기실 창조물은 별로 볼만한 것이 없었다. 무사안일로 일관하다 임기도 못 채우는 쓰라림을 맛봐야 했다.

문재인 정부의 혁신 의지는 자못 다부지다. 소득주도성장, 공정경제와 함께 '혁신성장'을 3대 경제정책 기조로 내세웠다. 차질 없이 추진하겠다는 각오가 남다르다. 그럼에도 아직까지의 경제성적은 신통치 못하다. 남북관계 개선 등 외교적 성과에 비교돼 더욱 위축된 모양새다. 미·중 간 무역분쟁, 브렉시트, 일본의 수출규제 등 대외 악재와 최저임금 인상, 근로시간 단축 등 내부 현안으로 성장이 지체되고 분배 상태가 악화되고 있다.

경제는 결과로 보여줘야
현장서 체감되고, 국민들에게 실물 손에 잡혀야

일자리만 하더라도 문 대통령의 최고 핵심 공약지만, 재정 지원과 공공부문 일자리 창출 등을 통한 양적 확대라는 겉모습에 그치고 있다. 원인이야 어디 있든 경제는 결과로 보여줘야 한다. 산업·기술 인프라 구축, 규제 개혁 등을 통해 현장의 피부에 체감되게 해야 한다. 국민들의 손에 실물이 잘 잡혀야 한다.

경제 활성화를 비롯한 질적, 구조적 정책을 보완해야 한다며 입

을 모아 전하는 전문가들의 훈수를 귀담아들어야 한다. 프랑스
나 일본, 미국 등에서 세제 혜택 등 투자 여건 조성으로 경제를
살리려는 노력을 적시할 필요가 있다. 남의 일로 먼 산 보듯 할
게 아니라, 우리 경제에 도움이 되도록 타산지석으로 삼는 지혜
가 긴요하다.

급하게 서둘러도 안 된다. 개혁의 실패는 큰 변화에 대한 강박
관념으로 성급히 추진하는 데서 비롯되는 바 크다. 혁신이라는 말
에는 '급하게'라는 뜻이 담겨 있지 않다. 과도한 욕심도 금물이다.
획기적 변화만 혁신이 아니다. 혁명처럼 한꺼번에 강하게 밀어붙
여야 제대로 된 변화인 걸로 오해해서도 안 된다. 무리하게 밀어붙
이면 반발이 만만찮고 복원력도 커 원래로 되돌아가기 쉽다. 소소
한 개선이라도 꾸준히 하다 보면 큰 혁신을 이룰 수 있다.

대한민국 경제의 미래 발전을 위한 혁신성장은 현수막 캐치프
레이즈 수준에 그쳐서는 안 된다. 역대 정부가 범했던 과오를 반
복해서는 곤란하다. 이제는 달라야 한다. 경제가 구호로만 작동
될 리 없고, 혁신도 말로만 성취될 리 만무하다. 실천이 뒷받침되
지 않는 계획은 차라리 없느니만 못하다. 결국 공염불로 끝나고
만다.

불쌍한 경제,
눈감은 정치

'규제 천국', 도움 줄라 말고 간섭이나 마시라

| 창의적으로 일 벌이고 문제 되는 것만 규제해야
| 기업들도 규제를 가장 싫어해

    유대교 경전 〈토라〉에 실린 계율의 수는 613개다. 이중 '하지 마라'가 365개로 일 년을 구성하는 날짜 수와 같다. '하라'는 248개로 인간의 뼈와 모든 장기의 수와 같다. 우리가 일 년 내내 하지 말아야 할 것이 있는가 하면, 우리의 지체를 가지고 열심히 해야 할 것이 있음을 뜻한다. 토라는 특별히 규제하는 것이 없으면 무슨 일이라도 할 수 있도록 허락한다. 규제를 최소화하는 '네거

티브 시스템'이다. 유대인의 창의성도 자유의지를 존중하는 토라의 가르침과 무관치 않아 보인다.

대한민국은 '규제 천국'이다. 정부는 일마다, 때마다 규제 개혁을 들먹인다. 말만 요란했지 실적은 미미하다. 오히려 경제 활동을 옥죄는 규제가 늘고 있다. 통계가 입증한다. 국무조정실이 운영하는 규제정보 포털에 의하면 정부가 입법·행정을 통해 예고한 신설·강화 규제 법령안이 한 해 500개를 넘었다. 2016년 317개, 2017년 422개, 2018년 440개, 2019년 505개로 시나브로 늘고 있다. 3년 만에 59.3% 증가했다.

한 개의 법안에 여러 규제가 포함된 것까지 감안하면 지난해 규제 건수는 1,003개로 많아진다. 하루 평균 2.7건의 규제가 쏟아진 셈이다. 95%는 국회 동의 없이 정부 의결만으로 시행할 수 있는 시행령이나 시행규칙 등에 의한 것들이다.

범위 또한 넓다. 산업안전, 금융, 식품, 자동차, 의약품 등 대·중소기업에 관련된 규제와 반려동물 판매업자, 정원관리사, 유흥업소 운영자 등 소상공인의 활동을 제약하는 규제까지 망라한다.

규제 때문에 기업하기가 힘들다. 뭐 하나 해보려 해도 걸리는 게 많다. 이리 가면 이게 걸리고, 저리 가면 저게 걸린다. 정부는 이런 실정을 아는지 모르는지. 늘 기업이 혁신의 날개를 마음껏 펼칠 수 있도록 모든 역량을 동원해 규제 개혁에 앞장서겠다고 강조한다. 지난해에는 확대경제장관회의까지 열었다. "정부가 먼저 찾아 나서서 기업 투자의 걸림돌을 해소해줘야 한다"는 대통

불쌍한 경제,
눈감은 정치

령의 신신당부가 있었다. 기대가 컸으나 현실은 달라지지 않았다.

작년 '하루 3개꼴'로 쏟아지는 규제
규제로 인한 비용 부담도 만만치 않아

양(量)만 늘어난 게 아니다. 규제로 인해 산업이 부담해야 하는 비용도 만만치 않다. 한 해 비용이 100억 원이 넘을 것으로 예상되는 규제가 10개였다. 1,000억 원을 초과하는 것도 3개나 되었다. 게다가 상당수 규제가 비용이 과소 추계되었을 것으로 산업계는 의심한다. 신설·강화 규제는 정부 부처가 규제로 인한 비용, 편익 등을 분석하도록 되어 있다. 이 정도의 비용 부담이라면 다른 대안을 찾았어야 함에도 정부는 대부분 강행했다.

규제는 투자와 고용을 위축시켜 혁신 성장을 방해한다. 실제로 민간의 경제성장 기여도가 낮아지고 있다. 2018년 1.8%포인트에서 2019년 0.5%포인트로 뚝 떨어졌다. 경제성장률 2.0% 중 정부의 기여도가 1.5%포인트를 차지하고 나머지 0.5%포인트가 민간의 기여도였다. 정부가 성장을 주도하고 민간은 들러리를 서온 셈이다.

규제는 필요하다. 없애는 게 능사는 아니다. 외부 효과가 현저하거나 독점 발생으로 민간 자율로 자원의 최적 배분이 이뤄지지 못하는 경우 규제가 가해지는 것은 당연하다. 그렇다고 민간의 자유롭고 경쟁력 있는 활동을 심각하게 방해해서도 곤란하다. 경제주체들이 창의적으로 일을 벌이고 그런 가운데 문제가 되는 것만 예외적으로 규제하는 게 맞다.

가령 소비자 보호와 환경 등의 가치를 우선시하면 규제가 늘어날 수밖에 없다. 반대로 규제를 없애거나 줄이다 보면 소비자나 환경 등에 피해를 주게 된다. 이율배반의 상황에서 지혜로운 선택이 이뤄져야 한다. 정부나 국회가 감당해야 할 중요한 기능과 역할이다. 공직에 전문성을 구비한 유능한 인재가 요구되는 이유다.

정부가 전가보도로 내세우는 '규제 샌드박스' 까다로운 요건으로 되레 혁신을 방해

규제 개혁의 부진이 지적될 때마다 정부가 전가(傳家)의 보도(寶刀)로 내세우는 게 있다. 지난해부터 시행된 '규제 샌드박스'이다. 새로운 제품·서비스에 대해 일정 기간 규제를 면제하고 유예해주는 제도다. 2020년 경제정책에도 규제 샌드박스의 지속 추진이 포함되어 있다. 산업계의 반응은 의외로 싸늘하다. 대상 사업의 대다수가 까다로운 제약 요건을 붙인 조건부 승인이기 때문이다.

공유 경제, 스마트 헬스 케어 등 이해관계자가 많은 분야일수록 조건이 더 까다롭다. 특정 공간과 분야에서 마음껏 시도해보라는 제도의 취지가 퇴색되고 있다. 시행 과정에서 이런저런 조건이 붙다 보니 오히려 새로운 족쇄로 작용한다. '사회적 대타협을 통해 이해관계가 첨예한 규제를 풀겠다'라는 정부 방침이 기존 사업자의 이익을 보호하는 쪽으로 결론이 나는 경우가 적지 않다.

선진국들은 규제 혁신을 통해 성장과 일자리라는 두 마리 토끼를 잡는다. 우리나라는 다르다. 높은 규제 장벽과 이해집단 간의 극심한 갈등으로 개혁의 골든타임을 놓치고 있는 형국이다. 세계경제포럼(WEF) 평가에서 한국의 국가경쟁력은 141개국 중 13위에 올라있다. 하지만 규제 개혁은 이보다 한참 뒤처져있다. 정부 규제가 기업 활동에 초래하는 부담이 87위, 규제 개혁에 관한 법적 구조의 효율성이 67위에 그친다.

기업들도 규제를 가장 싫어한다. 중소기업중앙회가 500개 중소기업 최고경영자(CEO)들을 대상으로 오는 4월 선출될 21대 국회에 바라는 바를 물었다. 전체 응답자의 43.2%, 10명 중 4명 이상이 최우선으로 추진되어야 할 정책으로 '규제 완화'를 꼽았다. "도움 줄 생각 말고 간섭이나 말아 달라"라는 주문이다. 성가신 부탁이 아니라 간절한 호소로 들린다.

P A R T

03

제도

• 무딘 쟁기로는 밭을 갈지 못한다 •

01

나랏빚 700조,
재정적자의 유혹과 함정

| 4차 산업혁명 시대, 급변하는 경제 패러다임
| 근본적 구조개혁과 재정의 마중물 역할 시급

    국가 채무가 700조 원을 넘었다. 기획재정부 자료에 따르면 2019년 11월 말 기준 나랏빚이 704조 5,000억 원에 달했다. 전년 말에 비해 53조 원가량 늘었다. 국가 빚이 700조 원을 넘어선 것은 1999년 통계작성 이후 20년 만에 처음 있는 일이다. 국민 1인당으로 계산하면 1,410만 1,322원꼴이다. 2000년 237만 원에서 2014년 1,000만 원을 넘은 뒤 이처럼 높아졌다.

빚만 쌓이는 게 아니다. 재정 건전성에도 적신호가 켜졌다. 정부의 총수입에서 총지출을 뺀 통합재정수지는 2019년 1~11월 기준 7조 9,000억 원 적자다. 2009년 글로벌 금융위기 이후 10년 만에 보는 최대 적자 폭이다. 통합수지에서 국민연금, 고용보험 등 사회보장성 기금을 제외한 관리재정수지는 같은 기간 45조 6,000억 원 적자다. 정부의 '2019~2023년 국가재정운용계획'에 따르면 2023년에는 관리재정수지 적자가 90조 2,000억 원에 이를 전망이다.

재정 건전성의 악화 이유는 간단하다. 들어오는 돈보다 나가는 돈이 많은 탓이다. 지난해 11월까지 국세 수입은 276조 6,000억 원으로 전년 동기 대비 3조 3,000억 원 줄었다. 그래도 총수입은 435조 4,000억 원으로 전년 동기보다 2조 7,000억 원 늘었다. 총지출은 443조 3,000억 원으로 전년 동기보다 47조 9,000억 원 증가했다. 빚은 플러스로 늘고, 수지는 마이너스로 커지는 셈이다.

정부는 아랑곳하지 않는 눈치다. 올해 상반기 재정의 조기 집행을 역대 최고 수준인 62%로 끌어올릴 요량이다. 그러고도 경기가 안 살아나면 필시 예년처럼 추가경정예산 카드를 꺼내고 국채 발행을 늘리려 할 것이다. 2020년만 해도 국고채 발행한도를 지난해보다 28조 5,000억 원가량 더한 130조 2,000억 원으로 늘려 잡았다. 순증 규모 70조 9,000억 원, 이미 발행한 채권을 상환하기 위한 차환 발행 규모는 59조 3,000억 원이다.

국가채무 704조, 빚만 쌓이는 게 아니라 재정 건전성도 적신호 아랑곳하지 않는 정부

가계도 빚이 많다. 가계부채 잔액이 2019년 2분기 말 1,556조 원을 넘었다. 지난해 3분기 말 시중 5대 은행의 가계대출 잔액이 599조 3,851억 원으로 역대 최대치를 기록했다. 기업 부채도 빠르게 늘고 있다. 국내총생산(GDP) 대비 기업의 부채 증가 속도가 세계 주요 43개국 가운데 세 번째다. 국제결제은행(BIS) 통계에 따르면, 2019년 2분기 말 한국의 GDP 대비 기업부채 비율은 99.3%다. 1위 싱가포르, 2위 칠레 다음이다. 국가, 기업, 가계 다들 빚으로 살고 있다.

빚이 꼭 나쁜 것만은 아니다. 잘만 활용하면 유익이 크다. 국채의 경우 불평등한 소득수준을 재배분하여 분배구조를 개선하고 지나친 경기변동을 완화시켜 안정적 경제성장을 도모하는 순기능이 있다. 재정지출을 늘리면 그 지출만큼 생산물 수요가 증가한다. 설비투자, 사회간접자본 투자, 연구 및 인적자본투자 등 공공투자는 총수요를 늘리면서 장기적으로 경제성장에 중요한 역할을 하게 된다.

그렇더라도 예산의 당위성과 타당성은 꼼꼼히 짚어야 한다. 쓸곳이 있다고 빚을 마구 늘려 재정을 방만하게 운용하면 안 된다. 국민에 해악을 끼치고 경제를 어지럽히는 부도덕하고 무책임한 행동이다. 올해는 4월 총선까지 앞두고 있다. 선거용으로 선심성 사업에 예산이 낭비되는 것 아니냐는 의구심이 벌써부터 나온다. 그리스 사례까지 들먹이며 포퓰리즘을 경계하는 목소리가 커지고 있다.

경제는 이따금 큰 틀에서 바라볼 필요가 있다. 한국 경제는 경쟁력이 한계점에 이르렀다는 진단이다. 실제로 수출로 먹고사는 나라에서 수출 가격이 갈수록 떨어지고 있다. 자본과 노동의 비용 등 이른바 생산요소 가격은 나날이 높아지고 있다. 현상을 타개할만한 첨단 기술이나 혁신 제품의 출현은 더디기만 하다. 대기업을 필두로 적지 않은 중견·중소기업들이 탈(脫) 한국 대열에 속속 합류하는 현실이 이를 방증한다.

예산 지원의 필요성 꼼꼼히 따져야
국가채무 마구 늘리면 국민에 해악, 나라 경제에 혼란

경제 패러다임이 급변하고 있다. 인공지능, 빅데이터, 클라우드 컴퓨팅 등이 주도하는 4차 산업혁명 시대에 돌입했다. 한국이 세계 최초로 5G 시대를 열었으나, 인공지능 등에서는 중국에 비해서도 뒤진다는 평가다. 근본적 구조개혁이 시급하고, 이를 뒷받침할 정부의 역할이 긴요하다. 한국 경제를 견인해 온 기존의 말(馬)들을 바꿔 탈 시기가 되었다. 이런 문제를 정부가 다 책임질 수 없지만, 최소한 재정으로 마중물 역할은 해줘야 한다.

빚에는 묘한 속성이 있다. 규모가 커지거나 횟수가 늘면서 '부채관'이 달라지기 시작한다. 일단 부채에 대한 의식 자체가 무뎌진다. 빚 무서워하는 생각이 점차 엷어진다. 한국은행 차입이나 국채 발행을 마치 정부가 마땅히 누려야 하는 당연한 권리쯤으로 가볍게 여기는 사고가 싹트고 시나브로 커간다. 마침내 채무불감증으로까지 이어질 수 있다.

다음 세대가 갚게 될 빚을 지금 세대가 지레 걱정하는 것을 부질없게 여기게 된다. 만기에 갚을 돈이 없으면 그때 봐서 기한을 늘리든지, 다른 빚을 새로 얻어 갚으면 될 것으로 쉽게 생각한다. 돈이란 한번 빌리기가 어렵지, 일단 빌려만 놓으면 갚는 건 문제가 될 게 없다고 간주한다. 문제가 생긴다 한들 방법이 있겠지 하는 식으로 대범해지고 만다.

빚은 증발하지 않는다. 언제 갚아도 갚아야 한다. 빚에 한 번 빠지면 헤어 나오기 힘들다. 깊은 함정과 같다. 케인즈와 피셔는 1930년대에 이미 "빚은 갚을수록 늘어난다"는 화두로 이런 현상을 준엄하게 경고했다. IMF 때 부실기업 경영인으로 지목돼 전 재산을 내놓고 경영일선에서 물러났던 전 동아그룹 최원석 회장은 빚 앞에서의 괴로운 심경을 이렇게 고백했다. "구멍가게를 하더라도 빚 없는 경영을 하고 싶다"고.

불쌍한 경제,
눈감은 정치

상속세율이 주는
부담과 상처

축성(築城)과 수성(守城),
창업도 좋지만 기술·노하우로 무장한 기존 기업 지켜야

솔직히 요즘 사장은 사장도 아니다. 사장 노릇 하기가 예전만 못하다. 일을 시키려 해도 직원 눈치부터 살펴야 한다. 잘못을 저지른 직원을 나무라기도 조심스럽다. 최장 근로시간이나 최저임금 같은 사소한 문제로 형사고발과 감옥행도 각오해야 할 판이다. 기업 밖이라고 사정이 다를 리 없다. 항시 거래처에 선처를 호소해야 하고 자식 또래의 고객사 실무자에게 고개를 조아려야 한다.

오나가나 힘들고 서글픈 대한민국 중소기업 사장의 일상이다.

정작 말 못할 걱정은 따로 있다. 사업할 맛이 부쩍 떨어진다. 힘이 빠지고 사기는 바닥이다. 솔직히 출근하기 싫은 날도 많다. 기업을 내다 팔고 싶은 생각이 굴뚝같다. 그럴만한 이유야 한둘이 아니지만, 우리나라의 높은 상속세율을 자세히 알고 나면 사업하고 싶은 마음이 싹 가신다. 기업 대물림에 적용되는 상속세 부담이 세계 최고 수준이라는 게 도무지 이해하기 어렵다.

그간 힘들어도 견뎌낼 수 있었던 것은 미래에 대한 희망 때문이었다. 고생한 직원들에게 일자리를 계속 보장하며, 회사를 키워 자식에게라도 물려주고 싶은 기대감에 힘입은 바 크다. 있는 재산을 자식에게 물려주고 싶은 것은 누구나의 인지상정 아닌가. 이런 이슈로 일부 성직자들까지 세상을 어지럽히는 판국에, 유독 기업인 상속에 집중되는 따가운 시선이 부담스럽고 억울하다. 사장도 다 같은 사람이다.

사업을 접고 싶다는 사장들의 볼멘소리를 그냥 해 보는 푸념이나 엄살로 흘려들어서는 곤란하다. 그러기에는 당면한 현실이 심상치 않다. 최고경영자의 의욕이나 사기가 떨어지면 회사가 무너지는 건 시간문제다. 순식간의 일이다. 과도한 상속세 부담으로 기업을 팔거나 해외로 이전할 경우 기업만의 손해에 그치지 않는다. 국부 유출이나 성장잠재력 저하로 국가 경제에 파급되는 악영향이 상상 이상일 수 있다. 자칫 방심이 근심을 부를 수 있다.

불쌍한 경제,
눈감은 정치

사업할 맛 안 나는 기업주들
세계 최고 수준의 상속세율이 주된 요인

한국경영자총협회가 발표한 자료를 보면 사태의 심각성을 실감케 된다. 가업승계 시 부담하는 상속세는 우리나라가 세계 최고 수준이다. OECD 국가 중 직계비속에게 적용되는 상속세 명목 최고세율은 한국이 50%로 최상위권이다. 일본의 55%에 이어 두 번째다. 일반적인 상속 형태인 '주식으로 직계비속에게 기업을 물려주는' 경우, 최대 주주 주식 할증(최대 30%)이 적용되어 실제 부담하는 최고세율은 65%로 높아진다. 일본의 55%에 비해서도 고율이다.

현실적으로 자금력이 달리는 중소기업으로서는 상속세 감당하기가 버겁다. 예비된 자금이 없다 보니 회사 주식을 대거 팔아야 한다. 주식으로라도 물납을 할 수밖에 없다. 그렇게 될 경우 예기치 못한 상황이 벌어지고 만다. 정부가 주요 주주 내지는 최대 주주로 부상한다. 상속되는 순간 사기업에서 '공기업' 내지는 '국영기업'으로 간판이 바뀌게 된다. 기껏 힘들게 기업을 키워봤자 결국은 정부 좋은 일만 시키는 꼴이다. 이 상황에서 어느 기업인이 몸 던져 사업하고 싶을까. 절대 생겨서는 안 될 일이 현실화되지 않으리란 보장이 없다.

해외에서는 직계비속 기업승계 시에는 일반 상속세율보다 낮은 세율로 내려주거나 큰 폭의 공제 혜택을 부여하여 상속세 부담을 덜어주는 것으로 나타났다. OECD 35개국 중 30개국은 직계비속 기업승계 시 상속세를 감면하고 있다. 17개국에서는 상속세가 없고, 13개국은 세율 인하 혹은 큰 폭의 공제 혜택을 제공하고 있다는 게 한국경영자총협회의 설명이다.

┃ 기업 승계,
┃ 단지 '부의 대물림', '불로소득'의 편향된 시각으로만 바라봐선 안 돼

특히 독일, 벨기에, 프랑스는 가족에게 기업을 승계할 경우 세율 인하뿐만 아니라 큰 폭의 공제 혜택까지 제공하고 있다. 독일의 경우 직계비속에 대한 기업승계 시 상속세 명목 최고세율이 기존 50%에서 30%로 인하되며, 큰 폭의 공제 혜택까지 적용되면 실제 부담하는 최고세율은 4.5%까지 낮아지는 것으로 알려지고 있다.

우리 정부도 그동안 기업승계를 위한 노력을 해오긴 했다. 중소·중견기업의 상속세 부담을 덜어주기 위해 이미 가업상속공제 제도를 도입하여 운용 중이다. 다만 외국에 비해 요건이 까다롭고 대상도 제한되어 활용도가 낮은 게 흠이다. 가업상속공제의 상한을 1억 원에서 500억 원으로 늘리고 대상도 중소기업에서 중견기업에까지 확대하기도 했다. 그럼에도 사업영위기간 10년 이상, 10년간 대표직 및 지분 유지 같은 까다로운 사전·사후적 요건으로 활용이 저조하다. 이에 비해 해외 국가들의 가업상속공제

제도는 요건이 간소화되어 있고 공제 상한도 없어 상속세 부담이 작다.

우리나라도 기업승계 시 해외보다 불리하게 적용되는 상속세율을 과감하게 하향 조정해야 한다. 기존 상속세 명목 최고세율을 50% 이하로 대폭 낮추고, 가업상속공제의 요건 완화와 대상 확대 등의 세제 개선으로 원활한 기업승계를 뒷받침할 필요가 있다. 비단 기업을 봐주기 위해서가 아니라 국가 경제 발전에 긴요한 사안이기에 기업승계를 활성화시키자는 취지다.

선진국에서 다수의 강소기업이 탄생할 수 있었던 것은 장수기업을 중시하는 사회문화적 배경과 정부의 강력한 세제 정책에 힘입은 바 크다. 기업 승계를 단지 '부의 대물림', '불로소득'이라는 편향된 시각으로만 바라볼 게 아니다. 기업의 존속, 노하우 체화, 핵심 기술 전수, 일자리 창출, 기업가 정신 고양 등 긍정적 관점에서 접근이 요구된다. 서툴게 새로 시작하는 창업도 좋지만, 기술과 노하우로 무장된 기존 기업을 지키는 일은 더 중요하다. 수성(守城)이 축성(築城)보다 쉽다.

03

일자리안정자금, 알렉산더에게 배워라

> 일자리 '창출'도 시원찮을 판에 일자리 '퇴출' 유도
> '뺄셈 정책'에서 '덧셈 정책'으로

기업의 경영 부담 완화와 고용안정을 위해 조성된 일자리안정 자금이 겉돈다. 시행 초기에는 기금의 조기 소진을 우려했지만 결과는 딴판이다. 실적이 기대에 못 미친다. 해마다 연초만 되면 조기 집행을 공언하나 연말이 되어도 책정된 예산을 소진하지 못 한다. 속사정이 따로 있다.

"월급도 적은데 보험료까지 내야 하나요?"

불쌍한 경제,
눈감은 정치

"장학금 받으려면 소득이 잡히면 안 되요."

소득 노출을 꺼리는 아르바이트생들의 하소연이다.

이들을 고용하려면 업주 입장에서는 한 사람당 월 최대 13만 원의 정부 지원금을 포기할 수밖에 없다. 알바생도 일을 하게 되면 장학금을 받지 못하는 불이익을 감수해야 한다. 좋은 취지의 제도가 노사 모두에게 '그림의 떡'이 되고 만다. 구인과 구직을 막는 장애로 작용한다. 일하는 게 노는 것보다 되레 불리해지는 안타까운 형국이 연출된다.

이런 불합리는 공적 연금에도 그대로 나타난다. 연금 수급자의 소득월액이 기준금액을 넘으면 초과한 소득월액의 일정 부분에 대해 연금 지급을 정지한다. 즉 연금이 깎이고 만다. 국민연금, 공무원연금, 사학연금, 군인연금 공히 마찬가지다. 국민연금과 기초연금의 연계제도에서도 똑같은 현상이 발생한다. 가입 기간이 길어 수령액이 큰 국민연금 수령자일수록 기초연금이 적게 돌아간다.

2014년 기초노령연금이 기초연금으로 확대되면서 감액 장치가 생기고부터다. 이로 인해 26만 명가량의 노인들이 기초연금을 온전히 수령하지 못하게 되었다. 국민연금 가입 동기를 떨어뜨린다는 비판이 거세다. 보건복지부는 복지부동이다. 미래 기초연금 재정의 지속가능성을 높이기 위해서는 불가피하다는 설명만 되풀이한다. 국민연금제도발전위원회에서 두 연금 간 연계제도 폐지를 논의했으나 뚜렷한 결론을 내리지 못했다. 다들 엉거주춤한 자세다.

저소득층 고용, 근로·사업소득에는 관심조차 없어
개인적 유불리 떠나 사회적·국가적 큰 손실

연금만으로 살기 힘들어 몇 푼 벌어보겠다는 서민들의 발목을 잡고 있다. 정부가 나서서 도와주지는 못할망정 근로의욕에 찬물을 끼얹고 있다. 일자리 '창출'을 해도 시원찮을 판에 일자리 '퇴출'을 유도하는 꼴이다. 저소득층 고용이나 근로·사업소득에는 관심조차 없어 보인다. 일자리 정부를 자처하는 문재인 정부의 정책 기조에 거슬리는 엇박자다. 개인적 유불리를 떠나 사회적·국가적으로도 엄청난 손실과 비효율이 아닐 수 없다.

일을 하면 할수록 손해가 되는 구조에서 땀 흘려 일하고 싶은 사람은 세상 어디에도 없다. 모두가 편안과 안식, 여유 있는 삶을 원한다. 하지만 당장의 생계를 위해, 보다 나은 내일을 위해 허리띠를 졸라매야 하는 장삼이사(張三李四)들이다. 이들의 수고가 모여 경제가 성장하고 사회가 발전해 왔다. 이들 만한 애국자들도 없다.

게으름은 퇴보로 직행하는 선택이다. 개인과 기업은 물론 국가도 다를 바 없다. 정부가 일자리를 많이 만들고 근로 의욕을 북돋우는 제도적 뒷받침을 소홀히 해서는 안 되는 이유다. 땀 흘려 일하는 사람이 잘 사는 정의사회 구현이 국가경영의 최우선 명제로 자리매김 됨이 마땅하다. 정부가 최저임금을 과감히 올리고, 투기 억제에 단호히 나서는 것도 다 이런 이유 때문 아닌가.

불쌍한 경제,
눈감은 정치

세계 경제사를 회고해 보더라도 정부의 관심과 지원이 있는 곳에는 어김없이 발전과 성장이 성취되었다. 정책적·제도적 뒷받침은 결국 때가 되면 '경제적 성과'라는 결실을 맺기 마련이다. 생산적인 힘이 발휘되어 잠재력에 불을 붙이고, 그 불꽃을 계속 타오르게 한다. 경제적 유인(誘因), 즉 인센티브가 가져다주는 선순환의 추진력이 작용한 결과다.

시장경제는 유인(誘因)으로 커가는 나무
철벽 기득권, 규제 암반층 제거하고 경제 활력 주입해야

그리스·페르시아·인도에 이르는 대제국을 건설한 마케도니아의 알렉산더 대왕. 그도 어려울 때가 참 많았다. 기원전 4세기경에는 페르시아 황제 다리우스 3세와 수년간 전쟁을 치러야 했다. 천혜의 요새인 소그디니아 성채를 점령하지 못해 크게 고민하고 있었다. 높이 600m에 이르는 천 길 낭떠러지에 성채가 건립된 데다 1년 내내 얼음으로 뒤덮여 공략하기가 쉽지 않았다.

그때 대왕은 결단을 내린다. 지쳐 있는 부하들을 상대로 파격적인 성과 보수를 제시한다. 성벽 위로 오른 병사에게는 한 사람당 20달란트를 주겠다고 약속한 것이다. 당시 20달란트는 지금 돈으로 환산하면 200억 원에 상당하는 거금이다. 한 시간 만에 300명이 자원하고 나섰다. 그날 밤 작전이 개시되었다. 30여 명만 떨어져 죽고 나머지는 얼음 성벽을 기어오르는 데 성공했다. 과감한 인센티브가 가져다준 경이적 성과였다.

옛말에 '벌과 나비도 꽃이 좋아야 찾아간다'고 했다. '미끼가 커야 큰 고기를 잡는다'는 속담도 있다. 큰 것을 얻으려면 그만큼 매력적인 유인이 제공되어야 한다는 의미다. 경제학에서는 인간의 본성을 이기적인 것으로 간주한다. 경제저 유인의 구조가 바뀌면 개인의 행동도 변한다는 논리다. 인간은 주어진 조건에 따라 합리적으로 행동하는 동물이라는 전제가 깔려 있다.

실제로 인센티브는 성과 창출을 촉진한다. 자본주의 시장경제는 유인에 민감하게 반응하는 구조다. 보상과 인정으로 커가는 나무로 비유된다. 정책의 실효성도 인센티브에 의해 좌우된다. 국가 이익과 국민 행복을 위해서는 기존의 철벽 기득권이나 규제 암반층부터 깨뜨려야 한다. 그리고 국민 친화적 방법으로 경제에 활력을 불어넣는 정책을 시행해야 하는 게 올바른 순서다. '뺄셈 정책'보다 '덧셈 정책'의 힘이 더 세다.

불쌍한 경제,
눈감은 정치

04
이러고도
IT 선진국인가

| 각종 인프라 '근본 대책' 촉구 경보음
| 철저한 '유비무환'으로 허망한 '무비유환' 반복 막아야

　누가 뭐래도 대한민국은 IT 강국이다. 세계 최초로 5G 시대를 열었다. 2019년 4월 3일 오후 11시 대한민국이 맨 먼저 상업용 5G 주파수를 송출했다. 선진 열강을 제치고 상업화에 성공한 것만으로도 대단한 국가적 쾌거이자 국민적 자랑거리다.

　1984년 1세대(1G) 이동통신 이후 34년 만이다. 이동통신은 그동안 다섯 번의 세대 진화를 거쳐 왔다. 1G는 차량 전화 서비스

'카폰'이 처음이다. 2세대(2G) 이동통신은 1996년 상용화했다. 휴대폰 대중화의 시작이었다. 코드분할다중접속(CDMA) 2G는 우리나라가 세계 최초다. 음성뿐 아니라 문자메시지를 주고받을 수 있게 했다.

3세대(3G) 이동통신은 2003년 개막되었다. 영상통화와 로밍이 보편화했다. 4G는 우리나라가 만든 모바일 와이맥스(와이브로)와 WCDMA에서 발전한 롱텀에볼루션(LTE)이 경합했다. 스마트폰 세상을 만들어냈다. 5G는 별다른 기술 경합 없이 LTE와 함께 사용하는 NSA(Non-standalone)표준을 적용했다.

진화 간격은 점차 짧아지는 추세다. 1G에서 2G로 전환은 12년이 걸렸지만, 4세대(4G) 이동통신에서 5G로 전환은 7년밖에 안 걸렸다. 5G의 전송 속도는 LTE의 최대 20배인 20Gbps에 이르고, 한꺼번에 전송할 수 있는 데이터양도 100배 크다. 지연 속도는 1ms(0.001초)로 LTE 대비 100분의 1로 줄어든다. 고화질(HD)급 2GB 동영상 정도는 0.8초면 다운로드가 끝난다.

5G 시대 개막 경사, 아현 통신구 화재로 빛바래
KT 전국 통신망 절반이 백업 회선 없어

호사다마일까. 좋은 일에는 방해되는 일이 생기곤 한다. 5G 시대 경사가 있었던 즈음에 터진 KT 서울 마포 아현지사 지하 통신구 화재로 빛이 바래고 말았다. 수십만 전화회선과 광케이블 세트가 불타면서 인근 지역의 경찰서와 소방서, 병원 내 통신이 일시에 두절되었다. 카드 결제기가 먹통이 되면서 동네 슈퍼와 음식점, 가게들이 영업에 직격탄을 맞았다. 인근 지역 KT 통신망 이용자들이 휴대전화를 사용치 못하는 불편을 겪어야 했다. '초연결' 사회의 '초공포' 참사였다. 대대적인 축하와 심심한 노고를 치하해야 할 시점에 하필 이런 일이 터지다니.

사고처리 과정에서 보여주는 관계 당국의 대응은 가히 실망스러운 수준이었다. 안타까움이 적지 않았다. 사고 직후 관할 경찰서는 "방화나 실화 가능성은 낮다"고 서둘러 예단하는가 하면, 주무 장관은 "복구와 피해 보상에 적극적으로 나서겠다"는 입장부터 밝혔다. 원인 규명에 대해서는 일언반구도 없이 대책부터 내놓았다. 앞뒤가 바뀐 주먹구구식 접근이었다.

더 경악할 일은 따로 있었다. KT의 전국 통신망 허브 중 절반이 백업(Backup) 회선이 없다는 사실이다. 근본적이고 구조적인 문제가 방치되어온 셈이다. 만약 이번 일이 계획적인 테러에 의한 것이었다면 어떠했을까. 실제로 이번 사고로 수십 개의 군 통신망이 불통이 되어 '전시 청와대 지휘망'까지 마비되었다. 유선 백업도 없는 섬뜩한 현실이 도무지 믿기지 않는다. 국가의 존망이 걸려 있는 시설에 백업조차 없다는 게 아무리 생각해도 이해가 안 된다.

백업시스템 구축을 위해 통신망을 이중으로 깔려면 천문학적 비용이 든다고 한다. 그렇다고 안 하거나 미룰 수 없다. 인공위성을 이용하면 비용 절감이 가능한 방법도 있다고 한다. 최적의 방법을 서둘러 찾아야 하는데도 이런 일에는 관심조차 갖지 않는 게 문제다. 자동차 운전도 보험 없이는 곤란한데, 백업 장치도 없이 나라가 통치되고 있다니. 이 같은 안전 불감이 없다. 경악할 노릇이다.

백업 부재, 대책 부실, 안전 불감의 '3불(不) 적폐' 재발 방지, 근본 대책 마련의 호기로 삼아야

사용자 실수, 컴퓨터 오류, 바이러스, 정전 등으로 원본이 손상되거나 잃어버릴 경우를 대비해 원본을 미리 복사해 두는 백업. 그 중요성은 아무리 강조해도 지나치지 않다. 예상치 못한 재해나 사고, 사용자의 잘못 등으로 인해 자료가 없어지거나 손상될 우려는 항시 존재하게 마련이다. 같은 내용의 자료를 미리 다른 장소나 매체에 복사해 둠으로써 원래 자료가 없어지더라도 문제가 되지 않도록 하는 백업은 상식에 속한다.

재난 대응능력도 믿음이 안 간다. 꼭 일이 터지고 나서야 부산을 떤다. 미리미리 대비하지 못하는 습성이 고쳐지지 않고 있다. 숨기기 힘든 대한민국의 일그러진 자화상이다. 2018년 12월 강릉선 KTX 탈선사고 역시 그런 사례라 할 수 있다. 당시 1차 조사

결과 신호제어시스템 오류가 사고 원인으로 지목되자 그제야 국토부가 시설점검에 허겁지겁 나섰다. 고속철도와 일반철도, 지하철 등 22개 기관의 선로전환기와 신호제어설비의 적정시공과 유지관리 점검에 허둥댔다.

비슷한 시기에 사망자까지 발생한 일산 백석동 온수관 파열 사고 또한 사정이 다를 바 없었다. 사고 후 지역난방공사가 호들갑만 떨었다. 지역난방공사는 사고가 난 수송관 구간 연결부 용접 부위와 동일한 공법으로 시공된 443개소 온수관을 즉시 보강 또는 교체하겠다고 서둘러 발표했다. 빠른 행동을 나무랄 수는 없다. 평소에 했어야 할 일을 하면서 앞뒤 안 가리고 지나치게 서두르는 것 또한 상책은 못 된다. 급할수록 진중해질 필요가 있다. 그래봤자 사후약방문(死後藥方文) 아닌가.

백업 부재, 대책 부실, 안전 불감이 빚어낸 '3불(不) 적폐'는 서두른다고 해결될 일이 아니다. 응급처방이나 긴급대책만으로는 부족하다. 재발 방지를 담보할 근본 대책이 긴요하다. 시간이 지나면서 유야무야로 얼버무려져서는 안 된다. 소는 잃었어도 또 다른 소를 잃지 않기 위해 외양간을 제대로 손봐야 한다. 잘못된 대응은 재발을 부른다. 철저한 유비무환으로 허망한 무비유환의 반복을 막아야 한다. 나라가 태평하고 국민 살기가 평안한 국태민안(國泰民安)에 이르는 길이다.

05
클린턴의 '해머', 문재인의 '망치'

| 숨통 죄는 규제 올무
| 걷어내지 못하면 성장은커녕 생존조차 부지하지 어려워

　정부가 규제 개혁의 당위성을 언급할 때 단골로 끌어다 쓰는 사례가 하나 있다. 19세기 영국 차(車) 산업의 발목을 잡은 '붉은 깃발법(Red Flag Act)'이다. 문재인 대통령이 2018년 8월 인터넷전 문은행에 대한 은산분리 완화의 필요성을 강조하며 시대착오적 규제로 인용하면서 널리 알려진 화제의 법률이다.

　몇 번씩 들어도 내용이 늘 흥미롭다. 영국 빅토리아 여왕 시절이던 1865년 자동차의 등장으로 피해를 보게 된 마차 사업의 이익을 보호하기 위해 만들어진 법이다. 정식 명칭은 The Locomotives on Highways Act, 약칭은 Locomotive Act이다. 붉은 깃발법은 당시 증기자동차가 출시되면서 마차업자들의 항의가 빗발치자 제정되었다.

기존의 마차 사업을 보호하고 마부들의 일자리 수호를 위한 조치였다. 한 대의 자동차를 움직이려면 반드시 운전사, 기관원, 기수 등 3명의 인력을 두어야 했다. 자동차의 최고 속도는 6.4km/h, 시가지에서는 3.2km/h로 제한되었다. 자동차 속도를 마차의 속도를 맞추기 위해서였다. 기수가 낮에는 붉은 깃발, 밤에는 붉은 등을 들고 자동차의 55m 앞에서 차를 앞장서서 안내했다.

자동차 운행을 위해 붉은 깃발을 앞세워 자동차가 마차보다 너무 빨리 달릴 수 없게 한 것이다. 이 법은 1896년까지 무려 30년 넘게 유지되었다. 소비자의 자동차 구매 욕구를 감퇴시키는 결정적 패인으로 작용했다. 산업혁명의 발상지였던 영국은 자동차를 가장 먼저 만들어내고도, 이후 자동차 산업의 주도권을 독일, 미국, 프랑스 등에 내주는 뼈아픈 결과를 초래하고 말았다.

19세기 영국 차 산업 발목 잡은 '붉은 깃발법'
규제 혁신, 낡은 관행 타파에 반면교사

정부는 기업 활력을 떨어뜨리는 나쁜 규제를 줄이는 데 무진 애를 써왔다. 연말이 되면 규제 개혁에 앞장선 공무원과 유관기관, 중소기업의 성과를 격려하고 표창한다. 규제의 장벽을 부순다는 뜻에서 규제혁신 대상, 일명 '망치 상(賞)'까지 제정했다. 수상자들에게 망치를 하나씩 만들어 부상으로 선물한다. 클린턴 행정부기 공무 원의 적극 행정을 유도하기 위해 제정한 '해머 상(Hammer Award)'을 본뜬 것이긴 하나, 공공부문의 아이디어치고는 참신하고 기발하다.

"나쁜 규제를 없애면 좋은 기업이 늘어난다"는 중소기업 옴부즈만의 발언은 호소에 가깝다. 규제 남발의 절박한 현실을 대변하는 듯하다. '타다 금지법'으로 불리는 여객자동차 운수사업법 개정을 두고 소란하다. 타다가 '유사 콜택시'인지, '혁신 서비스'인지 여론과 전문가 의견도 두 갈래다. 타다의 사업 근거가 됐던 시행령 내용을 법 조항으로 올리고 관광 목적으로만 이용할 수 있게 제한하는 내용의 개정안이 국회 상임위를 통과하고부터다.

개정안의 취지는 단호하다. 타다가 여태껏 11~15인승인 승합차 렌터카의 경우 운전자를 알선할 수 있는 예외 조항, 여객 운송법 시행령 18조 1항에 근거해 사업을 이어온 것으로 간주한다. 개정안은 그 빈틈을 메워 법 테두리 안에서 다른 업종과 공정하게 경쟁하는 취지의 규정을 반영하고 있음을 강조한다. 타다가 불법과 합법 사이에 위치한다고 보고 있는 것이다.

타다의 생각은 많이 다르다. 공정한 경쟁을 위한 법이 아닌 타다의 영업을 사실상 금지하는 규제 법안으로 이해한다. 개정안이 국회 본회의를 통과해 시행되면 현재 방식으로 영업을 할 수 없게 되는 것에 절규한다. 사업계획서를 작성해 국토부 장관의 허가를 받아야 하고, 기여금도 내야 하는 억울함을 토로한다. 차량을 마음대로 늘릴 수도 없는 것에도 분을 삭이지 못한다. 혁신을 가로막는 법 개정 움직임에 여론호소, 법적투쟁을 불사할 태세다.

"서 있으면 그저 땅, 걸으면 길"
정부가 신작로 뚫어 기업이 무한 질주할 때 나라 경제 부강

복잡할수록 원점에서의 고려가 요긴하다. 혁신의 본질에 대한 심사숙고가 긴요하다. 규제라는 게 만들어질 때는 필요에 의했을 게 분명하다. 훗날 사회 경제적 상황이 변해 타당성이 상실되면 완화 내지는 폐지가 답이다. 당초 목적이 달성되거나 달성에 실패한 경우, 상황 변화로 존재 이유가 사라진 경우, 규제의 존속은 부작용만 양산한다.

개혁은 방향성이 중요하다. 규제 혁신은 산업 발전과 국민 편익에 방점이 찍혀야 한다. 기득권과 새로운 이익집단 간의 충돌을 막고 이해를 조정하는 배려가 필수적이다. 혁신에 따른 피해를 최소화하고 합리적 대안을 마련하는 게 쉬울 리 없다. 그렇다고 정부가 미루거나 피할 수 있는 일도 아니다. 발군의 정책 역량과 기능 발휘가 간절하게 요구되는 이유다.

혁신에는 범위와 타이밍도 중요 변수다. 풀 수 있는 규제는 다 푸는 혁명적 수준의 조치를 요한다. 풀어도 '골든타임'을 놓치면 아무 소용이 없다. 정부가 기업 경영을 방해하고 사사건건 간섭하면 되는 일이 없다. 규제 샌드박스를 시행하고 규제 프리존을 지정, 기업이 움직일 수 있도록 길을 튼 것은 잘한 일이다. 큰 박수감이다. 내친김에 1997년부터 운용해 온 규제일몰제도를 보다 내실 있게 운용하는 등 규제 혁파에 총력전을 펼쳐야 할 시기다.

경제도 생물이다. 호흡이 끊기면 사망에 이른다. 숨통을 옥죄는 지긋지긋한 규제의 올무, 걷어내지 못하면 성장은커녕 생존하기조차 힘들다. 혁신은 행사가 아니라 행동이다. 서 있으면 그저 땅일 뿐이나, 걸으면 길이 된다. 정부가 널따란 신작로를 시원하게 뚫어 기업들이 무한 질주하게 해야 한다. 기업과 국민, 나라 경제가 고난을 헤치고 살아나갈 수 있는 활로이기 때문이다.

06

빨라지는 연금 고갈,
사라지는 노후 보장

사적·공적 연금 총체적 부실
정부는 제도 혁신 서두르고, 금융사는 투자 역량 높여야

　국민의 노후·은퇴 설계에 비상이 걸렸다. 190조 퇴직연금 수익률
이 고작 1.01%다. 낮아도 너무 낮다. 역대 최저치다. 물가상승률을
감안하면 사실상 마이너스 수익률이다. 정기예금 금리에도 한참
못 미친다. 주식시장 부진에 영향이 컸다는 분석이다. 주식형 펀드
로 운용되는 실적 배당형 수익률이 마이너스였다. 예·적금 같은 원
리금 보장형 상품에 투자된 자금의 수익률도 1.56%에 그쳤다.

비단 근년만의 일도 아니다. 퇴직연금 수익률은 2016년 이후 3년째 1%대에 머물러 있다. 특히 2017년, 2018년 연속 투자수익률이 물가상승률을 밑돌아 실질수익률이 2년 내리 적자 신세다. 국제 비교를 해 봐도 낮은 수준이다. 우리나라의 퇴직연금 수익률은 외국에 비해 크게 떨어진다. 2013~2017년 퇴직연금의 연 환산 수익률은 2.3%로 같은 기간 OECD 29개국 평균치인 3.8%에 한참 못 미친다.

2005년 도입 이후 16년째 운영돼온 퇴직연금의 존재 이유가 뿌리째 흔들리고 있다. 금융회사 입장에서는 퇴직연금만큼 안정적인 사업도 없지 싶다. 일단 연금 사업자로 지정만 되면 매년 적립금이 꼬박꼬박 쌓이고 수수료 수입도 덩달아 늘어난다. 수익이야 나든 말든 신경 쓸 바 아니다. 가만히 앉아서 배불릴 수 있는 속편한 장사다.

그럴수록 기업은 속상하다. 연이율 1% 남짓한 쥐꼬리 수익을 바라보고 굳이 비싼 수수료까지 물어가며 퇴직연금에 가입할 이유가 전혀 없다. 기업이 직접 정기예금이나 국공채 등에 투자해도 퇴직연금보다 더 높은 수익률을 얼마든지 올릴 수 있다는 계산이 나온다. 중도 해약이 늘어나는 이유다.

| 190조 퇴직연금 수익률 고작 1%
| 15년째 운영돼온 퇴직연금의 존재 이유 뿌리째 흔들려

불쌍한 경제,
눈감은 정치

국민연금의 사정도 딱하다. 지난해 금융위기 이후 10년 만에 마이너스 수익률을 기록했다. 국회예산정책처 발표에 따르면 현재 700조 원가량의 재원은 2039년을 기점으로 감소해 2054년 고갈될 거라는 추정이다. 그때 가면 보험료를 내고도 연금을 받지 못하는 일이 벌어지게 된다. 저출산·고령화 추세가 심화되고 일자리 감소가 빨라지면서 소진 시점은 더 당겨질 거라는 전망이다.

그렇다고 보험료를 더 거두기도 어렵다. 국민 부담이 가중되기 때문이다. 연금지급률도 더 낮출 수 없다. 지금보다 더 낮추면 노후 대책은커녕 용돈 수준으로 전락하고 만다. 2018년 국민연금 개혁안에 대한 대통령의 전면 재검토 지시가 있자, 복지부 장관이 네 가지 방안을 다시 내놓았다. 그중 제1안이 '현행 유지'다. 보험료를 올리지 않고 소득대체율을 높일 마땅한 방법이 없다는 얘기다.

국민연금 운용을 '국민 눈높이'에 맞추라는 대통령의 주문 이행이 말처럼 쉬울 리 없다. 지금 세대의 눈에 맞추다 보면 미래 세대의 눈높이에 어긋날 수 있다. 연금을 불입할 미래 세대가 돈을 못 내겠다고 나올 공산이 크다. 그러잖아도 국민연금 탈퇴를 주장하는 목소리까지 여기저기서 터져 나오는 판이다. 돈 낼 사람이 없어지게 되면 연금 제도는 파탄을 모면하기 어렵다.

국민연금공단의 자율성 침해도 걱정거리다. 공단 이사장은 정치인 출신 비전문가로 채워졌다. 그나마 총선 출마를 위해 사임, 공석이 되고 말았다. 기금운용본부장은 한동안 장기 공석을 겪기도 했다. 본부가 전주로 이전하자 연금 운용 전문가들이 대거 조직을 떠났다. 이런 일련의 사태가 연금운용 수익률 저하와 무관할 리 없다. 까마귀 날자 배 떨어진다고, 공교롭게도 때가 같아 억울하게 의심을 받거나 난처한 위치에 서게 됐다는 변명에 공감할 자 많지 않다.

국민연금은 모름지기 재무적 투자자라는 본연의 역할에 충실해야 하는 게 맞다. '스튜어드십 코드'를 채택, 기업에 대한 의결권 행사도 필요할 수 있다. 하지만 국민의 노후자금을 충실하게 관리하는 책무가 그보다 훨씬 더 중요하다. 기금 운용수익률은 제대로 건사하지 못하면서 투자기업의 경영에 개입, 이래라저래라 하는 모양새가 국민 눈에 썩 좋아 보이지 않는다.

┃ 직역연금도 부실화 진행
┃ 저수익 고비용에서 고수익 저비용 구조로 확 바꿔야

공무원연금은 존립 기반이 무너진 지 벌써 오래다. 1993년부터 적자였다. 적립금이 바닥나면서 2000년 정부가 보전(補塡) 조항을 만들었다. 정부가 매년 예산으로 충당해 오고 있다. 군인연금의 사정도 다를 바 없다. 가입자가 적어 주목이 덜할 뿐, 1973년부터 적자였다. 국방부 예산으로 계속 채워지고 있지만, 직업의 특수성을 내세워 개혁은 시도된 적도 없다.

1975년 도입되어 운영돼온 사학연금의 부실화가 가장 빠를 것 같다. 학령인구가 줄어들면서 교직원 수가 급감하고 있다. 연금 수급자는 많아지고 보험료를 내는 사람은 적어지고 있다. 근자에 와서는 교원 명예퇴직까지 늘면서 연금을 몇 년 더 내야 할 가입자들이 조기 퇴직, 연금을 앞당겨 수령하는 바람에 기금 고갈이 가속화되고 있다.

사적연금, 공적연금 할 것 없이 어느 하나 성한 게 없다. 공히 부실화가 빠르게 진행되고 있다. 상황이 이 지경인데도 누구 하나 고민하지 않는다. 부실 원인이 복잡하게 얽혀 있는 만큼 체계적이고 근본적인 대책 마련이 시급한 실정이다. 약간 손질하는 정도로는 어림도 없다. 고질적인 '저수익 고비용' 구조를 혁신적인 '고수익 저비용' 구조로 확 바꾸지 않고는 답이 없다. 이대로 두면 언젠가는 폭발하고 만다.

정부만 책임질 일은 아니다. 금융회사는 수수료를 낮추고 걸맞은 투자 역량을 보강해야 한다. 정부도 '자동투자제도(디폴트옵션)', '기금형 퇴직연금' 도입 등 과감하고 빠른 개혁에 나서야 한다. 연금소득세를 인하하고 투자를 가로막는 각종 규제를 풀어야 한다. 필요하면 퇴직 시기도 조정하고 공무원연금과 국민연금의 통합도 검토해야 한다. 연금 수급자도 감당 가능한 범위에서 희생을 감수해야 마땅하다. 각자 조금씩 양보하고 희생해야 다 같이 잘살 수 있다.

07

'위원회 없애기 위원회'를 아시나요

> 같잖은 위원회 없애고 새로 만들어도 안 돼
> 위원회다운 위원회만 운용하는 게 옳아

웃을 일이 없었던 지난해 어느 날. 지인이 써 보내온 칼럼을 읽으며 순간 '빵 터지고' 말았다. 폭소가 아니라 실소(失笑)였다. 글 쓴이의 느낌을 살리고자 원문을 찾아 그대로 옮겨본다.

'위원회 없애기 위원회'라는 말 들어보셨나요? 교육부 장관이

취임하자마자 '미래교육위원회'와 '국가교육위원회'를

출범시키겠다는 정책 발표에, 어떤 사람이 '교육부는 위원회를 없애는 일부터 해야 한다'면서 했다고 합니다. 시의적절하고 재미있는 표현이라 몇 번을 곱씹어봤습니다.

교육부에는 법정 위원회 31개, 비법정 위원회 25개가 있는데다, 위원회에는 분과위원회를 둔 경우도 적지 않답니다. 법정 위원회만 따져도 소속 위원이 668명이나 되지만, 위원회의 연평균 회의 실적은 4.5회에 불과합니다. 아예 회의가 없었던 경우도 적지 않으니 위원회를 정리해야 한다는 필요성을 그렇게 말한 것이겠지요. 세상에, 무슨 결과를 내놓은 게 실적이 아니라 회의를 개최한 횟수가 실적이라는 말에, 또 위원회 만드는 것을 정책이랍시고 내놓는 말에 분노가 치밀지 않을 국민이 얼마나 될까요.

위원회가 그냥 생기고 거저 열립니까. 교통비와 식사비에 국민들이 낸 세금이 적지 않게 들어가잖아요. 위원회의 정리는 불가피하지만 쉽지는 않을 것 같습니다. 뭔가 목적을 갖고 만들었기 때문에 없애려면 그에 반대되는 명분을 내야 하는데. 그 많은 위원회가 왜 생겼고, 어떤 일을 해서 어떤 성과를 내고 있는지는 취임 한 달도 안 된 장관이 알 리 없고, 실무진도 파악하기 어려울 테니까요.

그마저도 당장은 그렇게 못하겠네요. '위원회 없애기 위원회'를 만들려면 '채용 판단 위원회'와 '위원회 설치 위원회'부터 만들어야 할 테니까요. '위원회 없애기 위원회'가 좋은 대책이 될 것 같기는 한데. 이 위원회마저 같은 패턴으로 진행될 게 뻔해 참으로 걱정스럽습니다.

내용을 읽노라면 위원회에 대한 일반의 인식이 예사롭지 않음을 직감하게 된다.

위원회 개최 횟수가 실적?
위원회 만드는 걸 정책이랍시고 내놓다니, 분노 치밀어

정부나 공공부문의 위원회가 홍수를 이룬다. '위원회 공화국'이라는 말이 그냥 나온 게 아니다. 전수조사 없이는 위원회 총수를 정확히 아는 사람이 없을 정도다. '오직 신(神)만이 알 뿐'이라는 비아냥거림이 나올 만하다. 실제로 장차관 등 고위 공직자들은 각종 위원회에 참석하느라 일상이 매우 분주하다. 정작 본업은 틈을 내 짬짬이 처리해야 할 지경이다.

기실 알고 보면 위원회만큼 유용한 제도가 없다. 순기능이 크고 장점이 많다. 위원회 제도는 의사결정의 책임과 권한을 분담하거나 견제하기 위한 선한 취지에서 출발했다. 공동의 사고를 통해 좀 더 합리적이고 효율적인 안을 결정하기 위한 목적에서였다. 여러 사람의 의견을 청취함으로써 민주적 절차를 통해 의사결정을 하고자 하는 깊은 뜻이 담겨 있다.

운영이 문제다. 좋은 제도가 나쁜 의도로 활용된 부분이 적지 않다. 역기능이 불거지고 단점만 부각된 꼴이다. 책임 있는 의사결정보다는 결정에 대한 책임의 회피, 차단, 분산의 수단으로 악용된 측면을 무시하기 어렵다. 그러다 보니 결과에 대한 책임을 묻기도 어렵다. 일이 잘못되어도 처벌할 대상이 모호하다. 의사결정 책임자가 누구인지 파악하기 힘들다. 그렇다고 위원회 구성원 모두를 처벌할 수도 없는 노릇이다. 유야무야 흐지부지 넘어갈 공산이 크다.

위원회 운영도 형식적으로 진행되기 쉽다. 안건이 생길 때나 절차상 필요에 따라 열리다 보니 요식행위에 그치곤 한다. 충분한 이해와 토론을 통한 합리적이고 효율적인 방안 마련이 힘들다. 위원회가 소집되어도 위원들은 사안과 쟁점이 무엇인지도 모르고 참석하는 경우가 태반이다. 자료는 회의에 참석해서야 접하곤 한다. 회의 중에 허겁지겁 자료를 살펴보다 보니 활발한 의견 개진이나 토론이 힘들 수밖에 없다.

책임과 권한의 분담·견제를 위한 위원회
책임 전가·회피·차단 수단으로 악용하는 게 문제

일사천리로 진행되는 과정에서 위원들은 거수기 역할에 그칠 공산이 크다. 시간상 제약도 한계 요인이다. 통상 한두 시간 회의가 진행되는데, 먼저 실무자가 자료를 20~30분가량 설명한다. 10여 명이 참석한 위원회라면 한 사람이 발언할 수 있는 시간은 고작 10분 내외다. 입심이 좋거나 고집이 센 사람이 몇 명만 있어도 다른 사람들은 발언할 기회조차 얻기 힘들다.

말을 아끼는 게 상책이라는 잘못된 믿음도 널리 퍼져 있다. 발언 시간이 길어지면 눈치 없는 사람으로 취급된다. 눈총을 받거나 핀잔을 듣기 일쑤다. 아예 말을 하지 않으면 말꼬리를 잡힐 염려도 없다. 좋은 게 좋은 거라고 주최 측 분위기에 맞춰주는 게 상식이자 순리로 통한다. 운영방식이 이렇다 보니 회의를 오래 하거나 여러 차례 한다고 해서 뾰족한 결과가 나올 리 만무하다.

회의(會議)라는 단어는 모을 회(會), 말씀 언(言), 옳을 의(義)로 구성된 합성어이다. 말을 모으는 과정을 더 자주 더 깊이 있게 해야 한다는 뜻을 품고 있다. 이런 깊은 의미를 가진 회의에서 참석자들 대다수가 함구하고 있다면 무슨 효과가 얼마나 있겠는가. 뜻있는 위원이라면 자괴감만 커질 게 뻔하다. '구태여 참석할 필요가 있었나?', '내가 참석해서 뭘 했지?' 등의 탄식과 아쉬움만 키울 뿐이다.

나랏일이 위원회에서 결정되는 사례가 늘고 있다. 그럴수록 위원회에 대한 운영의 묘(妙)가 긴요하다. 소중한 지혜와 지식, 비싼 노력과 비용, 값진 시간과 공간이 투여되는 만큼 제도의 좋은 취지를 살려 성과를 극대화해야 한다. 위원회 같지 않은 위원회는 당장 없애야 하고, 새로 만들어져서도 안 된다. 위원회다운 위원회만 살려 제대로 운용하는 게 옳다. 지금부터라도 그렇게 해보자.

08

통계 하나 놓고 번번이 입씨름

국론 분열의 출구
사고의 출발점을 '아전인수'에서 '역지사지'로

국론 분열이 생각보다 심각하다. 별것도 아닌 일에 논쟁이 뜨겁다. 견해차가 하늘과 땅 사이와 같다. 대립 또한 끈질기다. '2019년 3분기 가계동향조사' 통계 하나 놓고도 긍정과 부정이 극명했다. 발표가 나오자 정부는 기다렸다는 듯 화들짝 반색했다. 얼마나 좋았던지 통계가 발표된 날 청와대 춘추관에서 대변인 브리핑까지 가졌다. 대통령의 의중을 서둘러 전달하기 위해서였다.

대통령은 소득 하위 20%(1분위)와 상위 20%(5분위) 간 소득격차가 완화된 데 대해 소득주도성장정책의 성과가 분명하게 나타난 것으로 자신 있게 평가했다. 그동안 가계소득 동향에서 저소득 가구의 소득 감소는 아픈 대목이었다고 회고했다. 지난해 2분기부터 좋아지는 조짐을 보였고 3분기에는 확실히 좋아지는 모습에 만족감을 표했다.

대통령은 고령화 추세와 유통 산업 등의 구조적 변화가 지속되는 어려움 속에서도 1분위 소득이 크게 늘어난 것, 전 분위 소득이 모두 늘어난 가운데 중간층이 두터워진 것, 분배지표인 5분위 배율이 줄어든 것 등을 매우 의미 있는 변화로 조목조목 꼽았다.

경제부총리가 즉시 맞받아 답했다. 정부가 일관성 있게 추진해온 소득주도 성장, 포용 성장의 효과가 본격화되고 있다고 드러내어 말했다. 또 고용지표에 이어 소득분배지표도 뚜렷한 개선세를 보여 반가운 소식이 아닐 수 없다는 메시지를 자신의 페이스북에까지 올리며 법석을 떨었다.

별것 아닌 일에 논쟁 뜨겁고, 의견 대립 끈질겨
정부 인식과 다른 비판적 시각도 만만치 않아

호사다마일까. 정부 인식과 정반대인 비판적 시각도 만만치 않았다. 반대론자들은 통계청 자료를 들여다보면 좋아할 일이 아니라는 상반된 입장을 보였다. 정부가 소주성의 성과를 강조한 것은 최저소득층(1분위·하위 20%) 소득이 증가한 것만 보았기 때문이라고 했다. 또한 최저소득층이 일을 해서 버는 근로소득은 7분기 연속 감소한 반면, 정부가 주는 이전소득이 7분기 연속 증가했음을 강조했다. 세금으로 저소득층의 소득을 떠받친 결과라는 총평을 히고 나섰다.

최저임금 인상, 주 52시간제 등을 강행하는 동안 저소득층이 일해서 버는 근로소득은 계속 줄어들고 있다는 사실에 주목한 것이다. 시장소득, 즉 자기 힘으로 버는 돈을 기준으로 한 소득 격차(5분위 배율)는 9.13배로 역대 최고치를 기록한 반면, 정부 보조금 등으로 올린 이전소득은 2016년 대비 올해 25% 증가한 것을 근거로 들었다.

말싸움은 여기서 그치지 않았다. 30~40대 고용 부진으로 불씨가 옮겨붙은 것이다. 여기서도 경제부총리가 나섰다. 30~40대 고용 부진이 부각되고 있으나 엄밀히 말하면 이는 최근에 발생한 문제가 아니라고 항변했다. 30대는 2005년부터 인구가 감소해 지금까지 15년간 30대 취업자 수가 증가한 해는 3년뿐이고 나머지 12년은 계속해서 취업자 수가 감소해 왔음을 내세웠다. 취업자 수의 절대 규모보다는 고용률을 함께 봐야 한다는 논리였다.

초단시간 일자리만 늘어 고용의 질이 떨어졌다는 지적에도 민감한 반응을 보였다. 경제부총리는 "최근의 취업자 수 증가는 주 40시간 내외 근로자가 주도하고 있다"며, "1~10월에 주 36~44시간에 해당하는 취업자 증가는 70만 4,000명에 달한다"고 맞받았다. 반대론자들은 같은 기간 주 36시간 이상 전체 근로자는 15만 1,000명밖에 늘지 않았다고 반박했다. 미세한 차이를 두고 이러니저러니 시비를 따지는 모양이 볼썽사나웠다.

문제는 속에 품은 생각
자화자찬, 조건반사적 반대는 곤란, 원리주의 사고는 경계 대상

한참 지난 일을 들추는 것은 사람마다 사고의 차이가 있다는 점을 말하고 싶어서다. 통계는 거짓말을 하지 않는다. 속에 품은 생각이 요체다. 자화자찬이나 조건반사적 반대가 목적이 되면 곤란하다. 자기만 옳고 남은 틀렸다는 원리주의적 사고방식은 늘 경계해야 한다. 유리한 말만 골라 하며, 보고 싶은 것만 보려 들면 기회의 창은 금세 닫히고 만다. 자랑과 비난에는 감동이 없다. 옥신각신, 티격태격의 결말은 백해무익의 허송세월뿐이다.

질병의 증세는 치유에 주요 단서가 된다. 통계 역시 객관적 검진표에 해당한다. 고용 지표가 설사 만족스럽지 못하더라도 이를 전화위복의 계기로 삼으면 된다. 그게 바로 지혜로운 전략이다. 경제 성장과 경기 회복을 통해 일자리를 늘리고 소득을 올리는 궁리를 할 수 있다면 이보다 더 좋은 일이 없다. 이런 걸 두고 위기가 기회라 하지 않는가.

처지를 서로 바꿔 생각하면 일이 쉽게 풀리곤 한다. 반대에도 지켜야 할 도리가 있다. 사사건건 걸고넘어지면 시비밖에 되지 않는다. 고용통계에 이의를 제기하려면 이전소득으로나마 근로소득이 오른 사실부터 인정할 줄 알아야 한다. 그 많은 나랏돈을 쏟아붓고도 그나마의 성과도 없었다면 어쩔 뻔했나. 최악의 상황을 피한 것만도 천만다행으로 여겨야 한다. 글로벌 경기 침체라는 불가피한 외부적 요인도 함께 고려하는 넓은 이해와 아량이 긴요하다.

정부도 잘한 게 별로 없다. 일부 지표가 호전된 것만 갖고 자랑할 입장이 못 된다. 이전소득 영향으로 소득 증가가 이루어진 데 점에 대한 반성부터 해야 한다. 그런 다음 근로자 자력에 의한 소득 증가가 실현되도록 혼신의 노력을 기울이는 게 정도(正道)다. 개선 대안을 마련하고 국민 신뢰를 높이며, 비판 여지를 줄이는 지름길이다. 정부가 잘한 일은 굳이 말하지 않아도 국민이 더 잘 안다.

미국의 철학자 윌리엄 제임스는 사고의 중요성을 강조했다. "생각이 바뀌면 행동이 바뀌고, 행동이 바뀌면 습관이 바뀌며, 습관이 바뀌면 운명이 바뀐다"고 역설했다. 생각이 고정되면 행동과 습관은 물론 운명이 변화될 리 만무하다. 사고의 출발점이 아전인수(我田引水)에서 역지사지(易地思之)로 옮겨질 때 발전과 진보가 성취된다. 감히 주제넘은 사설을 보탠다.

고용
• 사람만 한 자산 없다 •

04

밑 빠진 독,
고용보험기금

| 실업 축소와 재원 조성만큼 중요한 제도 운영
| 열 사람이 한 도둑 못 막아

　해가 바뀌면 실업급여 행렬이 길어진다. 전국 고용센터가 연말 퇴직자로 붐빈다. 매년 1월이면 반복되는 정경이다. 두 시간짜리 설명회를 들어야 실업급여를 받는다. 늦으면 자리가 없어 돌아가야 한다. 각기 사연은 달라도 딱한 사정은 똑같다. 실업급여를 처음 신청한 60대는 "아이가 대학생이라 뭐든 해야 한다"며 조바심한다. 직장 잃은 경비원 출신의 초로(初老)는 "당장 먹고살 돈이

불쌍한 경제,
눈감은 정치

없어 왔다"고 하소연한다.

보험 재정에 빨간불이 켜졌다. 일자리를 잃은 사람에게 지급되는 실업급여가 2019년 사상 처음으로 8조원을 넘겼다. 정확히 8조913억 원이다. 한해 전 6조4549억 원보다 25.4% 늘었다. 2020년에도 9조5158억 원의 예산이 편성되었다. 실제 지급은 10조 원을 넘을 거라는 예상이다. 실업급여 수급자 수는 144만 명에 이른다. 한해 전의 132만 명보다 9% 늘었다. 예년에는 120만 명 수준에 그쳤다.

2019년 12월 신규 신청자만도 9만 6,000명이다. 전년의 같은 달보다 15.7% 많았다. 작년 9월 7만 1,000명이던 게 10월 8만 3,000명, 11월 8만 6,000명으로 증가했다. 2019년 10월부터 실업급여 혜택이 커졌다. 실업급여 지급액도 퇴직 전 3개월 평균 임금의 50%에서 60%로 높아졌다. 지급 기간 역시 240일에서 270일로 늘었다. 최대 지급한도도 1,584만 원에서 1,782만 원으로 올랐다.

고용시장 악화가 직접적 원인이다. 실업자가 2018년 1월부터 작년 10월까지 22개월간 6개월을 빼고 100만 명을 웃돌았다. 연령대로는 30·40대, 업종별로는 제조업을 중심으로 고용 부진이 이어지고 있다. 2018~2019년 2년간 최저임금이 30% 가까이 오른 게 일자리를 줄이는 원인으로 작용했다는 지적이다.

보험 재정에 빨간불 켜져
정부 '경제낙관론' 여전, 실업급여 느는 이유 간파해야

경제낙관론이 여전하다. 고용의 양과 질 공히 뚜렷한 회복세를 보이고 있다는 게 정부 입장이다. 통계청은 2019년 연간 취업자는 2,712만 명으로 1년 전보다 30만 1,000명인 1.1%가 증가했다고 발표했다. 경제협력개발기구(OECD) 비교 기준인 15~64세 고용률도 전년보다 0.2% 오른 66.8%를 기록, 관련 통계를 집계한 1998년 이후 최저치를 보였다고 밝혔다. 실업자가 4,000명 줄었고, 실업률도 감소했다는 사실까지 덧붙였다.

실업급여액이 오른 것은 고용보험 가입자가 늘면서 그만큼 구직급여를 받을 수 있는 대상과 금액이 늘어났기 때문이라는 정부 측 설명이다. 실업급여 증가 원인이 실업자가 늘어서가 아니라 고용보험 가입이 늘어서라는 주장이다. 진상을 호도한다. 2019년 12월 고용보험 가입자는 전년 대비 3.7% 증가한 반면, 실업급여 신청자는 13.5% 늘었다. 취업해 고용보험에 가입한 사람보다 실직해 실업급여를 신청한 사람의 증가 폭이 훨씬 큰 사실을 흐지부지 덮으려는 듯하다.

주목할 점은 따로 있다. 정부가 주 15시간 미만 근로자에 대한 고용보험 가입요건을 완화하고, 최저임금 급등에 따른 사업주의 부담을 덜어주는 '일자리안정자금' 지원 조건 중 하나로 고용보험 가입을 내걸었다. 그러자 실업급여가 재취업을 돕는다는 애초 취

140

지와 달리 근로의욕을 저하시키는 부작용을 수반, 실업급여 재정 부담을 가중시킨 측면 또한 부인하기 어렵다.

예산 소요가 끝이 없다. 2019년만 해도 당초 실업급여 예산은 7조 1,828억 원이었다. 실업급여 신청이 늘자 8월 추가경정예산을 통해 3,714억 원의 예산을 긴급히 추가 편성했다. 그러고도 모자랄 것 같자 9월과 11월 실업급여의 재원인 고용보험기금에서 7,899억 원의 예비비를 돌려 실업급여 자금으로 투입했다. 연말까지 간신히 수요를 맞출 수 있었다.

일자리 늘리려면 기업하기 좋은 환경 만들어야
세금으로 일자리 늘려봤자 한계에 부딪쳐

고용보험기금이 마르고 있다. 2013~2017년 5년 연속 흑자였던 실업급여 계정은 2018년 2,750억 원 적자로 돌아섰다. 국회 예산처는 2024년이면 실업급여 계정이 바닥을 드러낼 것으로 추산한다. 기금 고갈 우려가 커지자 2019년 10월 노사가 함께 내는 고용보험료 요율을 2013년 7월 이후 6년 3개월 만에 기존 1.3%에서 1.6%로 0.3%p 올린 바 있다. 고용시장 부진에 따른 실직자 지원 부담을 근로자와 기업이 나눠진 것이다.

실업급여를 줄이려면 일자리를 늘려야 한다. 정부가 싫은 소리 들어가며 세금으로 일자리를 만들어 봤자 한계가 분명하다. 기업이 일자리를 만들어 내도록 기업하기 좋은 나라를 만드는 게 관건이다. 말처럼 쉽지 않다. 국내 기업들이 인건비 부담이 적은 외국으로 사업장을 옮기는 탈(脫) 한국 현상이나 최근의 '타다' 논란을 보면 잘 될 것 같지 않다. 아직 갈 길이 멀고 험해 보인다.

제도 악용까지 횡행한다. 실업급여를 타내기 위해 직장을 그만두는 경우기 산건된다. 다니던 직장을 돌연 사지하고 구직급여를 받고 지내다가 다시 일자리를 찾는 경우를 말한다. 스스로 원해서 하는 의원면직임에도 회사에는 명퇴 처리를 요구한다. 사업주는 안 되는 줄 알지만 자기 돈 주는 게 아닌지라 거절하기 힘들다. 헤어지는 마당이 굳이 관계까지 나쁘게 해 회사 잘못을 들춰 고발이라도 하면 여간 큰 낭패가 아니다.

털어서 먼지 안 나는 곳 없다. 좋은 게 좋은 것일 수 있다. 인지상정으로 축나는 건 고용보험기금이다. 재원을 아무리 많이 확보한들 무슨 소용이 있겠는가. 밑 빠진 독에 물 붓기 식이 된다. 채워도 채워도 채워지지 않는다. 그러잖아도 소진이 빠른 고용보험기금이 남아나기 힘들다. 망가지는 건 순식간이다. 실업을 줄이고 기금을 조성하는 것 못지않게 중요한 것이 엄정한 운영이다. 열 사람이 도둑 하나 못 막는다.

월급쟁이만도 못한
자영업 사장

| 폐업한 자영업자 58만 곳
| 재화와 서비스가 혈맥 따라 원활히 흐를 때 경제가 건강해져

자영업이 위태롭다. 절체절명의 위기다. 그저 감으로 한번 해보는 소리가 아니다. 자료가 실증한다. 2019년 한 해 동안 폐업한 자영업자만도 58만 곳이 넘는다. 통계청이 발표한 가계동향조사에서도 심각성이 쉽게 감지된다. 국내 가계의 사업소득이 역대 최대 폭으로 떨어졌다. 2019년 3분기 중 중산층에 머물던 자영업자들이 대거 소득 하위 20%, 즉 1분위 계층으로 추락했다.

반면 1분위에 머물던 근로소득자의 상당수는 정부의 일자리 사업 등 덕에 2, 3분위 계층으로 올라섰다. 올해 시행된 기초연금 인상, 근로·자녀장려금 제도 확대 개편에 따른 이전소득 증가가 상당한 영향을 미쳤다는 분석이다. 월급쟁이보다 돈 못 버는 가게 사장이 많아지는 묘한 현상이 벌어지고 있다. 어느 정도 짐작은 했지만 상황이 이 지경에 이른지는 몰랐다.

자영업의 고통은 필설로는 다 표현하기 어렵다. 과당 경쟁과 경기 침체에 따른 매출 부진이 절박하다. 불황의 골이 깊어지면서 공실 점포가 시나브로 늘고 있다. 영업하는 게 도리어 손해라서 문을 닫아야 하는 사업주가 늘고 있다. 권리금을 포기하고 정리하는 가게가 한둘이 아니다. 권리금 없는 '무권리 매물'이 도처에 나돌고 있다. 폐업 안내문을 내걸고 마지막 세일에 나서는 모습은 차마 눈 뜨고 보기 어렵다. 자영업이 은퇴자의 무덤이 되고 있다.

어렵다 보니 수도 줄고 있다. 2013년 579만 7,000명이던 자영업자가 지난해 566만 명으로 감소했다. 같은 기간 전체 근로자에서 차지하는 비중도 27.0%에서 24.8%로 떨어졌다. 예금보험공사가 국세청 통계자료를 받아 분석한 결과는 충격이다. 폐업 자영업자 중에서 사업 존속기간이 3년 미만인 비중이 2015년 53.3%에서 58.4%까지 늘었다. 자영업자 3명 중 2명꼴로 창업 후 3년을 못 넘긴 채 사업을 접고 있는 셈이다.

과당 경쟁, 경기 침체로 자영업 불황 갈수록 심화
대출 통해 연명하는 자영업자 많아져

부채상환 능력도 끝없이 추락한다. 대출을 통해 연명하는 자영업자가 많아지고 있다. 빚을 빚으로 돌려막는 비정상적 패턴이 집단화·일상화되고 있다. 국내 16개 은행의 2019년 6월 말 기준 개인사업자 대출이 327조 원에 이른다. 반년 전에 비해 3.6% 높아졌다. 총 대출증가율 2.5%를 넘어선 수준이다. 자금난이 갈수록 심해지고 있다는 방증이다.

생계형 업종이 몰려 있는 도·소매업, 숙박·음식업을 중심으로 대출금 연체율이 치솟고 있다. 시중은행 4곳의 도·소매업 연체율이 2018년 말 0.32%에서 지난해 3분기 말 0.36%까지 뛰어올랐다. 시중금리가 낮아지고 있고 있는데도 제1금융권에서 돈을 빌린 우량 차주들마저 대출금 상환이 힘겨워지고 있음을 뜻한다. 너나없이 살얼음판을 걷고 있다.

대책 마련이 시급하다. 그런데 주어진 시간마저 부족하다. 장고(長考)는 다급한 사안에서 뾰족한 수가 못 된다. 긴급한 난제일수록 쉽고 빠른 방도를 찾는 것이 현명한 선택일 수 있다. 다행스럽게도 현행 우리의 자영업 지원제도가 다양하고 쓸 만하다. 교육, 컨설팅, 정보제공, 정책자금, 신용보증 등이 즐비하다. 예비창업부터 창업, 성장과 성숙, 폐업에 이르는 단계별 지원책이 망라되어 있다.

중소벤처기업부의 소상공인과 자영업자를 위한 지원책이 백 가지가 넘는다. 지방정부와 유관기관의 제도까지 합치면 그 수를 헤아리기 힘들 정도다. 되레 가짓수가 많다 보니 내용을 아는 사람이 드물다. 오죽했으면 자영업 제도는 "오직 신(神)만이 알 뿐"이라는 말까지 회자되었을까. 몰라서 못 쓰는 경우가 다반사다. 집안에 산해진미가 가득 차려져 있는데 문밖에는 굶어죽는 사람이 속출하는 격이다.

방대한 자영업 지원책은 탁상행정의 전형
가짓수 많다 보니 내용 아는 사람 드물어

상권정보시스템이 대표적 사례이다. 지역·업종별 창·폐업, 인구, 집객시설 등 53종의 상권 현황과 경쟁 정도, 입지등급, 수익성 등 자영업에 유용한 분석정보를 제공한다. 준비된 창업을 유도하고 경영안정을 도모하려는 정책 목적에서다. 개인 입장에서는 발품을 팔아도 접하기 힘든 유용한 정보다. 막대한 예산을 들여 운용되는 이런 제도가 널리 활용되지 못하는 현실이 안타깝다.

여기에는 정부 책임이 크다. 제도를 만들어 놓으면 다들 알아서 이용할 거라는 지레짐작이 큰 오산이다. 탁상행정의 전형이다. 관(官)이 직접 나서 민(民)에게 알리는 게 도리다. 활용이 낮은 데는 다 그럴만한 이유가 있다. 부족함과 불만 요인을 찾아내 고치는 게 당연하다. 문턱이 높으면 깎고, 장애가 생기면 뚫고, 효과가 떨어지면 가치를 더해야 한다. 지성이면 감천이라고 미세한 차이가 명품을 만든다.

제로페이가 반면교사가 될 수 있다. 서울시는 제로페이 제도 활성화를 위해 150억 원을 투입했지만 지난 1년간 누적결제액이 510억 원 수준에 불과하다. 애초 목표치의 0.6%에 그치는 초라한 성적이다. 그나마도 공무원의 복지 포인트와 업무추진비 실적이 3분의 1을 넘고 있다. 소비자 불편이 크고 사용자 실익이 별로 없는 데서 오는 필연적 귀결이다. 결제수수료율이 0%대라서가 아니라, 이용률이 0% 수준이라 제로페이 아니냐는 비아냥거림에 귀가 따갑다.

자영업은 경제의 모세혈관이다. 동맥과 정맥을 잇고 조직 속에 그물 모양으로 퍼져 있는 실핏줄과 같다. 재화와 서비스가 자영업의 혈맥을 따라 막힘없이 흐를 때 경제 시스템이 선순환된다. 혈관이 튼튼해야 피가 잘 돌 듯, 자영업이 건강해야 경제 흐름이 순탄해진다. 꿀통에 빠진 벌은 단맛을 모르는 법, 새로운 정책을 만들지 말고 있는 제도만 잘 활용해도 자영업 살리기에 상당한 효험을 볼 수 있다. 새것이라고 다 좋은 게 아니다. 손에 익은 연장이 쓰기도 쉽다.

03

'분식회계'가 아니라
'회계사기'

현행 용어, 분식 경각심 일깨우기 역부족
기존의 일본 용어보다 영미식 표현 적절할 듯

회계감사가 점차 깐깐해지고 있다. 결산법인 외부감사에 촘촘한 잣대를 들이대고 있다. 2018년 11월 회계법인과 회계사에 대한 처벌을 강화하는 신(新) 외부감사법이 시행된 것이 결정적 계기가 되었다. 여기에 삼성바이오로직스 관련 분식회계 사태가 터지면서 분위기가 한층 살벌해졌다는 평가다.

고객 눈치나 살피던 예전의 회계법인이 아니다. 제 목소리를 내

불쌍한 경제,
눈감은 정치

기 시작했다. 비뚤어진 질서가 바로잡히고 있다는 반증이다. 긍정적 시그널이다. '비정상의 정상화'라는 비유가 적절하다. 솔직히 그동안 기업과 회계법인의 의견이 상충되면 고객에게 우호적인 정무적 판단이 내려지곤 했다. 대우조선해양의 경우가 그렇지 않았던가. 당시 회계법인은 5조 7,000억 원의 분식에 대해 적정 의견을 냈다. 그저 좋은 게 좋은 거였다.

국내 굴지의 기업 아시아나항공이 외부 감사의 문턱을 넘지 못했다. 외부감사를 맡은 회계법인은 5년마다 한 번씩 일괄적으로 비용 처리하던 리스 항공기의 정비 비용을 매년 5분의 1씩 나눠 부채로 잡아야 한다는 의견을 내놨다. 아시아나항공의 생각은 달랐다. 정비 비용을 빌린 항공기를 반납할 때 한꺼번에 반영하면 된다는 소신을 굽히지 않았다.

회계법인 방식대로 계산하면 순손실이 회사가 발표했던 것보다 1,000억 원 가까이 늘어났다. 영업이익도 크게 줄어든다. 회계법인은 적합한 자료를 받지 못했다며 한정 의견을 냈다. 항공 마일리지 충당금을 감사보고서에 반영하고, 관계사 주식을 시장가치로 평가해야 한다는 견해도 피력했다. 결국 기업이 회계법인에 손을 들면서 싸움은 끝났고, 곧이어 기업은 시장에 매물로 나왔고, 얼마 지나지 않아 매각되는 비운을 피할 수 없었다.

깐깐해진 외부 감사, 고객 눈치나 살피던 예전의 회계법인 모습 사라져 '비정상의 정상화'

회계감사 비적정 의견을 받은 상장사는 아시아나항공만이 아니다. 한국거래소에 따르면 2015년 12개 사에서 2018년 43개 사로 증가했다. 외부감사를 통해서도 분식이 밝혀지지 못한 기업까지 감안하면 분식업체 수는 더 많을 것으로 짐작된다. 결산 과정에서 과거 재무제표에 포함된 오류를 발견하여 정정하는 상장사의 감사보고서 정정횟수도 증가 추세다. 유가증권시장 등 대형사의 정정도 2016년 49회에서 2018년 151회로 증가했다.

분식 수법이 신출귀몰하다. 다분히 치졸하고 악의적이기까지 하다. 구체적 사례를 보면 기가 찰 노릇이다. 재고자산을 실제보다 부풀리며, 외상 판매를 가짜로 만들어 매출액을 늘리는 정도는 고전에 속할 정도다. 자산 가치를 실제 가치보다 높게 평가하고, 못 받게 된 외상매출금을 결손 처리하지 않는 것쯤은 예사로 여긴다. 올해 비용을 다음 해로 떠넘기고, 기계장치 등 고정자산에 대한 감가상각비를 실제보다 적게 계상하는 잔꾀 부리기를 서슴지 않는다.

임시로 들어온 자금이나 선수금을 매출액으로 잡고, 단기 채무를 장기 채무로 표시하기도 한다. 심지어 있지도 않은 외상미수금을 만들어내 영업수익을 늘리는 경우도 있다. 상장회사들은 주가 조작과 투자자 확보를 위해, IPO를 준비하는 기업들은 상장 심사

불쌍한 경제,
눈감은 정치

를 통과를 위해 분식을 저지르기 일쑤다. 겁들이 없다. 도대체 뭘 믿고 그러는지 모르겠다.

외부감사를 받지 않는 중소기업은 분식회계에서 더 자유롭지 못하다. 대출이나 신용보증을 이용하려면 적자가 나면 안 되기 때문이다. 설사 손실이 나더라도 어떻게든 이익이 난 것으로 장부를 꾸며야 한다. 그렇지 않으면 자금조달의 길이 막히고, 기존에 빌려 쓴 대출마저 갚으라는 독촉에 시달려야 한다. 회사 경영이 힘들어진다. 3억 원 안팎의 흑자는 실제로는 적자인 경우가 허다하다는 게 업계가 다 아는 불편한 진실이다.

공정·투명한 회계 질서 정착 긴요
그러지 않고는 기업의 신뢰성과 건전성 확보는 요원

분식회계는 제도상 엄격히 금지된다. 분식을 저지르는 입장에서야 자사의 신용도를 높이고 주가를 유지하며, 자금조달을 쉽게 하는 궁여지책일 수 있다. 내키지는 않지만 당장의 위험을 모면하기 위해서는 어쩔 수 없는 일로 여기기 쉽다. 하지만 절대 그렇지 않다. 이로 인해 야기되는 사태가 참으로 심각하다. 주주, 하도급 업체, 채권자에게 회복 불능의 치명적 피해를 안긴다. 조작된 회계정보가 투자자나 채권자의 판단을 오도하게 만든다.

기업은 분식회계 감시를 위해 사내에 감사를 둬야 한다. 매년 외부 감사도 받아야 한다. 감사보고서를 금융감독원이 다시 한번 조사, 분식회계 여부를 가려내는 감리 장치도 마련돼 있다. 분식을 적발하지 못한 회계법인은 영업 정지나 설립인가 취소를 당할 수 있다. 투자자나 채권자가 분식된 재무제표를 보고 투자한 후 손해를 입었을 경우에는 손해배상 청구소송도 가능하다.

그런데도 분식회계가 근절되지 않고 있다. 일정 주기로 금융당국이 회계법인을 지정하고 분식을 적발치 못하면 처벌을 한층 강화하는 쪽으로 외부감사법이 개정된 것도 그 때문이었다. 회계의 투명성과 신뢰성이 높아지는 일대 전기가 마련되어야 한다. 정작 긴요한 것은 분식에 대한 기업의 인식 수준이다. 분식회계를 가볍게 보는 그릇된 시각부터 바뀌어야 한다. 회계분식만한 중대 범죄가 없다.

차제에 용어 변경도 필요해 보인다. 분식회계라는 현행 용어는 분식에 대한 경각심을 일깨우기에는 역부족이다. 말 그대로 분(粉)으로 얼굴을 치장하듯(飾) 예쁘게 꾸미는 화장술 정도로 미화된 측면이 없지 않다. 일본 용어를 생각 없이 베껴다 쓴 결과다. 외국 용어를 빌려다 쓸 바에야 차라리 영미식 표현대로 '회계사기(accounting fraud)'라 칭하는 게 나아 보인다. 어쨌거나 공정하고 투명한 회계 질서 정착 없이는 기업의 신뢰성과 건전성 확보는 요원한 일이다. 한여름 밤의 꿈에 불과하다.

04

공직이 바로 서야
나라가 산다

| 충성·헌신의 '종교적' 패러다임으로는 못 견뎌
| 능력, 합리, 효율 중시하는 창의적 문화 절실

2014년 4월 16일. 잊을 수 없는 날이다. '세월호 참사' 발생일이
다. 304명이 희생되었다. 업계 유착과 비리가 원인으로 지목되었
다. 당시 박근혜 대통령은 '관피아'라는 용어까지 언급하며 '공직개
혁'을 천명했다. 눈물까지 보이며 국민 앞에 사과했다. 그때뿐이었
다. 그러고도 달라진 게 없었다. 정권교체 시마다 공직개혁이 단
골 메뉴로 등장했으나 가시적 성과는커녕 제대로 된 시도조차 없

었다. 진상규명과 단죄는 6년에 다 돼가는 아직도 진행형이다.

그토록 중차대한 명제가 왜 뼈아프게 수용되지 못하고 그동안 방기(放棄)되어온 걸까. 최근 연이은 안전사고의 재발방지를 위해 또다시 '공직개혁'을 운위해야 하는 현실은 또 어찌 설명하면 좋을까. 똑똑하고 유능한 인재들이 쏠리고 있는 공공부문에서 근본적 개혁을 이루어내지 못하는 원인은 무엇일까. 하대명년(何待明年)의 현실에 안타까움과 자괴감만 깊어진다.

국민이 맡겨 준 사명을 제대로 감당하지 못하거나 부정한 쪽에 눈을 돌리는 일부 비뚤어진 공직자의 처신에 배신감이 앞선다. 적잖은 급여, 양호한 복리후생, 두둑한 연금으로 안정된 일자리와 편안한 노후까지 보장받는 '철밥통'이 뭐가 부족해 이런 처신을 하는지 이해가 되지 않는다. 말이 좋아 공복(公僕)이지, 지위와 권세를 빌려 위세를 부리는 자가 한둘이 아니다. 이들이 제 역할만 했어도 '세월호 참사'나 작금 꼬리를 무는 안전사고는 생기지도 않았을 것이다.

부처를 통폐합하고 기관 명칭을 바꾸고, 대책기구를 급조한다고 해결될 일이 아니다. 사고 터진 후 기관장 교체나 책임자 문책 역시 능사가 아니다. 그저 문제만 안 생기면 그만이라는 식의 복지부동은 더 큰 해악이다. 그렇다고 '성실히' 일을 한다고 되는 것도 아니다. 그 정도로는 부족하다. 성실성보다 '창의성(creativity)'이 긴요하다. 창의성 발휘를 통해 생산적 부가가치가 창출되는 단계에까지 도달해야 공직사회의 진정한 환골탈태가 가능해진다.

불쌍한 경제,
눈감은 정치

정권 바뀔 때마다 공직개혁은 단골 메뉴
가시적 성과는커녕 제대로 된 시도조차 없어

경영은 경쟁의 연속이다. 창의력은 핵심 경쟁력이다. 국가경쟁력 제고를 위해 창의성을 좀먹는 낡은 조직문화부터 손봐야 한다. 책임질 일은 아예 피하고 보는 게 상책으로 여기는 소극성이 큰 걸림돌이다. 튀는 사람은 질시와 타도의 대상으로 지목받는 퇴보적 분위기도 뿌리 뽑혀야 한다. 가만히 있으면 중간은 간다는 무임승차식 방관자적 심리 역시 공직사회를 무너뜨리는 암적인 존재다.

복종을 조직 내 최고 덕목으로 여기는 상급자나 공연히 자기 생각을 꺼냈다 손해 볼 일 있느냐는 식의 과민한 피해의식이 몸에 밴 하급자에게 퇴출 우선순위가 매겨져야 한다. 창의력은 영리를 추구하는 기업에만 필요한 게 아니다. 비영리조직, 특히 공공부문에 더 긴요한 요소다. 국가라는 거대 조직이 공직자들 손에 운영되는 만큼 그들의 역할과 기능에 따라 국정의 성패가 좌우되기 때문이다.

우리 공직사회는 창의성과는 담을 쌓고 지내왔다. 창의성의 '창(創)' 자도 생각하지 못했다. 공공부문이 사회변화에 가장 뒤처지고, 관료사회가 개혁의 최우선 대상이라는 지탄을 받는 이유나. 위에서 시키는 대로 하는 것이 법과 원칙으로 통해 왔다. 전례 답습과 상명하복이 지고의 준칙으로 작동했다. 그 근간은 아직도 건재하다. 검토나 기안에 쓰이는 형용사와 부사의 수는 기껏 50

개 남짓이라는 게 공직자들 스스로의 자평이다.

서류마다 '특단의', '강력한', '획기적' 등의 몇 가지 단골
서술어가 고작이다. 실무자에 의해 다른 표현이 적히면 결재
과정에서 가차 없이 삭제된다. 지시받는 데로 군말 없이
검토하고 기안을 해야 유능한 관료루 인정받는 분위기가
여전하다.

20년 전쯤 중앙부처 서기관이 쓴 책에 등장하는 한 소절이다.
지금도 변한 것은 없어 보인다. 그 사이 창의성과 전문성은 싹도
제대로 못 틔운 채 시들고 있다. 조직기반 침하와 더불어.

공직개혁의 비밀, "성실성보다 창의성을 지향하라"
개혁은 꿈이 아닌 현실로 꽃피워야

공직사회의 정체는 선발 방식에서부터 비롯된다. 획일적 내용
에 대한 암기력 테스트의 경연장이다. 기억력이 출중한 사람이
합격하는 전근대적인 설계 구조다. 시험 직전에 암기용량을 극대
화시키는 요령이 관건으로 작용한다. 막상 공무원으로 일할 때
크게 쓸모도 없는 법률이나 경제·경영 관련 참고서나 문제집 내
용을 달달 외워야 한다. 시험장을 빠져나오기 무섭게 잊히고 마

는 내용이 태반이다.

수험 과목도 구태의연하기 짝이 없다. 논리적 사고, 언어 역량, ICT 능력, 통계 이해 등 정작 공직 수행에 필요한 업무능력은 고사하고, 서비스 정신, 봉사 마인드 등 기본 소양과도 애당초 거리가 멀다. 개인의 특성이나 창의력은 고려될 여지도, 그럴 필요도 없다. 당락을 불문하고 시험은 시험으로 끝나고 만다. '정원 채우기'나 '일자리 늘리기', 그 이상 그 이하도 아니다.

솔선수범하려는 의지도 취약하다. 불리하거나 힘든 일은 기피하는 공무원들이 많다. 대통령 주재로 열린 확대 경제관계장관회의에서 16대 과제 중 하나로 선정된 '직무급제 도입'만 해도 그렇다. 연공서열 임금구조가 맞지 않다며. 그것도 산하 공공기관에 대해서만 직무급 도입을 강요했다. 정작 공무원들은 호봉제를 금과옥조처럼 고수하면서 말이다. 그렇게 필요한 제도라면 공무원부터 적용하는 것이 순서가 아닐까. 공공기관에서도 겨우 한두 곳에서 시작되고 있지만 말이다.

직과 집단, 충성과 헌신을 중시하는 '종교적' 패러다임으로는 글로벌 경쟁 시대를 버텨내기 힘들다. 공공부문의 생존을 위협하고 국가경쟁력을 떨어뜨리는 역기능만 초래할 따름이다. 비효율, 무능력, 조직 이기주의와의 악연은 매징히 끊어야 한다. 능력, 합리, 효율이 존중되는 창의적 공직문화를 기어코 이뤄내야 한다. 개혁은 꿈이 아닌 현실로 꽃피워야 한다. 언제까지 기다리고만 있을 수 없다. 공직이 바로 서야 나라가 산다.

05

낙하산 인사,
이제 '고마 해라'

| 비효율로 얼룩진 인사 관행도 손 못 대면서
| 무슨 개혁이 싹트고 혁신이 성취되겠는가

　세상 참 많이 좋아졌다. 국책 연구기관도 정부가 시키는 일만 하지는 않는 듯하다. 옛날 같으면 감히 마음먹을 수 없는 과제들도 서슴없이 해내는 분위기다. 한국개발연구원(KDI)이 발표한 「금융당국 출신 인사의 금융회사 재취업에 따른 경제적 효과」라는 분석보고서만 봐도 그렇다. '낙하산 인사' 관행을 다루는 주제가 이채로운 데다 전하는 메시지도 놀랍다.

불쌍한 경제,
눈감은 정치

이 연구에서는 전문성과 부당공동행위의 가설이 세워졌다. 전문성 가설은 금융당국 출신 인사가 민간 금융회사 임원으로 취직하면 당국에 재직할 때 축적한 전문지식과 경험을 활용, 금융회사 위험관리 성과 개선에 도움을 줄 수 있다는 내용이다. 부당공동행위 가설은 금융당국 출신 인사가 민간 금융회사의 부당행위를 보호할 수 있다는 가정이다.

분석결과가 자못 흥미롭다. 낙하산이라고 다 같은 낙하산이 아니라는 내용이다. 기획재정부, 금융위원회, 금융감독원, 한국은행, 예금보험공사 등 출신 기관이 다양하고 성과도 제각각이다. 그중 기획재정부 출신 금융회사 임원은 2006년부터 2017년까지 연평균 64명으로 가장 많다. 숫자에 비해 성과는 신통치 않다. 위험대비 수익성이 오히려 3.55% 감소했다. 위험가중자산 대비 이익비중(RORWA)도 악화, 경영효율을 떨어뜨린 것으로 나타났다.

금융감독원 출신 임원들 역시 위험관리 성과는 없었다. 하지만 금융당국의 제재를 막아내는 데는 강했다. 취임 이후 1분기 만에 제재를 받을 확률을 16.4% 줄였다. 금융회사가 부실자산비율을 1%포인트 줄이려고 할 때마다 제재받을 확률이 2.3% 감소하는 점을 감안하면, 금감원 출신 임원 채용이 7배 정도 효과적이었다. 다만 2분기부터는 효과가 나타나지 않는 걸로 보아 약발은 부임 직후 단기에 그쳤다.

금융관료, 성과는 없고 '방패막이' 구실에 그쳐
조직 경쟁력과 직원들 사기는 곤두박질

이에 비해 한국은행 출신의 금융사 임원들은 위험을 낮추는 데 기여한 점이 돋보였다. 이들이 취임한 후 2분기에 재무 위험관리 성과를 3.94%포인트 상승시켰다. 위험을 통제하면서 순이익률도 높였다. 총 위험 역시 3.33% 줄어 위험관리 전반에서 성과를 낸 것으로 평가되었다. 그나마 선방이다.

전문성이 필요하다는 이유로 금융당국 관료가 금융사에 재취업하는 낙하산 인사 관행은 긍정적 효과보다 부정적 측면이 크게 부각되었다. 금융위험 관리는 개선하지 못하고 금융당국의 제재 회피 등 금융감독 효과만 반감시키는 데 그친 셈이다. 한마디로 득은 별로 없고 실이 큰 형국이다. 공직에서 천수를 누리고 금융 회사로 자리를 옮겨 인생 이모작에 성공한 인재들의 실적치고는 초라한 결과다.

비싼 봉급 값도 제대로 해내지 못한 채 금융당국과의 관계에서 '방패막이' 구실에 그치는 현실이 보기 민망하다. 어려운 금융소비자가 낸 돈으로 사상 최대 호황을 구가하는 금융산업이 정말 이래도 되는지 모르겠다. 시대 역행의 낙하산 행태가 비단 금융 회사들에 국한된 일이 아니라는 것이 더 큰 문제다. 한국 사회 전반에 걸쳐 구석구석 뿌리박힌 고질병이 아닐 수 없다. 어디서부터 어떻게 손대야 할지 모를 정도로 환부가 깊고 넓다.

불쌍한 경제,
눈감은 정치

그러는 사이 조직 경쟁력은 소리 없이 무너지고 있다. 낙하산 인사의 영향력을 이용해 규제나 간섭에서 자유로울 수 있으나 금융시장의 건전성은 훼손되는 중이다. 종국엔 소비자와 국민의 피해로 귀결될 것이 뻔하다. 전문성 면에서 내실을 기하기도 어렵다. 낙하산 인사 전체를 비전문가로 매도할 순 없다. 하지만 이들 대부분이 수행했던 정책업무는 금융시장 일과는 성격 자체가 상이하다. 정치인 출신의 경우 전문성 부재에 따른 부작용의 가능성은 더욱 크다.

경영은 '사람'
전문성 다진 내부 인재 제치고 외부 비전문가 끌어들여 성공할 리 만무

낙하산으로 내려오는 입장에서야 예사로운 일일 수 있으나 당하는 쪽에서는 생존이 걸린 사안이다. 철부지가 무심코 던진 돌에 개구리에는 목숨을 걸어야 하는 법이다. 산하기관 직원들로서는 억울해도 말 한마디 못하고 당하는 수밖에 달리 방도가 없다. 평생 다녀도 꿈꾸기 힘든 조직의 별, 임원 자리는 하늘에 떠 있는 별보다도 더 다가서기 힘든 존재가 되어 있다. 극소수의 영광을 위해 대다수의 억장이 무너져야 하는 서글픈 현실이다.

가뜩이나 기죽어 있는 내부 직원들에게 열정과 헌신에 기초한 능력 발휘를 요구하는 건 애당초 무리일 수 있다. 『좌전(左傳)』「희공(僖公)」에 나오는 "피지부존(皮之不存)이면 모장안부(毛將安傅)리오"라는 말이 새삼스럽다. '가죽이 없으면 털이 어디에 붙을 수 있겠는가'라는 의미가 아프게 와 닿는다. 역량을 발휘하기 힘든 조직에 유능한 인재가 붙어 있기 힘들다는 뼈아픈 경구(警句)다.

경영에서 사람만큼 중요한 것이 없다. 경영은 곧 사람이다. 성과는 사람에게서 나온다. 조직은 사람에 의해 사람을 상대로 운영되고, 사람을 위하여 사람에 의해 소유되는 객체라 할 수 있다. '사람의, 사람에 의한, 사람을 위한' 경영의 의미를 흘려들어서는 안 된다. 내부 구성원조차 제대로 건사하지 못하면서 외부 사람을 임원으로 끌어들여 성공 경영이 성취될 리 만무하다.

조직과 인재 경쟁력을 해치는 낙하산 인사 관행은 이제 그만하자. 그 정도 했으면 할 만큼 했다. 그만할 때도 되었다. 더 이상의 시행착오는 곤란하다. 그간 치른 대가로도 충분하다. 능력 중심의 인재선발은 대한민국 조직이 선진 수준의 경쟁력 확보를 위해 넘어야 할 큰 산이다. 오랜 기간 내부에서 전문성을 다져온 사람에게 임원의 기회가 주어지는 것이 온당한 순리다. 비효율로 얼룩져온 낙하산 적폐 하나 못 고치는 상황에서 무슨 개혁이 싹트고 혁신이 성취될 수 있겠는가.

불쌍한 경제,
눈감은 정치

06

대한민국 장관에 필요한 최소 덕목

| '초능력' 장관보다
| 재덕(才德) 구비한 깨끗하고 정직한 '보통' 사람이면 충분

홍남기 경제부총리가 야무져 보인다. 안 되는 것은 안 된다고 말할 줄 안다. 2019년 7월의 일로 기억된다. 그는 정부가 하향 조정한 2.4~2.5% 수준의 경제성장 전망에 대해 "달성이 쉽지 않겠다"는 입장을 내비쳤다. 정부는 당초 2019년 성장률 전망치를 2.6~2.7%로 제시했다. 그러다 7월이 되자 '하반기 경제정책 방향' 을 발표하며 전망치를 0.2%포인트 내린 바 있다. 그런데 이마저도 달성이 힘들다고 부총리가 고백했던 것이다.

당시 글로벌 경제 여건이 더 어려워졌고, 일본의 경제 보복 조치까지 겹쳐 투자와 수출이 부진해지면서 2.4% 성장도 어려움을 시인한 셈이다. 홍 부총리는 선진국들도 경제성장률 전망치를 하향 조정하고 있다며, 국제통화기금(IMF)이 발표한 자료에 따르면 OECD 국가 중 2% 넘게 성장한 나라는 한국을 포함해 몇 개 없을 정도로 어려운 여건을 감내하고 있다고 애로를 에둘러 표현했다.

정책 수단을 모두 동원해 최대한 목표를 달성하도록 노력하겠다는 의지도 밝혔다. 또 이를 곧이어 행동으로 옮겼다. 경제 활력 보강 추가대책을 발표했다. 지역경제 활성화, 공공기관 투자 확대, 소비심리 제고, 수출 활력 제고 등 네 가지를 방안으로 제시했다. 2020년으로 예정된 1조 원 규모의 공공기관 투자를 앞당겨 연내 총 55조 원의 투자가 이뤄지도록 한 계획이 특히 눈길을 끌었다.

경제사령탑으로서 불과 1달 남짓 전에 발표한 성장률 달성을 번복한다는 것이 쉽지 않았을 것이다. 국내외 경제 환경 변화에 따라 궤도 수정이 불가피함을 솔직히 인정하고 목표 달성에 진력하려는 모습이 되레 진솔해 보였다. 구차한 핑계로 들리기는커녕 되레 믿음이 더 갔다. 힘을 보태고 싶은 마음이 절로 생겼다. 다른 부처의 장관이나 책임자들도 그랬으면 좋겠다는 생각까지 들 정도였다.

불쌍한 경제,
눈감은 정치

성장률 달성 어려움 고백한 경제부총리
궁색한 변명으로 들리기는커녕 되레 믿음 더 가

당시 경제부총리의 행동을 높이 사는 것은 과거 정책 입안자들의 지나친 경제낙관론이 떠올라서다. 현 정부가 출범한 이후 '경제가 나빠지고 있다'는 말은 솔직히 누구도 꺼내기 어려운 게 사실이다. 정부가 추진하는 정책이 옳기 때문에 이대로 가면 반드시 성과가 나타날 것이라는 신념이 원체 강하다. 현실로 전개되는 어려움은 과정상의 일시적 현상으로 치부되곤 한다. 부정적 전망은 '위기 조장용 발목잡기'로 일축되기 일쑤다.

비판에 신경 쓰지 않고 내 길을 가겠다는 정부 의지가 일방통행되고 있다. 2018년 여름 청와대 정책실장은 '연말이 되면 경제가 좋아질 것'이라는 주장을 폈다. 그해 11월에는 2019년이 되면 소득주도성장, 혁신성장, 공정경제의 실질적인 성과를 국민이 체감할 것으로 자신했다. 근거 없는 위기론은 국민의 심리를 위축시켜 경제를 어렵게 할 것이라는 말까지 덧붙였다. 경제부총리 역시 재작년 말 지난해 하반기가 되면 경제가 좋아질 것을 호언한 바 있다.

그때도 국책연구기관인 한국개발연구원(KDI)의 의견은 달랐다. 2018년 11월 6일 발표한 '하반기 경제전망'에서 2020년까지는 경기둔화가 본격적으로 진행되어 잠재성장률을 밑도는 저(低)성장 국면에 진입할 것으로 관측했다. 2018년 성장률은 2.6%. 2019년 모든 자원을 최대한 활용하더라도 잠재성장률에 미달할 것이라는 우울한 전망을 내놨다.

각종 악재가 동시다발적으로 터지는 초대형 경제위기, '퍼펙트 스톰(Perfect Storm)'을 경고하는 전문가도 적지 않다. 이를 우려해 대책 마련을 촉구하라는 주장이 끊임없이 제기되고 있다. 계속 올려대는 경기 침체의 경종을 귀담아듣지 않으면 후회로 남을 수 있다. 위기는 감지될 때 즉시 대비책을 세워 극복해 나가야 한다는 당위성을 새삼 깨닫게 된다.

부족 인정(認定)하는 인정(人情) 넘치는 인정(仁政), 부정(不正) 부정(否定)하는 부정(不淨)

솔직함은 정치권에서부터 배워야 할 것 같다. 총리나 장관 후보자 청문회를 볼 때마다 한결같이 느껴지는 부분이다. 그들의 태도를 보면 제기되는 의혹에 대해 부인(否認)에서 시작해 부인으로 끝난다. 본인 행적, 자녀 입시, 부동산 투기 등의 문제에 대해 모르쇠로 일관하는 경우가 흔하다. 대개 그때만 모면하는 된다는 식의 태도가 주류를 이룬다. 잘못을 솔직히 인정하면 더 믿음이 갈 수 있을 텐데 말이다.

공직자에게 요구되는 필수 덕목은 직위에 걸맞은 인격과 능력이다. 고위 공직자에게는 그만큼 높은 도덕적 기준과 잣대가 적

불쌍한 경제,
눈감은 정치

용되어야 한다. 높은 자리일수록 자신의 능력과 도덕성에 비추어 보아 역량을 넘어서면 스스로 사양하고 포기할 줄 아는 결단도 필요하다. 진퇴유절(進退有節), 나아가고 물러남에 절도가 있어야 한다. 진퇴 잘못으로 평생 쌓아놓은 성과를 한순간에 잃은 사람들이 어디 한둘이었던가. 이에 관한 『주역』의 정의는 명쾌하다.

德微而位尊, 智小而謨大, 無禍者鮮矣
인격은 없는데 지위는 높고, 지혜는 작은데 꿈이 너무 크면,
화를 입지 않는 자 드물 것.

자신의 능력과 그릇에 맞지 않으면 어떤 높은 지위라도 넘보지 말라는 준엄한 꾸짖음이다. '나 아니면 안 된다'는 사고는 오만의 극치다. 흠결 없는 '초능력' 장관을 원하는 것이 아니다. 그런 인물은 어디서도 구하기 어렵다. 기본 재덕(才德)을 구비한 깨끗하고 정직한 '보통' 사람이면 족하다. 그 수준에도 못 미치면 자격 미달이다. 장관도 사람인지라 기대한 결과를 못 낼 수도 있다. 사정을 솔직히 털어놓고 실패를 거울삼아 다음에 더 잘하면 된다. 허물과 부족함을 인정(認定)할 줄 아는 인정(人情) 넘치는 인정(仁政)을 바란다. 부정(不正)함을 부정(否定)하는 부정(不淨)은 정말 싫다.

07

시험 갑질,
이대로는 안 된다

좋은 대접해야 좋은 사람 모이고, 좋은 일 생겨
'갑질' 시험보다 '값진' 시험이어야

그게 그리도 어려운 걸까. 대학수학능력시험 때마다 난이도 문제로 아우성들이다. "지난해 출제 기조와 크게 다르지 않다" 는 시험 당일의 출제위원장의 발표는 불과 몇 시간 만에 빈말이 된다. 최근 몇 년의 경과만 봐도 수능 난이도는 실패의 연속이다. '물수능'과 '불수능'이라는 극단적 수식어다 매년 끊이지 않는다.

불쌍한 경제,
눈감은 정치

최대 거의 한쪽에 달하는 긴 지문의 국어 시험, 영어권 외국인도 혀 내두를 정도의 영어 영역, 세계적인 수학자들조차 생소해하는 난해한 수학 문제 등이 단적인 사례들이다. 그런데도 상황은 좀처럼 개선되지 않는다. 난이도 조절 실패로 절망하는 수험생의 처지는 안중에도 없어 보인다. 한 문제에, 선택과목 유불리에 당락이 갈려야 하는 입시생의 절박함은 아예 고려조차 못하는 듯하다.

수험생에 대한 이해나 배려는커녕, 국민 전체를 우롱하는 느낌을 지우기 어렵다. "물수능으로 물에 빠져 죽고, 불수능으로 불에 타 죽는다"는 푸념이 그냥 나온 말이 아닌 듯싶다. 당하는 수험생의 입장은 '내 알 바 아니다'라는 출제자의 무책임한 태도가 절망을 넘어 분노로 치솟는다. 누가 봐도 명백한 '시험 갑질', '시험 횡포'다.

갑질이 어디 수능에서뿐이랴. 재외동포·외국인을 대상으로 하는 한국어능력시험(TOPIK)에서도 수험생 무시 현상은 여전하다. 법무부가 외국인의 비자 신청 단계에서 '토픽 2급 이상'을 요구하는 방안을 마련 중이라는 소식이다. 불법체류가 많은 중국, 베트남 등 26곳 국적자가 그 대상이다. 2급은 '전화하기, 부탁하기' 등의 일상생활에 필요한 기능과 '우체국, 은행' 등의 공공시설 이용에 필요한 기능을 수행할 수 있는 수준이다.

교육부와 법무부가 욕먹는 이유
상대방 입장 헤아리지 못하는 근시안적·이기적 행정 때문

우리말을 배우러 오겠다는 외국인들에게 처음부터 상당 수준의 한국어 능력을 요구하는 것 자체가 앞뒤가 맞지 않는다. 대놓고 한국에 오지 말라는 얘기나 다를 바 없다. 버선발로 맞이해도 시원찮을 외국인 연수생을 손사래 치며 내쫓겠다는 허세 부리기다. 그러고도 내세우는 이유가 가관이다. '불법체류자는 급속하게 늘어나는데 단속할 인원은 턱없이 부족해서'라는 설명이다. 어이가 없어 말문이 막힌다.

불법체류자를 막으려면 연수생이 불법체류자가 되지 않도록 관리하는 게 합당한 대응이다. 입국 자체를 제한하려는 것이야말로 어불성설이다. 구더기 무서워 장 못 담그겠다는 식이다. 국가별 형평성에도 어긋난다. 토픽 시험을 시행하지 않는 국가들만도 130여 곳에 이른다. 어학 연수생의 언어 능력 제한을 두는 나라를 여태껏 들어본 적이 없다. 불법체류에 대해 엄격하다는 미국도 어학 연수생에게 자국 언어의 자격을 요구하지 않는다.

한국어 능력과 불법체류가 도대체 무슨 상관이라도 있다는 말인가. 한국어 실력이 높아야 불법체류를 안 하고, 낮으면 그 반대일 것이라는 발상이 참으로 해괴하고 황당하다. 탁상행정의 전형이다. 특히 법을 다루는 부처답지 못한 행동거지다. 당장 불법체류자를 막는 것만 생각하지, 외국인 연수생의 감소로 인한 불이익과 역기능은 상상조차 못하는 근시안적·이기적 행정이다.

갑질 행태의 절정은 신입사원 채용시험에서 극명히 드러난다. 유례없는 청년 취업난 속에서 채용기업의 숨은 횡포가 이만저만이 아니다. 특히 공기업 전형은 채용 갑질의 백미(白眉)로 꼽힌다. 블라인드 채용이 의무화되면서 더욱 기승을 부린다. 입사지원서에 출신학교, 학과, 성적, 나이 등을 밝히지 못하게 하자 서류심사보다 필기시험에서 변별력을 턱없이 높이려는 추세다.

갑질의 절정은 '제3의 고시' 입사시험
난이도, 시험과목, 면접방식에서 '안하무인'격

필기시험 난이도는 장난이 아니다. 해마다 수준이 급상승, '제3의 고시'로 통한다. 외부기관에 출제를 맡기다 보니 현실성이 떨어지는 문제가 수두룩하다. 수험과목은 사전 예고도 없이 바뀌기 일쑤다. 시험 한두 달 전 뜨는 채용공고를 보고서야 과목 변경 사실을 알게 된다. 종전 과목에 맞춰 공부한 수험생은 멘붕에 빠지고 만다. 그간의 학습이 허사가 되면서 희망하는 기업에 원서조차 못 내민다. 그런데도 책임부담은 오롯이 힘없는 취준생의 몫이다.

면접도 신입 직원 수준을 능가한다. 지원하려는 기업의 업무, 비전, 경영전략은 기본이고, 지원 동기, 입사 후 업무수행계획, 기여할 분야와 역할 등까지 이것저것 꼬치꼬치 캐묻는다. 기존 직원도 답변하기 힘든 질문들이 대부분이다. 온·오프라인에서 온갖 자료를 샅샅이 뒤져 내용을 숙지하고 예상 질의응답 자료까지 만들어 달달 외워야 한다. 이쯤 되면 신입 직원 시험인지 기관장 공모 전형인지 분간하기조차 어렵다.

재용·절차 또한 복잡다단하다. 서류심사를 통과해도 필기시험과 면접 전형으로 갈 길이 멀다. 필기시험을 1차와 2차로 나눠 보기도 하고, 면접은 수차례에 걸쳐 진행된다. 인·적성 검사, 프레젠테이션, 실무자와 임원 면접 등 종류도 가지가지다. 단계별로 극심한 경쟁을 거쳐 살아남아야 하는 '서바이벌 게임'을 방불케 한다. 초기 전형의 합격자 배수를 높게 책정, 후반 탈락자가 많다보니 상당수 수험생이 오랫동안 시험에 매달려야 한다.

느러터진 진행도 곤욕이다. 통상 8월부터 시작된 일정이 12월 말이나 되어야 끝이 난다. 단계별 합격자 발표가 늦고, 타 기관의 발표를 기다렸다 최종합격자를 확정하는 기업도 적지 않다. 4개월이 넘는 대장정에 지원자들은 속이 타고 피가 마른다. 합격이라도 하면 다행이지만 영광의 주인공은 극소수다. 대다수는 들러리만 서고 헛물만 켠다. 좋은 대접에 좋은 사람이 모이고, 좋은 사람이 모여야 좋은 일이 생긴다. 인재를 몰라보고 괴롭히는 시험 갑질은 이제 그만해야 한다. '갑질' 시험보다 '값진' 시험을 고대한다.

불쌍한 경제,
눈감은 정치

산업

• 기업이 살아야 나라가 산다 •

01

경쟁력은
경쟁에서 나온다

악마의 카르텔, '일감 몰아주기'
당사자 사익보다 경쟁 부재에 따른 손실 더 커

2018년 여름 얘기다. 장맛비에 수원 단오어린이공원에 있는 수령 500년 된 느티나무가 쓰러졌다. 세 갈래로 쪼개지듯 부러졌다. 조선왕조 22대 정조대왕이 1790년 수원 화성을 축조할 당시 나뭇가지를 잘라 서까래를 만들었다고 알려진 바로 그 나무다. 나라에 큰 어려움이 닥칠 무렵 구렁이 울음소리를 냈다는 전설이 전해진다. 1982년 보호수 지정에 이어 2017년 대한민국 보호수

100선에 선정된 높이 33.4m, 둘레 4.8m의 거목이다. 해마다 나무 주변에서 영통청명단오제가 열리는 등 수원 시민들이 애지중지하는 고목이기도 하다.

멀쩡하던 큰 가지 4개가 한꺼번에 무너진 것이 줄기 내부의 동공(洞空) 때문이라는 발표가 석연치 않았다. 그 정도 폭우나 강풍은 500년 동안 한두 번이 아니었을 텐데, 갑자기 부러진 진짜 이유가 궁금했다. 쓰러지기 전 사진을 보면 그 나무 혼자만 울타리 안에 덩그러니 서 있다. 혹시 보호수로 지정하고 주변을 공원화하면서 나무를 너무 외롭게 만들어 속이 타고 텅 비게 된 것은 아닐는지.

'문학적 상상'까지 해 보는 건 나름 들은 바가 있어서다. 나무의 생존율은 다른 나무나 잡초 등 주변 환경과 상관관계가 있다는 것이 나무를 키워본 사람들의 경험담이다. 울창한 숲의 나무가 크게 자라듯 다른 식물들과 함께 크도록 하면 나무의 생존율이 높아진다는 얘기다. 모수(母數)가 적어 통계적으로 검증된 바는 없지만, 주변 나무보다 성장이 더디면 햇빛을 보지 못해 죽기 때문에 더 높게 크려고 서로가 경쟁하면서 다 잘 자라게 된다는 것이다.

│ 부러진 500년 수원 느티나무의 교훈
│ 다른 식물들과 함께 커야 나무의 생존율 높아져

일부러 풀을 뽑지 않고 재배하는 자연농법의 원리도 귀담아들을 만하다. 풀은 가뭄을 예방하고 수분을 유지하여 흙을 살리는 고마운 존재이지만 현실에서는 불필요한 존재로 취급된다. 풀이 함께 있으면 작물의 성장에 방해가 된다는 생각에서다. 작물이 풀과 함께 자라면 흙 속의 양분을 뺏겨 성장이 느리다고 여긴다. 하지만 풀보다 작물 성장이 더딘 것은 양분 다툼이 아니라, 햇볕을 필요로 하는 광합성 경쟁에서 밀리기 때문이다. 같은 조건에서 농업기술로 개량된 작물은 자연에 오랫동안 적응한 풀에게 무조건 백전백패하고 만다.

오히려 작물이 성장하는 두둑과 떨어져 있는 고랑의 풀을 작물과 함께 키우면 풀은 본연의 흙 살리기를 하면서 병충해를 예방하는 데 도움이 된다. 다만, 광합성에 방해가 되지 않도록 작물보다 높게 자라지 않게 풀을 베어 그 자리에 덮어주면 된다. 풀이 또다시 올라오는 시간을 지체시키고 가뭄을 예방하는 수분을 유지할 수 있다. 경쟁이 성장의 주요 인자라는 사실을 일깨워 주는 자연 생태계의 소중한 가르침이다.

경쟁의 효용 가치는 산업 현장에서 더욱 빛을 발한다. 경쟁을 좋아하는 기업이 있을 리 없고 경쟁에서 지면 큰 피해가 뒤따르나 살아가며 피할 수 없는 것이 경쟁이다. 경쟁은 경쟁자가 분명하고 그 수가 많을수록 성공 가능성이 높아지는 묘한 특성을 지닌다. 경쟁이 붙으면 어떻게든 이기려고 노력하는 게 본능이고, 또 그러기 위해서는 전략적이고 전술적으로 행동하기 때문이다.

흔히 '선택과 집중'을 성공 방정식으로 거론한다. 이는 자원의 투입 과정에서나 맞는 말이다. 산출 결과의 관점에서는 '선택과 집중'이 좋은지, '경쟁과 상생'이 좋은지는 단정하기 어렵다. 기업 경영에서 이 두 가지를 직접 비교하는 것은 현실적으로 불가능하다. 기업의 존폐까지 담보하며 이렇게 저렇게 시험 삼아 해 볼 수 없는 노릇이기 때문이다. 그럼에도 기업 경영에서 '경쟁과 상생'이 가져오는 순기능의 효과는 의외로 크다.

시장경제의 최대 장점은 경쟁
경쟁만큼 강력한 무기 없어

선택과 집중이 문제를 야기하기도 한다. 거래처 한 곳만 믿고 납품하다가 거래가 끊겨 문을 닫는 기업들이 한둘이 아니다. 핵심 부품을 한 업체에만 개발시켜 조달해 오다 하청업체 부도로 연쇄 도산을 겪는 경우도 흔하다. 해당 협력업체로서도 경쟁자 없이 안정적으로 물량을 확보할 수 있다 보니 다른 분야에 관심을 돌려 실패한 케이스다. 경쟁이 치열했더라면 이 기업도 본업에 충실했을 것이다.

경쟁 환경을 말살하는 주범 중의 하나는 '일감 몰아주기' 관행이다. 한국 경제에 치명적 해악을 끼치는 고질병이다. '우리끼리

해먹자'는 강자들의 암묵적 카르텔로서 치료는커녕 적발조차 어렵다. 대한민국 곳곳에서 염증을 일으키고 급기야 곪아 터지고 있다. 추잡한 행위들이 하도 많다 보니 일일이 열거하기조차 부끄럽다.

재벌 기업들은 물류회사를 설립해 계열사 물량을 독식시킨다. 공기업온 지회사를 만들어 건물관리나 물자구매 등을 전담시킨다. 대기업은 친인척이나 지인이 경영하는 회사에 납품을 독점시킨다. 재벌기업의 1차 협력업체 대다수가 총수 일가나 친인척이 운영하는 사실은 온 천하가 다 안다. 규제 회피를 위해 일감을 주던 회사를 슬그머니 통폐합시키는 얍체 기업까지 생겨난다. 지난해 불거진 국내 항공사 비리의 중심에도 어김없이 일감 몰아주기 부정이 똬리를 틀고 있다. 갈 데까지 가고 올 데까지 온 느낌이다.

일감 몰아주기를 탓하는 것은 당사자들끼리만 편취하는 사사로운 이익에 배 아파서가 아니다. 경쟁 부재로 인해 기업의 경쟁력이 상실되고 국가 경제에 초래되는 손실이 더 이상 커지지 않기를 바라는 마음에서다. 이제부터라도 일감 몰아주기를 멈춰야 한다. 시장경제의 가장 큰 장점은 경쟁이다. 경쟁만큼 강한 무기가 없다. 경쟁력은 경쟁에서 나온다. 나무 키우기나 기업 경영이나 개인 생활에서나 다 마찬가지다.

늙어가는 제조업,
낮아가는 창업정책

┃ 분배 악화, 저성장 못잖은 해악
┃ 똑같이 대우받고 다 같이 잘사는 게 한국 경제의 미래 좌표

　제조업이 늙어가고 있다. 한국개발연구원(KDI)이 내놓은 「제조업 신생기업의 성장동력 역할 감소와 시사점」이라는 보고서가 전하는 메시지다. 한국 경제에 활력소가 되어야 할 창업 제조기업의 성장동력이 줄고 있다는 스토리다. 종사자 수 10인 이상 기업 중 업력 5년 이하의 신생기업이 차지하는 비중이 28%로서 1995년 51%에 비해 격감하고 있다.

제조업 총생산성 증가에서 신생기업이 차지하는 기여도 역시 내리막이다. 1995~2000년 3.8%에서 2000~2005년과 2006~2010년에 각각 2.6%로 감소했다. 2010~2013년에는 1.5%까지 떨어졌다. 제조업의 전체 총생산성 증가율도 1995~2000년 7.3%에서 2010~2013년 3.1%로 급감 추세다. 신생기업의 생산성 증가율이 하락하면서 경제 성장동력으로서의 역할이 축소되고 있는 것이다.

정보통신(IT) 등 첨단기술 제조업 분야에서 신생기업의 역할 감소는 더 큰 걱정이다. 첨단기술 제조업에서 신생기업의 생산성 증가 기여도는 1995~2000년 1.3%에서 2010~2015년 0.2%로 뚝 떨어졌다. 8쪽 분량의 보고서가 전하는 함의는 작지 않다. 정부의 창업정책 개선의 당위성을 일깨우는 경종(警鐘)으로 울린다. 개혁의 시그널로 읽힌다.

창업의 정의부터 다시 해야 한다. 업력과 창업자 나이를 기준으로 창업기업을 정의하는 지금의 방식은 다분히 행정 편의적이다. 정부와 국민적 관심이 온통 유니콘, 스타트업, 창업기업에 쏠려 있는 현실에서 '경제의 허리' 격인 중소·중견기업은 정부 지원에서 멀어질 수밖에 없다.

**제구실 못하는 창업 정책 탓에 울고 있는 중기업
동냥은 못할망정 쪽박까지 깨서야**

불쌍한 경제,
눈감은 정치

중기업이 울고 있다. 설립 후 5년을 넘기거나 창업자 나이가 39세를 넘으면 아예 대기업 취급이다. 업력이 늘어나면 사업 기반이 저절로 다져지는 줄 안다. 창업한 지 어느 정도 햇수가 되었으니 이제는 자력으로 살아가라는 정책 취지는 성급하고 무심하다. 창업기업의 정해진 범위를 벗어나는 순간 금융, 조세, 정부 보조 등 각종 지원이 끊기는 현실이 야속할 정도다.

받은 혜택마저 반납을 요구받기 일쑤다. 과거보다 세금을 더 많이 내야 되고 기존 대출도 상환해야 한다. 기업 성장 주기(business life cycle)상으로 창업기를 지나 성장기에 이르면 매출이 커지면서 소요 자금도 늘어나게 마련이다. 그걸 몰라준다. 지원을 더는 못해줄망정 이미 받은 것까지 도로 내놓으라는 성화다. 동냥은 못 줄망정 쪽박까지 깨려는 기세다. 정책이 현실을 못 따라가고 있음을 보여주는 방증이다.

나이만 어리다고 젊은이가 아니다. 젊게 살아야 청년이다. 하물며 수명이 있을 리 없는 계속기업(going concern)에서 업력이나 경영자 나이로 창업의 범주를 결정하는 접근방법은 억지 논리다. 업력이 지긋해도 신제품 개발, 사업다각화, 비즈니스 모델 혁신 등으로 체질을 새롭게 하는 기업이 진정한 창업기업일 수 있다. 형식의 가위로 창업의 범위를 재단하는 것만큼 위험한 행동이 없다.

업력이 중소기업 범주를 넘었다고 정부 지원이 즉각 끊기는 일은 없어야 한다. 중소기업으로 계속 남기 위해 업체를 신설하는 '피터팬 증후군'도 생겨서는 안 된다. 창업지원을 받기 위해 기업을 새로 만들어 기존 기업의 매출을 쪼개는 편법도 등장해서는 곤란하다. 기업의 실상을 파악하기에 앞서 '설립일이 언제냐?'부터 캐묻는 정부 기관의 어이없는 행태도 사라져야 마땅하다.

체질 새롭게 하는 게 진정한 창업
혁신기업은 있어도 혁신업종은 있을 수 없어

창업정책의 초점은 기업이 창업하고 난 뒤 성장과 혁신 창출이 가능한 단계로까지 확대되어야 한다. 창업만 했다고 저절로 성장이 이루어지는 것은 아니다. 나무도 심은 뒤에 갖은 정성을 다해 가꿔야 제대로 커갈 수 있다. 기업도 마찬가지다. 성장기에 충분한 지원이 뒷받침되어야 건강한 생육과 활발한 번성이 가능해진다. 규모가 커질수록 더 많은 지원이 필요한 곳이 바로 기업이다.

재원 한정이 편중 지원의 구실이 될 수 없다. 균형적 경제발전을 위해서라도 후원은 골고루 이뤄지는 것이 맞다. 모든 기업이 일자리 창출과 경제성장에 기여하기 때문이다. 중요한 것은 창업기업의 수가 아니라, 성장동력을 견인할 만한 활력 있는 기업들이 많아져야 한다는 점이다. 특히 기술집약도가 높고 첨단기술을 보유한 혁신기업이 늘고 이들의 생산성이 높아져야 한다.

혁신성장, 신성장동력 산업을 정부가 선정하는 형식 또한 재고의 여지가 크다. 한 치 앞을 내다보기 힘든 시계 제로의 경제 환경에서 정부가 성장업종을 지정하는 행동 자체가 시대착오적일 수 있다. 잘못했다간 자원배분만 왜곡하기 십상이다. 산업에 '반상(班常)의 구별'이 있을 수 없다. 성장업종 지정 산업에서도 실패기업이 나오기 마련이고, 전통산업에서도 성공사례는 얼마든지 가능하다. 혁신업종을 영위한다고 혁신기업이 아니다. 혁신경영을 펼쳐야 혁신기업이 될 수 있다. 혁신기업은 있을지언정 혁신업종은 존재할 수 없는 이유다.

거시적 관점에서 보면, 작은 기업이나 큰 기업, 신생기업이나 기존기업, 혁신기업이나 전통기업 모두가 귀한 경제주체들이다. 중요도 면에서 차이가 있을 리 없다. 어느 하나 없어서도 소외돼서도 안 되는 한솥밥 먹는 식구들이다. 특정 부문에만 혜택을 주고 다른 부문은 소외시키는 잘못을 저지르면 안 된다. 저성장 못지않은 해악이 분배의 악화다. 똑같이 대우받고 다 같이 잘사는 게 한국 경제의 미래 좌표다.

03

복지비용 대느라
성장 마중물 고갈될라

예산 심의는 편성 못지않게 중요
'풍요 속 빈곤' 연구개발 예산, 대폭 증액되어야

한국 관광객 감소에 일본 지자체들이 '비명'이다. 한국인의 일본 여행이 급격히 줄자 일본 내에서 우려의 목소리가 커지고 있다. 일본을 방문한 한국인 여행자 수가 1년 전에 비해 급감했다. 일본 관광청의 발표다. 한일 관계 악화가 근본 원인이다. 앞으로도 일본을 찾는 한국인 관광객 수는 더 줄어들 것이라는 전망이 우세하다.

불쌍한 경제,
눈감은 정치

관광객 수는 국가 간 문제에 국한되지 않는다. 국내 지자체들도 관광 방문객 수 늘리기에 안간힘이다. 관광단지 조성, 테마 발굴, 이벤트 개발에 경쟁적이다. 예산을 무리해서라도 각종 국내외 행사나 대회 유치에 심혈을 기울인다. 정부도 적극적이다. 문화체육관광부가 남이섬, 전주 한옥마을, 제주 서귀포 치유의 숲 등 24곳을 '2019년 열린 관광지'로 선정하고 시설 개·보수 비용을 지원한다.

관광객 유치가 쉬울 리 없다. 어렵다고 포기할 수도 없다. 관광은 현장에 답이 있다는 것이 전문가 의견이다. 현상을 잘 관찰하면 쉽게 해법을 얻을 수 있다고 한다. 관광객이 몰리는 원인을 찾아내 그에 맞춰 적절한 대책을 세우면 된다는 얘기다. 봄이면 벚꽃 구경에, 가을이면 단풍놀이에 인파가 몰린다. 이 경우 답은 가로수에 있다. 단풍나무와 벚나무를 길 양편에 번갈아 심으면 된다. 그러면 봄에는 벚꽃으로, 가을에는 단풍으로 나들이객을 유인할 수 있다.

이런 제안에 자치단체장들의 반응은 의외로 시큰둥하다. 취지에 백번 공감하고 효과가 고무적이어도 관심조차 보이지 않는다. 이유는 단 한 가지. 본인의 임기 내에 효과가 나타나지 않기 때문이다. 기껏 돈 들여 실행에 옮겨봤자 최소 10년 후에나 성과가 나타날 일을 자청할 '바보'는 없다. 후임자에게만 좋은 일이다. 주민들에게 당장 주목받고 생색나는 일만 골라 하기도 빠듯한 예산이다.

자치단체장, 임기 내 효과 없는 사업 외면
정부 예산도 '근시안 행정' 확연

근시안적 안목은 2020년 정부 예산에서도 확연히 드러난다. 경제부총리는 2020년 예산 편성은 경제 활력 제고에 주안점을 두었음을 밝혔다. 또 혁신성장을 뒷받침하기 위해 연구개발(R&D) 예산도 예년보다 늘렸음을 강조했다. 천만다행이다. 하지만 알고 보면 말뿐이다. 자료가 증명한다. 편성된 예산 내역을 보면 실망감이 크다. 말로는 성장을 앞세우나 실제는 복지에 방점이 찍혀 있다.

복지 예산이 R&D 예산을 압도한다. 정부의 예산 증가율은 2018년 7.1%, 2019년 9.5%였다. 이에 비해 R&D 예산 증가율은 2018년 1.0%, 2019년 4.1%에 그쳤다. 2020년에는 약 24조 원으로 지난해보다 4조 원가량 늘어나는 정도다. 전체 예산에서 R&D 예산이 차지하는 비중은 2015년 5.0% 이후 2018년 4.6%, 2019년 4.4%로 줄곧 감소 추세다. 반면 복지예산 비중은 2018년 33.7%, 2019년 34.3%로 눈덩이처럼 불어났다.

2020년 예산은 이보다 더하다. 지난해보다 증액된 44조 원의 절반가량이 복지부문에 투입된다. 복지예산 비중이 35%로 역대 최대 수준에 이른다. 취약계층을 지원하는 각종 수당사업 등 복지혜택을 꾸준히 늘려온 결과다. 한번 늘어난 복지는 여간해서는 줄이기 어렵다. 실업 증가와 고령화 추세에 따라 수혜 대상이 확대되면서 사업 규모가 커지는 특성이 있다.

확장적 재정 운용에도 불구하고 복지에 예산을 쏟느라 성장에 필요한 돈을 못 대는 형국이다. '슈퍼 예산' 편성에도 국가경쟁력을 키우는 R&D 예산이 태부족이다. '풍요 속 빈곤'이다. 대내외 경제 여건 악화로 민간의 성장동력이 떨어진 만큼 정부가 재정을 풀어서라도 경제에 활력을 불어넣는 시도가 다급한 시점인데, 그러지 못하는 현실이 안타깝기 그지없다.

확장 재정에도 연구개발 예산 태부족
재정 마중물 삼아 성장동력 높이지 못하는 현실 유감

정부라고 예산 편성에 왜 고민이 없었으랴. 경기 불황에 따른 기업 실적 악화 등으로 세수가 줄어드는 상황에서 재정 건전성까지 고려해야 했을 것이다. 이 때문에 9%대 인상률 범위에서 예산을 증액하는 쪽으로 가닥을 잡았을 것이다. 각 부처가 요구한 예산 인상 수준은 6.2%였으나, 미·중 무역 분쟁이 장기화하고 일본의 수출 규제까지 겹치면서 경기 부양을 위해 지난해 수준(9.5%)의 예산 증가율로 정한 것 같다.

그런데도 2009년 글로벌 금융위기 때(10.6%)에 육박하는 높은 예산 증가율이다. 국가부채율도 39%대에 이른다. 힘든 민생 타개를 위한 복지 예산 증액의 당위성을 모르는 바 아니다. 그렇다 해도 우리의 미래를 책임질 성장과 혁신에 관련된 예산의 필요성을 간과할 수는 없다. 신기술 개발 등 경제·산업 경쟁력 강화를 위해 충분한 예산 배분이 더없이 긴요하고 다급하다.

복지와 성장에 우선순위가 있을 리 없다. 둘 다 중요하다. 복지가 현세대에 주어지는 혜택이라면, 성장은 미래 세대의 안위를 책임질 종잣돈에 해당한다. 복지 쪽에 치중하게 되면 성장 쪽의 회생이 불가피하다. 한정된 예산을 양 부문에 적절히 배분하는 지혜로운 결단과 의사결정이 요구된다. 균형과 조화를 이루는 최적의 접점이 모색되어야 한다.

2020년 정부 예산 확정 과정이 정상적이지 못했다. 예년처럼 정쟁만 하다 시간에 쫓겨 제대로 심사도 하지 못한 채 막판 통과의 구태를 반복했다. 지역구 선심성 예산에 눈독 들이며 의원들끼리 적당히 나눠 갖는 못된 버릇도 고치지 못했다. 나라 살림을 결딴 냈다는 비난을 피하기 어렵다. 과정이야 어떠했든 이미 지난 일. 책정된 예산으로 미래 성장 마중물 확보에 에너지를 쏟아주기 바라는 마음이 간절하다. 멀리 봐야 오래간다.

불쌍한 경제,
눈감은 정치

04

중년 창업이
진짜 창업

| 창업, 현장에 답이 있다
| 현장과 실무 경험 있는 중년이 유리, 정부가 장려하고 지원 늘려야

청년창업은 한국 경제의 '아이돌'이다. 마냥 화려하고 좋아 보인다. 국민적 관심과 기대가 크고 정부 지원도 풍성하다. 아이디어 및 기술개발 사업화, 보증과 대출을 통한 금융지원, 정부 보조와 출연 등이 망라되어 있다. 창업지원 기간도 창업 후 7년까지, 창업자 연령도 39세 이하로 넉넉하다. 교육, 멘토링 지원, 창업 공간 제공, 보육서비스도 정부나 지방자치단체, 관련 기관과 단체 등을

통해 앞다퉈 이뤄진다.

세금 우대도 상당하다. 15세 이상 29세 이하의 청년이 28개 업종을 창업할 경우 3년간 소득세나 법인세의 75%가 감면된다. 다음 2년 동안도 50%의 세액 감면 혜택이 주어진다. 청년들의 도전정신과 젊은 패기를 활용한 스타트업을 양산, 국가 경제의 신성장동력 확충과 일자리 창출을 도모하려는 정부 의지가 초강력이다.

청년창업에 관련된 성공 스토리는 이미 낯설지 않다. 구태여 마이크로소프트의 빌 게이츠, 페이스북의 저커버그, 우버의 캘러닉, 에어비엔비의 체스키 등을 인용할 필요조차 없다. 국내에도 다음이나 네이버 등 성공한 청년창업의 주인공들이 즐비하다. 대학생 또래의 새내기가 신사업에 뛰어들어 혁신적인 서비스나 상품으로 엄청난 부를 거머쥔 스토리들도 자주 매스컴에 오른다.

당연히 권장할 만한 청년창업이다. 하지만 현실은 다르다. 어디까지나 남의 일인 경우에나 해당하는 얘기다. 대학생 나이의 내 자식이나 형제가 창업을 원하는 경우에는 사정이 확 달라진다. 어떻게 말려야 할지, 그때부터 태산 같은 걱정이 시작된다. 실패에 뒤따르는 부작용과 후유증에 대한 우려로 밤잠을 설쳐야 한다. 사업 경험은커녕 세상 물정에 어두운 상태로 창업에 나섰다가 패가망신한 젊은이를 수없이 목격해 온 탓이다.

젊은 패기를 통한 스타트업 구축
경제의 성장동력 확충, 일자리 창출을 위한 정부 의지 강해

자기 자식만큼은 좋은 직장에 취직하기 바라며 남에게는 창업을 권하는 자가당착이다. 이들에게 창업은 더 이상 '지지하고 도와야 하는' 지원(支援)의 대상이 아니다. '원하는 바를 막아야 하는' 지원(止願)의 목표물이 되고 만다. 정부도 이 점을 고려해 신용보증기금과 중소벤처기업 진흥공단에서 보증이나 대출을 받을 때 법인 대표자의 연대보증을 폐지하는 보완책을 마련했다. 하지만 그 정도로 해소될 고민이 아니다.

창업은 청춘 세대의 이미지와도 잘 어울린다. 혁신적 아이디어, 젊음의 에너지, 명석한 두뇌를 소유한 20~30대 젊은이의 캐릭터와 일맥상통한다. 하지만 현실은 이런 이미지와는 거리가 멀다. 오히려 정반대다. 미국 인구조사국 하비에르 미란다, MIT 슬론 경영대학원의 피에르 아주레이 교수가 이끄는 연구팀이 미국 통계청 자료를 이용, 미국의 창업가 270만 명의 사례를 분석했다. 결과는 충격적이다.

가장 성공적인 창업자의 평균 연령은 45세였으며, 일류 기업으로 키워내는 능력은 20대 창업자가 가장 떨어진다는 것이다. 청년의 창업이 더 역동적이고 최신 기술에 익숙하며 가족 등 개인 리스크가 적다는 기존의 상식을 전면 부정하는 결론이다. 청년 창업도 좋지만, 중년 창업이 시급하고 근본적인 이슈가 될 수 있겠다는 추론에 이르게 한다.

국세통계연보 자료에 의하면 우리나라의 창업자 중에서 가장 높은 비율을 차지하는 연령대가 40대로 나타났다. 그들 중 상당수는 해당 분야에 근무하다 독립하여 창업에 나서는 경우일 것이다. 경영능력과 나이와의 상관관계야 따져볼 수도 없고 따져서는 안 되겠지만, 분명한 것은 현장경험이 뒷받침되는 중년 창업이 갖는 유리함이 적지 않다는 사실이다.

청년보다 중년 창업이 성공률 더 높아
회사에서 체득한 지식과 경험이 창업에 소중한 밑거름

경험이 풍부할수록 성공에 대한 자신감은 강해진다. 많은 경험과 깊은 전문지식의 활용도 용이하다. 사업 실행에 필요한 자원이 풍부하고 사업 아이디어를 활용할 네트워크 또한 다양하다. 성공한 청년 창업가 중에도 중년에 이르러 전성기를 구가하는 케이스가 적지 않다. 스티브 잡스의 황금시대도 그가 40세 이후 애플에 복귀하고 나서부터다. 블록버스터 혁신제품 아이폰을 선보여 IT 시장 혁신을 성취했을 때 그의 나이 52세였다.

현장에서 지식과 경험을 쌓은 후에 창업을 실행하는 것이 바람직한 수순일 수 있다. 회사에서 다양한 업무를 체험하며 업무 능력을 쌓아가는 것 자체가 창업을 위한 준비과정이 된다. 기술, 제품개발 경험, 마케팅 능력, 인맥 등이 창업의 밑거름이 되기 마련이다. 잠재 리스크를 줄이고 이를 극복하는 능력도 회사 생활을 통해 길러진다. 결국 회사만 한 창업 지원기관이 없는 셈이다.

경영은 교과서의 이론이 아니라 현장에서의 실천이다. 머리로 궁리해서 될 일이 아니다. 직접 체험하고 체질화하는 단계에 이르러야 제대로 해낼 수 있다. 패기나 열정만 갖고 해내기 힘든 게 사업이고, 책상머리나 어깨너머로 배울 수 없는 게 경영이다. 그런 점에서 직장에 다니면서 경험을 쌓은 연후에 창업에 나서는 '선(先) 취업, 후(後) 창업'이 효과적 대안이 될 수 있다.

월급 받고 일하면서 창업을 꿈꾼다면 회사에 대한 도리가 아니라고 생각할 수 있다. 성급한 단견이다. 그런 사람일수록 주인의식을 갖고 일하기 때문에 오히려 회사에 보탬이 될 수 있다. 창업을 꿈꾸는 사람이든 회사의 경영자든 창업정신을 갖고 일하게 되면 서로에게 윈윈(win-win)이 된다. 창업도 현장에 답이 있고, 현장에 있어 본 중년이 유리하다. 중년 창업을 장려하고 정부 지원도 늘려야 하는 까닭이다. 알아야 면장도 하고 사장도 한다.

05

현장경영과
미복(微服)행차

> 현장서, 현물 보고, 현상 파악하는 '3현(現)주의'
> 몰래, 자주, 민폐 없이 찾아다녀야

생존을 위한 기업들의 노력이 처절하다. 차별화된 경쟁전략 수립에 잰걸음이다. 주요 기업들의 경영 방향은 다들 제각각이나, 놀랍게도 '현장경영' 강화에 공히 방점을 찍고 있다. 현장경영은 말 그대로 경영자가 현장을 방문해 직원들과의 원활한 의사소통으로 빠른 의사결정을 이끌어내는 경영기법이다. 톰 피터스와 로버트 워터먼이 공저한 『초우량 기업의 조건』에서 처음 소개한 개

불상한 경제,
눈감은 정치

념이다.

　현장에서, 현물을 보고, 현상을 파악하는 '3현(現)주의'는 경영의 기본이 된 지 오래다. 현장을 모르는 상태에서는 훌륭한 전략이 나올 수 없고, 좋은 전략과 방침이 시달되어도 현장에서 움직이지 않으면 소용이 없게 마련이다. 현장에 대한 이해가 제대로 되어야 효과적인 전략이 수립되고 실행될 수 있다는 것이 요지다. 그 바탕에는 '현장에 답이 있다'는 믿음이 깊게 깔려 있다.

　현장경영에 대한 업계의 시각은 찬사 일변도다. IBM의 CEO 시절 루 거스너는 수천 명의 고객과 직원, 사업 파트너를 만나기 위해 100만 마일 이상을 비행했다. 그의 거실에는 '책상은 세상을 보기에는 위험한 장소다'라는 글귀가 걸려 있었다. 메리어트 인터내셔널의 빌 메리어트 회장은 은퇴식 행사장에 모인 '세계 각국의 경영자 1,300명의 이름을 모두 알고 있다'고 호언했을 정도다.

　하워드 슐츠는 스타벅스의 CEO로 재직하는 동안 일주일에 25곳의 매장을 둘러봤다. '스타벅스는 커피를 파는 게 아니라 오감 경험을 판매하기 때문에 현장을 직접 보고 느껴야 한다'는 것이 그의 평소 일관된 지론이다. 월마트의 창업자 샘 월튼은 수시로 매장을 돌아다니며 직원들과 담소를 나누는 것으로 유명하다.

현장 알아야 하나 현장만 알면 곤란
어설픈 '서민 코스프레'는 사태 더 망치게 해

현장경영이 한국에서는 기업들보다 정치권에서 더 큰 인기다. 정치인, 선거철 후보자, 기관장들이 주로 애용하는 단골 메뉴다. 허름한 옷차림, 부스스한 머리칼, 초췌한 얼굴로 현장 행보에 나서곤 한다. 인파가 몰리는 거리나 전통시장은 이들이 즐겨 찾는 명소다. 행인들과 인사를 나누고 셀카 찍기를 자청한다. 시장에서는 평소 굽어보지 않던 길거리 음식을 시식하고 소액의 찬거리 구매로 생색을 낸다. 낯간지러운 '서민 코스프레'다.

'보여주기식' 방문은 차라리 안 하느니만 못하다. 효과를 기대하는 것 자체가 다분히 시대착오적이다. 그렇게 해서 현장에 숨어 있는 해법이 찾아질 리 없고 찾아낼 수도 없다. 각본에 따라 접촉할 인물을 섭외하고 할 말까지 정해 주는 상황에서 무슨 명답이 나올 수 있겠는가. 애초부터 답을 얻으려는 의도가 없는 경우가 태반이기는 하지만.

좋은 제도를 악용하려는 뻔뻔함이 항시 문제다. 현장방문을 바라보는 세간의 시선이 고울 리 없다. 어느 해 여름 박원순 서울시장의 삼양동 옥탑방살이가 장안의 화제로 회자된 적이 있다. "3차원적인 시민의 삶에 대한 정책을 펴려면 직접 듣고 봐야 한다"는 뜻은 높이 살만했다. 하지만 유례없는 무더위 속에서 강행된 옥탑방 체험치고는 결과가 기대에 못 미쳤다는 지적이 많다. 당

불쌍한 경제,
눈감은 정치

시 그나마 잡혀가던 서울지역 집값만 폭등시킨 건 아니었는지.

현장이 만능은 아니다. 현장을 알아야 하지만 현장만 알아서도 안 된다. 현장에 답이 없을 수 있고, 설령 있어도 찾지 못할 수 있다. 꼭 현장에 가봐야만 답을 얻을 수 있는 것도 아니다. 조직의 구성원, 소통채널, 네트워크를 활용해도 현상을 파악하고 답을 얻는 데 지장이 없는 세상이다. 지금은 정보통신기술이 만개하고 초연결·초지능이 득세하는 4차 산업혁명의 시대다.

낯간지러운 '보여주기식 현장방문', 안 하느니만 못해
몰래 하는 암행방문이 바른길

현장방문에도 지켜져야 할 규칙들이 있다. 우선 몰래 하는 게 효과적이다. 아무에게도 알리지 않고 혼자 하는 '암행'이 빛을 더 발한다. 보도자료 뿌리고 방송장비 동원하는 이벤트성 행사는 역기능만 부른다. 의미도 없을 뿐더러 그나마 현장에서 얻을 수 있는 아이디어나 해법마저 놓치기 쉽다. 있던 답도 사라지고 만다. 조선 11대 중종부터 고종까지 약 400년간 암행어사 제도를 비밀리에 운영했던 선조들의 숨은 지혜를 되새겨볼 필요가 있다.

현장방문을 하려면 자주 하는 게 상책이다. 현장 상황은 늘 가변적이다. 급변하고 돌변하기 일쑤다. 어제 다르고 오늘 다른 것이 현장이다. 내일이 되면 또 무슨 변화가 어떻게 생길지 아무도 모른다. 그러다 보니 현장에서 얻을 수 있는 답 또한 언제든지 바뀔 수 있다. 현재의 해법이 미래에도 통하리란 보장도 없다. 한두 번 방문으로 영구적 해법을 기대했다간 낭패를 당하기 십상이다. 지속적인 모니터링을 위한 잦은 방문이 긴요한 이유다.

현장방문은 답을 구하기 어려울 때 하는 것이 맞다. 미리 답을 정해 놓은 상태에서 이를 합리화하거나 정당화시키기 위한 목적의 방문은 절대 삼가야 한다. 국민을 기만하고 괴롭히는 부당한 처사다. 필요 없는 일을 모르고 하는 것도 큰 잘못일진대, 필요 없는 줄 뻔히 알면서 일부러 하는 고의적 행동은 용서받기 힘들다. 상응한 처벌과 응징을 받아 마땅한 중죄에 속한다.

어떤 이유로도 민폐는 용납될 수 없다. 그러잖아도 먹고살기 힘든 판국에 TV에서나 보던 유명 인사들의 갑작스런 들이닥침은 그 자체가 고역이다. 안 오는 게 도와주는 일이다. 방문 받는 쪽에서는 어쨌든 부산을 떨어야 한다. 듣기 좋은 말도 골라 줘야 한다. 귀에 거슬리는 쓴소리는 해봤자 통할 리 없고 득 될 일 또한 만무하다. 국민도 그 정도는 다 안다. 모르는 체 입 다물고 있을 뿐이다. 말 없는 사람이 더 무서운 줄 알아야 할 텐데. 그게 걱정이다.

불쌍한 경제,
눈감은 정치

06

'시로이 코이비토'에 숨겨진 일본식 경영

> 시·청·후·미·촉각의 오감(五感) 만족이 성공경영 핵심
> 작은 정성이 큰 차이 만들어

일본 관광업계가 시름에 빠졌다. 2019년 7월 시작된 일본 여행 거부 운동 여파로 한국을 방문하는 일본인 관광객 수가 일본을 찾는 한국인 관광객 수를 추월했다. 같은 해 11월 일본을 방문한 한국인은 전년 대비 65.1% 감소한 20만 5,000명으로 집계되었다. 일본을 찾은 외국인 중 중국인은 75만 명, 대만인은 39만 명이었다. 그때까지는 방일 관광객 2위는 한국이었다.

아베 신조 일본 총리는 한국인 관광객 감소를 겨냥해 문재인 대통령과 정상회담에서 '인적 교류'의 중요성을 강조하는 등 한일 관계 개선에 나섰다. 그럼에도 일본 정부의 관광산업 육성 의지는 여전히 확고해 보인다. 외국인 관광객 유치 목표를 내려 잡지 않고 있다. 하계올림픽이 열리는 2020년 외국인 관광객 목표치를 4,000만 명까지 늘려 잡고 있다. 2011년 동일본 대지진의 영향으로 방일 외국인 여행자가 622만 명으로 급감했던 것에 비하면 격세지감이다.

외국인 관광객 소비도 덩달아 늘고 있다. 화장품, 의약품, 생활용품, 전자제품 등 일본산 제품이 불티나게 팔리고 있다. 일부는 재고가 없어 못 팔 정도다. 이런 와중에도 일본 면세점 매출 1위는 의외의 품목이다. 43년 역사의 홋카이도에 소재한 이시야 제과에서 생산되는 과자다. '하얀 연인'이라는 뜻의 시로이 코이비토(白い恋人)라는 쿠키가 그 주인공이다. 한국 젊은이들에게도 인기 만점이다. 귀국길에 너나없이 쇼핑백을 채워 들여온다. 그런지 벌써 오래다.

인기몰이의 비결은 소비자 감성을 자상하게 보살피는 일본식 경영에 기초한다. '고객 만족' 경영에 답이 있다. 우선 이 과자에는 '멋'이 살아 있다. 시각(視覺) 만족 면에서 단연 압권이다. 뽀얗고 얄팍한 쿠키 사이에 납작한 초콜릿이 끼어 있다. 얼른 봐도 먹음직스럽다. 바삭하고 자그르해 보이는 쿠키와 달달해 보이는 초콜릿 외양이 소비자의 시선을 붙잡기에 충분하다.

날개 단 일본 쿠키, '하얀 연인(白い恋人)'
소비자 감성 자상히 보살피는 일본식 경영에 뿌리

감성적 명칭도 호기심 발동의 또 다른 요인이다. 12월의 거리에 눈이 아름답게 내리던 어느 날. 스키를 즐기고 돌아오던 창업자가 무심코 던진 말 한마디, "하얀 눈이 내리고 있어"에서 과자 이름이 유래되었다. 다분히 작위적 느낌이지만 어쨌건 소비자에게 잘 먹히고 있다. 상자 안에는 스위트한 초콜릿을 부드러운 쿠키 사이에 끼워 부드러움과 추억이 가득 차 있는 과자라는 낯간지러운 자평이 적혀 있다.

홋카이도 기념품답게 이름과 상자 디자인이 한껏 겨울 분위기를 뽐낸다. 브랜드 콘셉트를 강조하기 위해 삿포로에 테마파크와 박물관까지 세웠다. 제품의 역사와 더불어 과자, 초콜릿, 케이크 제조 과정에 대한 상세한 안내를 통해 충성고객을 늘리려는 의도였다. 예상은 적중했다. 물건도 팔고 관광 수입도 챙기는 '꿩 먹고 알 먹는' 일석이조의 비즈니스 모델로 대성공을 거뒀다.

'평(評)'이 좋다. 소문이 괜찮다. 청각(聽覺) 만족을 위한 세심함이 돋보인다. 소비자 반응도 찬사 일색이다. SNS 마케팅에서 '강추'가 이어진다. 일본을 오가는 인편에 구매를 부탁하거나 해외직구를 동원하는 수고를 마다하지 않는다. 손님이 손님을 부르는 광속의 입소문 마케팅이 주효했다. 파리가 하루에 천 리를 달리는 천리마의 꼬리에 붙어 졸지에 천리행군을 성취하는 모양새와 비슷하다.

'코'가 즐겁다. 냄새가 좋다. 후각(嗅覺)도 매출 확대에 한몫 중이다. 달콤하게 풍기는 은은한 향기가 입맛을 당긴다. 쌉싸름한 커피 향기와 어우러지면 제법 환상적인 분위기가 연출된다. 과자를 한입 베어 물면 일상에서 찌든 피로가 눈 녹듯 사라진다는 홍보 문구가 과장으로 들리지 않는다. 왜 더 사 오지 않았을까 후회하는 관광객이 늘게 하는 고객 친화적 전략이 그럴듯하다.

일본 기업이 하는데 우리 기업이 못하랴
전통산업을 재래업종으로 경시하는 사고방식이 문제

'맛'이 있다. 미각(味覺) 만족도가 후한 편이다. 두 장의 쿠키 사이에 화이트 초콜릿 혹은 밀크 초콜릿이 들어 있어 달지 않고 고급스러운 맛을 창조한다. 동종 제품들에 비해 부드럽고 바삭바삭한 식감이 일품이라는 평가다. 실온에서 부드럽게 반죽 버터와 동량의 설탕을 맞추고 밀가루, 달걀 흰자위, 바닐라 추출액을 첨가한 레시피의 성과다.

'필(feel)'이 최고다. 촉각(觸覺)에 대한 배려가 돋보인다. 일본제품 아니랄까 봐 포장부터 미려하다. 실제로 포장 디자인이 맘에 든다는 사람들이 적지 않다. 고급스런 포장지가 부드럽게 손끝에 감긴다. 낱개 포장으로 하나씩 먹기에도 편리하다. 포장마다 뜯

불쌍한 경제,
눈감은 정치

기 쉽게 설계되었다. 종이 포장지를 벗기면 나오는 스티커 씰을 뜯어도 과자가 부서지지 않도록 박스에 정성스레 담겨 있다.

일본식 경영이 정답이 될 수 없으나 배울 점은 그래도 많다. 작은 과자 하나에도 경영의 진수가 숨어 있다. 기업들이 자칫 놓치기 쉬운 부분이다. 일본의 지방기업이 하는 일을 한국 기업들이라고 못 해낼 리 없다. 전통산업을 한물간 재래업종쯤으로 여기는 고루한 사고방식이 패인이다. 중후장대 산업이나 고난도 첨단업종만 미래 산업이 아니다. 무엇을 만드느냐보다 어떻게 만드느냐가 더 중요하다.

작은 정성과 세심한 배려가 큰 차이를 만든다. 나아가서 차별화된 경쟁력으로 굳어진다. 결국은 소비자 만족이 관건이다. 시·청·후·미·촉각의 오감(五感) 만족이 성공 경영의 핵심 요소로 작용한다. 구태여 생물학적 표현을 빌리자면, 눈의 망막, 귀의 달팽이관, 코의 비점막, 혀의 미뢰, 피부를 자극하여, 크고 작은 소비자 니즈를 충족시켜야 한다. 4차 산업혁명 시대에도 디테일이 전부다. 모든 것이 노력하기에 달렸다.

07

주유소도 하는 '인프라 공유', 정부가 못한대서야

> 공공 인프라 공유, 의지가 관건
> 정부가 마음만 먹으면 잘할 수 있어

　주유소에 불났다. 진짜 불이 아니다. 정유 업계에서 치솟는 거센 자구(自救)의 불길이다. 저유가 추세와 과당 경쟁으로 수익성이 악화되고 친환경 차 확산과 경기침체 등으로 수요가 주는 것을 막기 위한 대응책이다. 주유소 기능 확대를 통해 새로운 활로를 찾으려는 나름의 고육지책으로 보기 안쓰럽다.

　휘발유와 경유 등 기존 연료뿐 아니라 전기와 수소 등의 친환경 연료를 한 곳에서 공급하는 복합 에너지 스테이션이 마련된다. 정보통신(IT) 기술을 접목한 미래형 주유소로 선보인다. 사물인터넷 기술 등을 활용하기 위해 정보통신사들과 업무협약까지 체결했다. 주유소 지붕과 옥상을 활용하는 태양광발전 사업은 벌써 시작되었다.

이게 다가 아니다. 여기서 한 발 더 나갔다. 급기야 우체국과도 손을 잡았다. 주유소와 우체국 양측이 보유한 자산과 마케팅 능력 등을 총동원하는 '인프라 공유 사업'이 추진된다. 전국에 있는 주유소와 3,500여 개 우체국의 시설물을 공동으로 활용, 기존 업무의 수행뿐만 아니라 전기·수소차 충전, 택배 거점 등으로 탈바꿈한다. 공간을 효율적으로 활용하고 고객의 접근성과 편의성을 높이려는 의도에서다.

여러모로 칭찬감이다. 단순한 업무협력의 차원을 넘어 다른 경제주체들과 인프라를 상호 공유하려는 시도만으로도 후한 점수를 받을 만하다. A플러스 학점이다. 보여주기식 업무협약(MOU)들이 남발되지만, 실행에 이르는 경우가 드문 현실에서 단연 돋보이는 실천력이다. 더욱이 정부 부처가 민간 기업이 구상하는 프로젝트에 참여한 결단은 더 파격이다. 모름지기 다른 민간 기업과 공공부문에서도 본받아야 할 벤치마킹 소재다.

우체국과 주유소의 만남, '우연이 아니야~'
민과 관의 인프라 공유, 엄청난 벤치마킹 소재

민과 관이 만나면 무슨 특혜라도 있는 양 의심부터 하고 보는 사회 분위기에서 내려진 용단이라 더 신선하게 와 닿는다. 치열한 경쟁 환경에서 살아가야 하는 민간 부분에서야 당연한 일일 수 있지만, 가만히 있어도 꼬박꼬박 월급 나오는 관료집단이 내린 의사결정으로 믿기지 않는다. 2000년 우정사업본부가 출범될 때 기관 명칭에 '사업'의 단어가 들어가서일까. 어쨌든 남다른 비즈니스 마인드가 군계일학처럼 돋보인다.

협업과 융합은 뜻하지 않게 일어나는 우연이 아니다. 치열한 경쟁 환경에서 그리할 수밖에 없는 필연에 가깝다. 사업도 같이하면 힘이 덜 든다. 백지장도 맞들면 낫다고, 혼자서 하는 것보다 여럿이 같이하면 어려움을 이겨내고 경쟁력을 키우는 데 효과적이다. 서로 힘을 모으면 판이 커지고, 판이 커질수록 규모의 경제와 범위의 경제가 동시에 작동, 비용은 줄고 효율은 높아진다.

여러모로 도움이 되는 공유 사업을 안 할 이유가 없다. 더구나 지금은 안 해서도 안 되는 시대다. 공유의 당사자는 물론 사회 전체에게 유익을 끼치는 상생의 비즈니스 모델이다. 물건을 소유해서 사용하지 않는 기간 동안 비용과 감가상각을 감당하는 것보다 필요할 때만 빌려 쓰는 게 경제적이다. 또 사용하지 않는 물건을 대여해서 새로운 수익을 얻을 수 있는 일석이조의 합리성까지

불쌍한 경제,
눈감은 정치

더한다.

불필요한 자원의 낭비를 막아 소비자의 욕구를 만족시키는 최적의 방법론이다. 다만, 유독 공유에 서툴고 인색한 우리의 문화 의식이 걸림돌이다. 우버, 리프트 등과 같은 글로벌 차량공유 서비스가 발붙이지 못하는 나라가 바로 우리 대한민국이다.

인프라 공유 절실한 공공부문, 노는 국유재산 도처에 산재
'관리'에서 '공유'로 탈바꿈해야

민간부문도 그렇지만 정작 인프라 공유가 절실한 곳은 공공부문 이다. 정부나 공공기관이 갖고 있는 기반시설을 민간이나 여타 공 공기관과 공유하는 데 앞장설 필요가 있다. 중앙행정기관, 지방자 치단체, 공공기관들은 수많은 기반 설비를 보유하고 있다. 건물, 설 비, 장비, 부지 등 품목과 분야가 실로 다종다양하다 보니 나눌 수 있는 여지가 그만큼 크다. 기대되는 시너지 효과 또한 실로 거대 하다.

공공 인프라의 공유는 그동안 시도는커녕 구상조차 못해 왔다. 나눠 쓰면 되레 큰일 나는 줄 아는 것이 공직사회 일반의 분위기 다. 관리하는 조직이 줄어들고 자리가 없어질까 걱정부터 한다. 그런 일은 경쟁 환경을 살아가는 민간 기업에서나 하는 것으로 대수롭지 않게 여긴다. 무게 있게 처신해야 할 정부기관에서는 할 수도 없고 해서도 안 되는 금기사항쯤으로 간주한다. 상당수 공직자의 사고가 이 정도로 닫혀 있다.

국유재산에 대한 관리체계도 '관리'에 방점이 찍혀 있다. '활용'의 대상으로는 생각조차 못하고 있다. 국유재산법상으로 재산관리는 기획재정부가 총괄하고 실제 운영은 조달청이 관장하게 되어 있다. 실제 관리는 해당 관서, 지자체, 한국자산관리공사가 맡아 처리한다. '따로따로' 형식이다. 국유재산 취득을 위해 정부가 예산을 편성하고 국회에서 심의하는 과정에서도 해당 기관 차원에서의 취득 필요성 검토에 그친다. 범정부적 관점에서 국가 재산의 효율적 활용을 체크하는 일은 어디서도 하지 못하고 있다.

유휴 국유재산이 도처에 널려 있다. 필요하지 않거나 남는 것은 처분하거나 필요한 곳으로 보내야 한다. 사용 중인 재산도 여유가 생기면 여러 기관이 나눠 쓰는 게 경제적이고 효율적이다. 한낱 주유소도 하는 이런 사업을 소중한 국가재산을 관리하는 정부가 못한대서야 말이 안 된다. 얼마든지 할 수 있고, 하고자 하는 의지가 관건이다. 모든 게 마음먹기에 달렸다.

금융

• 피가 잘 돌아야 건강하다 •

01

뚝뚝 떨어지는
대한민국 금융경쟁력

> **고객 외면 비즈니스가 성공할 리 만무**
> **금융도 앞서가려면 고객 편의성에서 해법 찾아야**

　서울의 국제금융경쟁력이 곤두박질이다. 2019년 3월 기준 세계 36위다. 영국계 컨설팅그룹 지엔(Z/Yen)이 발표한 국제금융센터지수(GFCI)에 나타난 순위다. 33위였던 그 전년 9월보다도 3단계나 떨어졌다. GFCI는 세계 주요 도시의 금융경쟁력을 측정하는 지수다. 1위는 뉴욕이고 런던이 2위다. 3위는 홍콩, 4위는 싱가포르, 5위는 상하이, 6위는 도쿄다.

서울도 2015년 9월 조사에서는 6위에 오른 적이 있다. 글로벌 금융위기 이후 정부가 금융 중심지 육성정책을 강력히 펼치고, 인프라 구축과 외국인 거주 투자환경 개선에 심혈을 기울인 성과였다. 그게 끝이었다. 그 후로는 줄곧 미끄러져 날개 없는 추락이 이어지고 있다. 일본 오사카(31위), 대만 타이페이(34위)에 비해서도 뒤처지는 성적이다. 제2금융중심지로 조성된 부산의 순위는 더 형편없다. 46위다.

한국 금융경쟁력의 뒷걸음질에 대한 해석은 두 갈래다. 하나는 '금융허브 쪼개기'에 혐의를 둔다. 금융허브의 사안을 경쟁력 강화는커녕 지역 균형발전의 접근으로 경쟁력을 퇴화시켰다는 지적이다. 서울의 금융허브 위상도 다지지 못하면서 부산을 제2금융중심지로 지정, 정책역량과 금융인프라를 분산시킨 결과라는 혹평이다. 서울의 금융허브 순위가 추락한 시점이 금융공기업의 지방 이전이 본격화된 2015년부터라는 것이 이를 뒷받침한다.

근자에 와서 잊어버릴 만하면 정치권과 일부 지자체를 중심으로 산업은행 등 주요 국책은행을 지방으로 이전하려는 움직임을 보인다. 문재인 대통령의 대선공약대로 전라북도가 제3금융중심지로 추가 지정될 경우 기존 금융중심지의 경쟁력은 동반 추락할 것이 뻔하다. 다 같이 망하자는 얘기나 진배없다. 그 경우 대한민국에서의 금융허브는 이룰 수 없는 꿈에 그치고 말 것이다.

곤두박질치는 서울 국제금융 경쟁력
경쟁력 강화는커녕 균형발전으로 접근, 되레 후퇴

또 다른 일각에서는 과도한 규제가 금융경쟁력 하락의 주범이라는 진단을 내리고 있다. 제대로 된 수익을 내기 힘든 열악한 비즈니스 환경이 한국의 국제금융경쟁력을 좀먹고 있다는 주장이다. 실제로 국내 주식은 매도할 경우 0.3%의 증권거래세를 내야 한다. 해외주식은 양도소득에 대해 22%의 세금을 물어야 한다. 펀드를 구성할 때 한국 주식을 60% 이상을 편입해야 하는 의무조항도 있다.

경직된 규제로 인해 유수의 국제금융사들이 한국을 등지고 있다. 홍콩이 글로벌 금융기지로 성장한 것도 금융 관련 세금이 없는 점에 기인한 바 컸다. 세금을 내지 않는 만큼 고객에게 더 많은 수익을 보장하고, 금융상품 경쟁력을 제고시킬 수 있었다. 앞의 두 주장은 내용 면에서는 상이하나 실제로 지향하는 바는 동일하다. 공히 '고객 편의성'이라는 공통분모를 품고 있다.

선진 각국은 자국의 금융환경 개선에 총력을 기울이고 있다. 규제 완화, 금융허브 조성, 금융 신산업 지원 등 무한경쟁을 불사하는 상황이다. 아시아 지역의 금융허브 싸움이 특히 볼 만하다. 일본 도쿄는 2020년까지 외국 금융사 40개를 추가 유치하기 위해 해외 고급인력의 체류자격 완화, 금융특구 지정, 법인세 인하에 발 벗고 나섰다.

국유 은행을 세계 1~4위의 초대형 은행으로 길러낸 중국의 노력도 유별나다. 기존의 홍콩 외에도 상하이(5위), 베이징(9위), 선전(14위), 광저우(24위), 칭다오(29위) 등을 금융중심지로 키워낸 저력이 부러울 정도다. 금융 인프라 혁신을 목표로 정보기술(IT)과 금융이 결합한 핀테크를 전략산업으로 육성하는 점도 주목할 부분이다.

선진국, 금융 편의성 제고 총력전
금융회사 집적도 높이고, 시장참여자 규제 낮춰야

금융 자유화, 낮은 세금, 국제 무역항의 강점을 지닌 싱가포르라고 손 놓고 가만있을 리 없다. 글로벌 금융허브의 기능 강화에 국가적 역량을 쏟아붓고 있다. 핀테크 산업을 지원하고 혁신기술을 접목한 '스마트 파이낸셜 센터'를 구축하는 등 아시아 금융허브의 위상을 수성하려는 노력이 다부지다.

유럽의 금융중심지 싸움은 더 치열하다. 브렉시트로 주춤할 수 있는 런던의 금융주도권을 뺏으려는 시도가 필사적이다. 프랑스는 파리를 유럽의 금융수도로 만들겠다는 청사진을 펼쳤다. 금융회사 유치를 위해 법인세 인하, 금융 고소득자에 대한 누진세 폐지를 단행했다. '파리를 선택하라!'라는 주제로 글로벌 투자 프로젝트도 가동 중이다. 2021년까지 파리 서부 외곽인 라데팡스 지역에 초고층 건물을 신축, 신(新) 금융지구를 조성할 복안이다.

독일은 프랑크푸르트를 중심으로 금융허브 선점을 위해 노동법까지 손질했다. 해고를 어렵게 하는 독일 노동법에서 금융회사를 제외하는 내용을 담았다. 스위스는 가상통화에서 돌파구를 찾으려는 모양새다. 2013년부터 추크시에 조성한 가상통화도시 크립토밸리에는 130개국 170여 개의 블록체인 기업이 입주했다. 영국 런던이라고 500여 년에 걸쳐 다진 탄탄한 금융중심지의 위상을 순순히 내놓을 리 없다.

고객을 외면한 비즈니스는 성공하기 어렵다. 모든 산업이 그러하듯 금융도 남보다 앞서가려면 고객 편의성에서 해법을 구해야 한다. 접근성 용이하고 업무하기 편리한 시장 친화적 여건을 마련하는 것이 핵심 관건이다. 국토가 넓지 않고 위치 면에서 유리하지 못한 한국 형편에서는 금융회사의 집적도를 높이고 시장참여자에 대한 규제를 낮추는 것이 상책이다. 뭉쳐야 살고 편리해야 모인다.

02

'죽음의 계곡' 탈출, 홈런보다 안타

| 이자도 내지 못해 허덕이는 한계기업 3,236곳
| 금융안정지수 '주의 단계' 진입 경고음

국내 기업의 수익성이 나빠지고 있다. 경기침체가 가시화되고 미·중 무역 분쟁, 한일 무역 갈등의 대외 악재까지 겹치면서 빚을 갚지 못하는 기업이 시나브로 늘고 있다. 2018년 기준 이자비용 대비 영업이익 비율인 이자보상배율이 4.7배에 그쳤다. 1년 전 같은 기간의 9.5배와 견줘 큰 폭의 하락이다. 기업 100곳 중 15곳은 3년간 벌어 이자도 내지 못하는 상황에 이르렀다.

외부감사에 관한 법률에 따라 감사를 받는 기업 2만 2,869개 중 3,236곳이 그런 한계기업이다. 비중이 자그마치 14.2%나 된다. 2017년의 3,112개, 13.7% 대비 124개, 0.5%포인트 상승했다. 기업 규모별로는 대기업 중에 10.6%, 중소기업 중에 14.9%나 된다. 이 자보상배율 1 미만인 상태가 2년 연속 지속된 기업의 비중도 2018년 20.4%로, 전년보다 1.4%포인트 늘었다.

한계기업군에 새로 진입하거나 잔류하는 기업은 늘어나는 반면, 탈출에 성공하는 기업은 줄어들고 있다. 이게 더 큰 걱정거리다. 이들 기업에 대한 여신 규모도 꾸준히 늘고 있다. 2018년 말 기준 107조 9,000억 원으로 전년 말 대비 7조 8,000억 원 증가했다. 외감기업 전체 여신 중 13.8%에 해당한다. 2017년 말보다 0.4%포인트 상승했다. 대한민국 좀비기업의 초라한 군상(群像)이 자못 서글프다.

가계부채 건전성 역시 악화일로 추세다. 근년 들어 급격히 나빠지고 있다. 특히 비(非)수도권 가계대출 중 연체대출 비중이 2017년 말 2.5%에서 2019년 2분기 말 3.1%까지 높아졌다. 다중채무자이면서 소득 하위 30% 또는 저신용 취약 차주의 연체대출 비중이 2016년 말 20.5%를 기록한 이래 계속 늘고 있는 게 걱정이다.

| 기업 수익성, 가계부채 건전성 악화일로
| 실물경제 부진이 금융권으로 파급

불쌍한 경제,
눈감은 정치

지방의 가계부채가 높은 것은 대출자의 소득과 신용도가 수도권보다 낮고, 은행이 아닌 상호금융 등 제2금융권에서 빌린 경우가 많기 때문이라는 분석이다. 이런 지방 가계부채 문제가 금융시스템 전체의 위험으로 전이될 가능성을 배제하기 어렵다. 상환능력이 취약한 지방의 가계 대출자들에 대한 대출 비중이 높은 금융회사를 중심으로 리스크 관리를 강화할 필요가 크다.

실물경제의 부진이 금융권으로 파급될 조짐까지 보인다. 금융안정에 빨간불이 켜진 상태다. 주요 경제주체인 가계와 기업 모두에서 경보음이 울린다. 한국은행이 발표한 「금융안정보고서」에 나타난 내용만 봐도 마음 놓을 상황이 아니다. 2019년 8월 금융안정지수가 8.3을 기록, '주의 단계'에 들어섰다. 그나마 9월 이후 미·중 무역 협상 진전 기대에 따른 금융시장의 안정 등에 힘입어 주의 단계를 겨우 벗어나 있다.

그래도 한은은 개의치 않는 눈치다. 미·중 무역 분쟁, 일본 수출규제 등 대외여건 악화에 따른 경제주체의 심리 위축, 자산시장에서의 불확실성 증대 정도로 가볍게 여기는 분위기다. 위험 증대에도 금융시스템의 복원력은 여전히 양호한 상태라는 입장이다. 그래도 못내 불안했던지 주장의 말미에 단서를 달았다. 예상하지 못한 충격 발생에 대비해 기업 신용 위험과 가계부채 부실 관리를 강화할 필요가 있다는 전제를 깐 것이다. 안심하기 힘들다는 속내가 엿보인다.

경기 침체로 기업의 채무상환능력이 떨어지면서 금융 부실위험이 커지는 현실을 직시할 필요가 있다. 근본적으로는 경기를 살리는 것이 정답이다. 경기가 살아나야 기업과 가계의 위험이 낮아진다. 금융 안정도 가능해진다. 합당한 재정정책, 통화정책, 금융정책이 긴요하다. 허나 글로벌 경제 환경에서 우리만의 노력으로 해결이 그리 쉬운 일인가. 그럴 바에야 차라리 기업이나 가계 경쟁력을 저하시키는 시대착오적 금융방식부터 손보는 게 차선의 선택일 수 있다.

▌경제의 당면 어려움, 작은 것에서도 유효한 해결책 찾을 수 있어
▌"홈런보다 안타가 낫다"

정책 실패, 제도 실패 못지않게 운영 실패의 탓도 크다. 힘들다고 금융을 마구 지원하게 되면 기업과 가계에 득이 안 될 수 있다. 우선 당장은 도움이 될지언정 결국은 독이 되고 만다. 언 발에 오줌 누는 격이 될 수 있다. 빚은 언제 갚아도 갚아야 한다. 그런 까닭에 감당할 수준을 넘어서면 견디기 힘든 짐이 된다. 연체나 상환불능에 빠질 수 있다. 지금까지 정책금융의 과정과 결과가 그런 식이 아니었던가.

1년 만기 일시상환의 대출방식의 문제가 의외로 크다. 금융 부실화의 숨은 주범으로 지목될 만하다. 사소한 문제 같지만 폐해가 깊고 크다. 아무리 좋은 기업도 1년간 번 돈으로 대출금을 갚

불쌍한 경제,
눈감은 정치

기 어렵다. 해마다 만기 연장을 이어나갈 수밖에 없다. 빚이 갚아지기는커녕 계속 쌓이게 된다. 결국 빚에 치어 죽게 된다. '살리는' 금융이 아니라 '죽이는' 금융으로 돌변하고 만다. 대출 기간을 장기로 운영하고 원리금 동시 상환 방식으로 바꿔야 하는 절박하고 현실적 이유다.

금융회사가 이를 모를 리 없다. 필요성을 알지만 되레 악용하는 형국이다. 만기를 단기로 운용해야 교섭력이 약한 금융소비자를 요리하기 편해서다. '갑'으로서의 권리행사가 쉬워진다. 만기 연장을 무기로 금리 인상, 예·적·연금 권유, 보험과 파생상품 등 고수익 상품 강매가 가능하다. 돈 빌리는 기업이나 가계에도 문제가 없는 것은 아니다. 우선 먹기는 곶감이 달다고, 원리금 동시 상환보다 이자만 내는 대출 방식을 선호한다. 도무지 빚을 무서워하지 않는다.

성장단계별 지원도 겉치레에 그친다. 립서비스 수준에 머문다. 창업기업 지원을 투자 중심이 아닌 대출 위주로 하고 있다. 금융원리에 반하는 어이없는 행태다. 대출은 기표하는 날부터 이자가 발생한다. 수익성이 낮은 창업기업에게는 부담이다. 빚을 내서 빚을 갚아야 한다. 스타트업이 직면하는 '죽음의 계곡(death valley)'을 넘기 힘들다. 창업 초기의 최대 실패 요인이다. 거창해야만 해법이 되는 건 아니다. 작은 것도 얼마든지 유효한 방책이 될 수 있다. 지금은 홈런보다 안타가 절실한 때다.

03

파생상품 사고,
언제든 재발한다

무능 은행, 무식 직원, 무지 고객, 무리 상품의 '4무(無) 합작품'
약관 쉽게 만들고, 교육 지원 강화해야

수학을 잘하려면 국어를 잘해야 한다.

어떻게 하면 수학 공부를 잘할 수 있는지를 묻는 말에 대한 전문
가의 답변이다. 모든 과목이 그렇지만, 특히 수학은 질문의 의도를
정확히 파악하는 것이 필수적이라는 비유적 설명이다. 실제로 수
학에서 정답을 구하려면 맨 먼저 문제 내용을 이해하고 그에 맞춰

220

계산을 하는 것이 바르고 빠른 길이다. 질문 내용을 이해하지 못해 방향 설정이 잘못되면 아무리 계산을 잘해도 답을 구할 수 없다.

알고 보면 별거 아닌 듯싶지만 정곡을 찌르는 해법이다. 곱씹어 볼수록 시사하는 바가 크다. 어리석은 질문에 대한 현명한 답변, 우문현답이 아닐 수 없다. 이런 간단한 사실을 간과함으로써 수학이 어렵게 느껴지고 실력 향상이 어려워진다는 얘기다. 결국 글을 읽고 이해하는 능력, 문해력(文解力)이 문제 해결의 핵심 열쇠인 셈이다.

OECD(경제협력개발기구)가 내놓은 문해력 보고서는 충격이다. 가맹국 중 일본이 압도적 1위다. 2위 핀란드, 3위 네덜란드가 그 뒤를 따르고 있다. 한국은 평균치보다도 낮은 10위에 그친다. 게다가 고급 문서의 해독력은 꼴찌권(圈)이다. 문해력의 취약성은 '실질 문맹'으로 정의된다. 문장 속 단어는 모르는 게 없는데, 문장의 의미를 이해하지 못하는 정도를 나타낸다. 우리나라의 실질 문맹률은 75%로 조사되었다.

'낫 놓고 기역 자'는 누구나 읽을 수 있다. 하지만 낫에 관한 설명서를 읽고 낫을 어디에 어떻게 써야 할지 모르는 사람이 100명 중 75명이나 된다는 얘기다. 세계 최저 수준의 문맹률을 자랑하는 대한민국의 실질 문맹률이 75%라니, 믿기지 않는다. 초등학교부터 대학까지 열심히 공부하며 노력한 결과가 '문맹'이라니. 어이가 없다. 원인이 무엇일까?

한국 문해력 OECD 하위, 고급 문서 해독력 꼴찌권
문맹률 최저국의 실질 문맹률이 75%?

한글 전용에 따른 역기능을 지적하는 의견이 많다. 우리말은 한글과 한자어가 함께 사용되어야 정상적 기능이 발휘되는 언어 구조다. 1990년대 후반부터 한글 전용이 보편화됨에 따라 한자어가 모두 한글로 표기되면서 문해력 저하 현상이 심화되고 있다. 그 불편함이 커지고 일상화되면서 국민의 삶에 미치는 영향이 작지 않다.

'삼성전자 52주 신고가'라는 기사 제목을 예로 들어보자. 주식에 관심이 없는 사람은 '52주 만에 새롭게 기록한 최고 가격(新高價)'이라는 뜻을 이해하지 못할 수 있다. '52주'가 무엇을 의미하는지도 모호하다. '주'가 주식의 주(株)인지, 주간을 뜻하는 주(週)인지 분별하기 어렵기 때문이다. '삼성전자가 52개 주식을 신고한 가격'이라는 엉뚱한 해석이 나오지 않으리란 보장이 없다.

단어를 발음대로 적는 풍조 역시 문장 이해를 어렵게 하는 요인 중의 하나다. 휴대전화를 통해 '추카추카', '방가방가' 등의 문자 메시지를 자주 접하게 된다. 친밀감을 느낄 수 있어 좋기는 하나 혼란스럽기도 하다. 무례하게 느껴져 기분이 상하는 경우도 없지 않다. '길똥'이라 문자를 보고 '길바닥 똥'으로 생각하는 등 보낸 사람의 의미가 제대로 전달되지 않아 쓸데없는 오해와 불편이 생길 수 있다.

불상한 경제,
눈감은 정치

주어, 동사, 목적어 등 형식을 갖춘 글도 지나치게 생략하면 그릇되게 해석될 수 있다. 무분별한 외래어 남용과 부적절한 용어 번역도 이해력 악화의 단초가 되기도 한다. 특히 금융 관련 약관이나 안내서는 난해하기 짝이 없다. 깨알 같은 글씨에 듣도 보도 못한 전문 용어로 도배되어 있다. 약자로 표기된 부분도 많다. 꼼꼼히 읽어도 알아차리기 힘들다. 국제 신용평가 기관인 S&P가 조사한 한국의 기본 금융 지식 보유율은 144개국 중 77위에 불과하다. 우간다보다도 낮다.

한글 전용, 발음대로 표기, 약자 사용, 외래어 남용, 부적절한 번역 등 문해력 저해 주범

그러니 사고가 터질 수밖에. 해외 금리와 연계한 파생결합상품 (DLS, DLF) 문제가 불거졌다. 금리가 만기까지 처음 약정한 설정 기준 이상으로 유지될 경우 연 3~4%의 수익률이 보장된다. 하지만 기준치 이하로 떨어질 경우 하락 폭에 따라 대규모 원금손실 가능성이 있다. 최악의 경우 원금 모두를 날릴 수 있다.

우리은행에서 독일 국채 금리연계 DLS인 최소 1억 원 이상 사모펀드를 판매했다. 이 상품은 만기 평가일에 독일 국채 금리가 -0.3% 아래로 떨어지지 않으면 약속한 금리를 받을 수 있지만 -0.6% 아래로 하락하면 원금을 잃는 구조였다. 결국 만기일에 금리는 하락했고 투자자는 큰 손실을 보았다. KEB하나은행이 판매한 DLF 경우 미국과 영국 이자율스와프(CMS) 금리와 연계한 상품으로 첫 만기일에 손실률 46.1%를 보였다.

파생상품. 용어부터 괴상하다. '외환, 채권, 주식, 농산물, 금속, 원유 등과 같은 여러 가지의 형태의 기초자산(underlying assets)으로부터 파생되는 금융상의 계약형태'라는 정의다. 제목보다 설명이 더 어렵다. 이를 제대로 이해할 사람이 과연 몇 명이나 되겠는가. 금융업 종사자조차 상당한 학습을 해야 알 수 있는 내용이다. 그런 전문적 내용을 은행 창구 직원이 온전히 이해하는 것을 기대하기는 어렵다. 그런 직원의 말만 믿고 투자한 고객의 책임도 작지 않다.

무능한 은행이 무식한 직원을 통해 무지한 고객에게 무리하게 설계된 상품을 판매한 격이다. 그야말로 4무(無) 파생결합상품이라 칭할 만하다. 금융은 소통이 전부라 해도 과언이 아니다. 그런 점에서 파생상품 사고는 문해력 실패에 기인하는 바가 크다. 금융 관련 약관과 안내서를 알기 쉽게, 외래 용어는 눈높이에 맞게 정비를 서둘러야 한다. 상품 위험관리와 금융소비자 교육도 한층 강화해야 한다. 이런 노력이 없으면 사고는 언제든 재발하고 만다.

불상한 경제,
눈감은 정치

금융산업 실적잔치, 좋아하지 못하는 이유

**'우물 안 개구리' 한국 금융,
해외 진출, 수익원 다각화, 선진화로 수익성·효율성 제고 시급**

　한국 금융사전에는 '불황'이 없다. 금융산업이 역대급 호황이다. 성과가 눈부시다. 신기록 갱신이 거듭돼 왔다. 2019년도 예외는 아니다. 4대 금융지주가 하나같이 '실적 잔치'다. 금융정보업체 에프앤가이드에 따르면, 신한·KB·하나·우리 등 4대 금융지주는 2019년 11조 2,726억 원의 순이익을 기록할 것으로 예측된다. 그 전년도 순이익 10조 4,704억 원 대비 7.7% 증가한 규모다.

금융공급자는 호황인데 금융소비자는 불황이다. 극명한 대조다. 상당수 기업이 실적 부진에 시달린다. 가계 부문도 고전의 연속이다. 소득감소와 고(高)부채에 허덕인다. 상장 기업들도 힘들다. 2019년 상반기 중 주요 기업들의 영업이익은 지난해 같은 기간 대비 36.9% 감소했다. 정보기술(IT)과 전자를 비롯한 에너지·화학, 철강, 제약 등 주요 제조업의 수익성이 급락했다. 자동차·조선업에서의 선방에 그나마 위안을 삼아야 했다.

중소기업의 사정은 한층 더 절박하다. 말로 형언하기 힘들 정도다. 원가상승, 판매부진, 인력난, 자금난으로 애를 먹고 있다. 도산의 막다른 골목으로 내몰리는 기업이 늘고 있다. 워크아웃이나 기업회생절차 신청기업이 급증하는 이유다. 기업회생절차를 신청한 기업이 매년 30% 이상 늘어나면서 올해는 그 수가 1,000건이 넘을 것이라는 추정이 나온다.

가계 부문도 어렵기는 마찬가지다. 가계부채 규모가 국내총생산(GDP)에 육박한다. 증가 속도가 가파르다. 국제결제은행(BIS) 발표에 따르면, 지난해 말 GDP 대비 가계부채 비율이 99.3%까지 치솟았다. 조사 대상 43개 주요국 가운데 중국과 칠레에 이어 세 번째다. 소득대비 빚 상환 부담도 늘고 있다. 총부채원리금상환비율(DSR)은 12.7%로, 자료가 집계된 17개국 중 6위, 상승률은 1위를 기록했다.

불쌍한 경제,
눈감은 정치

금융공급자는 '호황', 금융소비자 '불황', 금융경쟁력 '뒷걸음' 어째서 이런 결과가 나온 걸까?

국제금융경쟁력마저 뒷걸음질이다. 서울의 국제금융 경쟁력이 4년 새 6위에서 36위로 급전직하했다. 제2금융중심지가 조성된 부산도 같은 기간 24위에서 46위로 곤두박질쳤다. 영국계 컨설팅 그룹 지/엔(Z/Yen)의 '국제금융센터지수(GFCI) 25호' 보고서에 나타난 결과다. 2019년 3월 기준으로 서울의 순위를 전체 112개 도시 가운데 36위로 평가했다. 33위를 기록한 2018년 9월 조사 때보다 세 계단 내려간 것이다. 1위는 미국 뉴욕이 차지했고 영국 런던이 2위로 뒤를 이었다. 3위는 홍콩, 4위는 싱가포르, 5위는 중국 상하이, 6위는 일본 도쿄였다. 1~6위까지는 순위 변동이 없었다.

앞으로가 더 걱정이다. 은행업 전망이 그다지 밝지 않아서다. 글로벌 무역분쟁 장기화로 경기 둔화 흐름이 지속되는 가운데 저금리 기조가 이어지면서 순이자마진(NIM) 하락세가 두드러질 것이다. NIM 하락은 수익성 악화를 의미한다. 가계부채, 부동산시장 안정화 정책 등 연이은 규제로 대출 성장세가 둔화될 것으로 예측된다. 특히 정부가 은행의 핵심 여신사업인 가계대출을 더 옥죌 것으로 예상되는 만큼 이자 이익 감소가 불가피할 전망이다.

대내외 환경이 힘든 데도 금융산업만 '나 홀로' 호황을 구가할 수 있는 건 무슨 연유일까. 경쟁력에 기초한 노력의 대가일까. 아니면 힘없는 소비자와의 불공정거래의 산물일까. 혹시라도 후자로 해석될까 봐서인지 은행들의 대응이 선제적이다. 금융지주사는 최대 실적을 냈으나, 최대 계열사인 은행은 순이자마진 하락으로 수익성이 되레 하락했다는 변명을 하고 싶은 눈치다.

우연의 일치일지 모르나, 하나금융경영연구소가 은행업의 전망보고서를 때맞춰 펴냈다. "시장금리가 하락하는데도 새 예대율 적용에 따른 은행 예금유치 경쟁 때문에 조달금리 하락 폭이 축소됐다"는 진단 내용을 담고 있다. 틀린 말은 아니다. 다만, 순이자마진이 하락한 사실만으로 은행의 호(好)실적을 비호하기엔 역부족이다. 논리가 옹색하다.

순이자마진 하락, 최근 금리 하락의 결과
은행 호(好)실적 비호하기엔 논리 옹색

은행의 순이자마진은 최근 몇 년간 금리 상승과 대출수요 증가에 힘입어 크게 올랐다. 금융감독원에 따르면, 국내 은행 전체의 순이자마진은 2016년 1.55%에서 2017년 1.63%로 상승했다. 2018년에는 1.67%로 더 뛰었다. 그 후 상승세가 꺾여 2019년 11월 말 기준 1.56%로 떨어졌다. 2008년 12월 이후 최저 수준을 기록했다. 이는 은행이 자기 이익을 줄여서가 아니다. 시장금리가 계속 떨어지고 있는데 따른 결과다. 미국 연방준비제도(Fed)가 통화 완화 기조로

불쌍한 경제,
눈감은 정치

돌아섰고, 한국은행도 계속 기준금리를 내리고 있기 때문이다.

다시 말해서 은행의 수신·대출금리가 모두 떨어지면서 순이자마진이 낮아진 것이다. 순이자마진은 이자수익 자산의 단위당 이익률을 의미한다. 이자수익에서 조달비용을 뺀 것을 이자수익 자산으로 나눈 값이다. 비용을 고려하지 않고 단순히 대출 금리와 수신 금리의 차이만을 계산함으로써 은행의 수익성과 경영효율성을 판단하는 데는 충분하지 못한 한계가 있기는 하다.

현상 속에 답이 있다. 지금 하는 것과 정반대로 하면 된다. 국내 소비자를 상대로 담보대출 위주로, 그것도 높은 예대마진에 의존하는 낡은 수익구조를 서둘러 바꿔야 한다. 뒤집어 말하면, 해외시장으로 눈을 돌리고, 대출 중심에서 수수료 비중 확대 등으로 수익원 다각화에 힘써야 한다. 아울러 금융기법 선진화, 신용평가 및 위험관리 역량 강화로 수익성과 효율성을 높여가야 한다. 한국 금융이 지향할 미래 좌표이자 번영의 활로다.

글로벌화 금융환경하에서 한국 금융이 언제까지 우물 안 개구리로 살아가기 어렵다. 잔칫날 잔치 기분을 제대로 못 내는 현실도 이와 무관치 않아 보인다. 정부도 힘을 보태야 한다. 금융산업의 축적된 잠재 역량이 십분 발휘되도록 규제 혁파, 제도 혁신, 인프라 강화로 후원해야 한다. 금후 대한민국 금융이 활개 치며 나아갈 세상은 넓고 할 일도 많다. 모든 것이 마음먹기에 달렸다.

05

'이자 장사' 한국 금융,
중세만도 못하다

**| 글로벌 경쟁 속 우리나라 은행들만 '두문불출'
| 한국 경제 첨병으로 나설 절호의 기회**

　경제는 불황인데 금융은 호황이다. 은행들마다 '즐거운 비명'이
다. 국내 주요 시중은행 8곳의 2019년 4분기 합산 순이익은 2조
4,000억 원으로 전망된다. 대체로 양호한 수준이라는 평가다. 통
상 4분기는 희망퇴직, 성과급 초과분 지급, 계절성 물건비 및 충
당금 지출로 전분기 대비로는 부진한 경향이 있는데도 말이다.
반대로 기업들은 '죽을 맛'이다. 2019년 코스피 주요 상장사의 영

불쌍한 경제,
눈감은 정치

업이익이 전년보다 44.59% 줄었다는 분석이 나왔다.

'손쉽게' 돈 버는 은행과 '힘겹게' 버티는 기업의 모습이 극명한 대조를 이룬다. 은행의 호실적을 나무랄 순 없다. 실물경제가 힘들다고 은행까지 어려워져야 할 이유는 없다. 은행이라도 형편이 좋은 게 그나마 다행일 수 있다. 빚에 허덕이는 서민이나 기업들을 상대로 예금이자와 대출금리의 차이로 고수익을 올리는 행태가 문제일 뿐이다. 특히 총수익의 80% 이상을 '이자 장사'로 벌어들이고 있다.

대출 금리는 재빨리 많이 올리면서, 예금 금리는 뒤늦게 찔끔찔끔 인상한다. 은행들의 얄미운 고전적인 수법이다. 이에 대한 지적이 그간 수도 없이 있었으나 개선은커녕 악화되는 추세다. 2019년 이후 은행의 예대마진이 축소되고는 있으나, 이는 은행의 노력이라기보다 한국은행이 기준금리를 지속적으로 내리고 있는 것에 기인한다.

대출 금리를 상습적으로 부당하게 올려 징수해 온 은행들도 없지 않았다. 가산금리 산정에서 대출자 소득을 누락하는 등 금리를 조작해 온 만행이 만천하에 드러나기도 했다. 가계대출 규모는 어느새 1,550조 원을 넘어선 것으로 나타났다. 금리가 0.1%포인트만 올라도 1조 5,500억 원의 추가 부담을 져야 한다. 예삿일이 아니다.

얄미운 은행들
대출 금리는 '재빨리, 많이', 예금 금리는 '뒤늦게, 찔끔'

금융산업에 대한 과보호가 문제다. 국내 은행들은 은행업 면허라는 높은 진입장벽 덕분에 안주할 수 있었다. 대표적인 독과점 내수산업으로서 사실상 경쟁의 무풍지대를 살아왔다. 우연의 일치일까? '은행(bank)'의 어원이 11세기 이탈리아의 환전상이 달랑긴 탁자(banka) 하나 놓고 장사한 데서 유래되어서인지, 국내 은행들은 그간 전국 어디서나 가게만 열면 큰 힘 안 들이고도 수익 창출이 가능했다.

'이자 장사'만으로는 경쟁력을 보전할 수 있던 호시절은 끝났다. 부실한 비즈니스 모델로는 금융환경이 조금만 어려워져도 버텨내기조차 힘들다. 정부가 9·13 부동산 대책 이후 18차례에 걸쳐 대출규제의 고삐를 죄자 은행마다 수익성 확보에 비상이 걸려 있는 현 상황이 이를 잘 설명한다. 수익 다변화를 촉구하는 경종(警鐘) 소리를 흘려들었다간 금융산업의 종말을 알리는 조종(弔鐘)이 될 수 있다. 선진국처럼 은행 총수익에서 이자수익과 비이자수익이 차지하는 비중이 적어도 5대 5 수준까지는 내려가야 한다.

해외 진출을 통한 사업 다각화 노력도 긴요하다. 본디 은행업은 국제간 거래에서 시작되었다. 중세에는 베네치아, 제노바 등 이탈리아 큰 도시마다 정기시(定期市)가 들어섰고, 시장에는 원거리 무역상을 상대로 환전을 해 주고 어음과 신용장을 취급하는 뱅커(banka)들이 있었다. '은행(銀行)'이라는 말도 중국의 상인 길드인 '행(行)'이 원거리 무역에 '은(銀)'을 사용했고, 이 행이 금융업의 주체가 되면서 유래되었다. 금융 국제화는 피하기 힘든 대세가 된 지 오래다.

대출 금리에 비해 예금 금리를 현저히 낮게 책정하는 못된 관행도 손봐야 한다. 지금처럼 은행이 금리를 결정하는 구조에서는 예금자에게 불리한 결정이 불가피하다. 불공정거래의 소지가 다분하다. 경영혁신, 구조조정 등의 자구노력은 등한시한 채 은행이 자기 몫부터 챙기게 되면 합리적 금리 결정은 무망한 기대에 불과하다. 판매자 시장(seller's market)에서 소비자는 속수무책이 된다. 푸대접과 무대접을 감수해야 한다.

비(非)이자수익 비중 늘리고
해외 진출 통한 사업 다각화 노력도 긴요

대한민국에서 금융소비자는 소비자도 아니다. 중세의 예금주만도 못하다는 지적이다. 당시 예금자들은 환전상에게 돈을 맡기고 대신 보관증서를 받았다. 간혹 증서를 제시해도 돈이 없어 돌려받지 못하는 경우가 생겼다. 그럴 때 화가 난 예금주들은 탁자를 부수며 난동을 피웠다. 바로 그 부서진 탁자(bankorotto)에서 '파산(bankrupcy)'의 용어가 탄생했다. 한국 금융소비자들은 그런 항의조차 하지 못하는 딱한 처지에 놓여있다.

한국 경제가 어렵다. 저출산·고령화가 심화되면서 성장잠재력이 급전직하다. 경제의 버팀목이었던 반도체 호황도 저무는 기색이 엿보인다. 마땅히 대체할만한 미래 먹거리가 안 보인다. 주력 산업은 후발 개도국들의 추격에 따라잡혀 경쟁력을 잃고 있다. 새로운 미래 산업의 발굴은 오리무중이다. 인공지능(AI), 사물인터넷, 생명과학 등과 같은 4차 산업혁명 분야에서도 중국에도 뒤처진다는 비보가 잇따른다.

국내 은행도 지금처럼 살아갈 수 없다. 언제까지고 비좁은 내수 시장에서 정부 보호나 받으며 예대마진으로 연명하기 어렵다. 기업들은 글로벌 경쟁에 한창인데 은행들만 두문불출 안방 사수는 더 이상 곤란하다. 시대착오적 행태다. 작금의 위기 국면은 금융산업이 한국 경제의 첨병으로 나설 절호의 기회일지 모른다.

그럴만한 능력도 충분하다. 최우수 인적자원이 금융권에 쏠려 있다. 한동안 전대미문의 흑자시현으로 자본력도 탄탄한 편이다. 금융 기법이나 노하우 역시 그 정도면 쓸 만하다. 국가의 장래를 책임질 신성장산업으로 손색이 없다. 의지와 결단만 남아 있는 셈이다. 대한민국 금융산업이 국내외에서 발군의 기량을 뽐낼 그날이 언제쯤일까 기다려진다. 국민도 한마음일 것이다.

06

예고된 관치 금융의
비극

| 제로페이 활성화 좋으나 신용카드 차별 곤란
| 다양한 결제방식, 치열한 경쟁이 순리

정부의 제로페이 사랑이 유별나다. 제로페이는 자영업자의 카드 수수료 부담을 '제로(0)' 수준으로 줄여주는 모바일 간편결제 서비스다. 스마트폰으로 QR 코드를 찍으면 소비자 계좌에서 판매자 계좌로 돈이 이체되는 결제방식이다. 참여 은행들이 계좌이체 수수료를 면제해 주고, 플랫폼 사업자도 결제 수수료를 받지 않기로 하면서 가맹점의 수수료 부담을 크게 낮출 수 있다.

2018년 12월 20일에 시범 서비스가 시작되었고, 이듬해 1월 28일부터 전국을 대상으로 확대·시행되고 있다. 중국의 영향이 컸다. 지난해 중국의 모바일 결제 규모는 전체 결제액의 60%를 넘었다. 총 109조 위안 규모로 우리 돈으로 치면 1경 7,800조 원에 달한다, 미국에 비해서도 80배를 넘는다. 중국에서는 모바일 결제 없이는 기본 생활이 불가능할 정도다.

중국의 알리페이와 위챗페이는 온·오프라인 쇼핑몰은 물론 택시, 시장, 길거리 노점상에서도 통용된다. 한국, 일본 등 해외에서도 사용 가능한 상점이 적지 않다. 중국에서 모바일 경제가 활성화된 배경은 크게 두 가지다. 중국은 넓은 대륙 국가로 신용카드 결제 유선망 구축에 한계가 있을 수밖에 없었다. 이에 현금에서 카드로 이행한 우리나라와 달리 현금에서 QR코드로 바로 넘어와 모바일 결제가 빠르게 정착할 수 있었다.

중국에서는 잘되는 제도가 한국에서는 예상 밖 고전이다. 초기이기는 하나 아직까지 소비자로부터 외면당하고 있다. 국민의 70% 이상이 신용카드를 사용하는 상황에서 제로페이로의 이행이 쉬울 리 없다. 연말정산 소득공제율 40%가 적용된다고 알려져 기대를 모았으나 국회에서 발목이 잡혔다. 30%로 낮아져 체크카드나 지역 화폐와 차이가 없게 되었다. 초조해진 정부와 지자체가 제로페이 부양에 올인하는 모양새다.

불쌍한 경제,
눈감은 정치

정부의 유별난 제로페이 지원
소득공제 혜택 폐지·축소하면 근로자들에겐 '사실상 증세'

정부가 신용카드 소득공제 축소 카드를 만지작거렸다. 직접적 이해 당사자인 카드 업계의 반발이 당연히 거셌다. 직불카드나 페이, 현금영수증은 가만 놔두면서 유독 신용카드 공제율만 낮추려는 의도를 이해하기 힘들다는 불만을 제기했다. 가맹점 수수료 인하로 부가서비스 축소가 불가피한 상황에서 소득공제마저 줄어들 경우 카드사용 위축을 넘어 업계의 존립까지 위태롭다는 비명이었다.

급여생활자도 불만을 표했다. '13월의 보너스'라고 불릴 정도로 직장인의 세 부담 경감에 기여해 온 소득공제 혜택이 폐지·축소될 경우 신용카드를 주로 사용하는 근로자의 세 부담이 늘어나 '사실상 증세'라는 이유에서였다. 현금이나 예금이 없어 신용카드를 이용하는 경우 현금이나 예금 보유자에 비해 불리해진다. 실제로 연말정산 환급금 중 소득공제로 감면받은 세금이 절반을 차지한다. 당황한 경제부총리가 검토 사실이 없음을 밝히며 사태가 일단락되었으나 뒷맛이 개운치 않다.

어쨌든 제로페이의 사용편익 증진과 대상 확대에 정부와 지자체들이 팔소매를 걷어붙이고 있다. 관련 예산을 대폭 늘려 잡고 있다. 포스 연동시스템을 개발해 가맹점을 더 늘리고, 제로페이 포인트로 온누리상품권과 지역상품권을 구매할 수 있도록 지원

한다. 제로페이를 통해 공용주차장, 문화시설과 같은 공공시설의 이용료 할인도 추진한다.

'모바일 티머니' 애플리케이션을 통해 제로페이를 사용하면 결제액 1~2%를 'T-마일리지'로 돌려준다. 아파트 관리비와 전기요금, 지방세, 범칙금 등을 제로페이로 납부할 수 있는 방안도 시행한다. 6대 편의점에서 제로페이 사용을 가능하도록 했다. 프랜차이즈와 골목상권도 가맹 등록을 추진, 결제 환경을 획기적으로 개선할 복안을 갖고 있다.

민간 결제시장에 정부의 개입, 경쟁 곤란
카드 업계의 자구노력과 자생능력 배양도 긴요

제로페이 활성화 취지에 충분히 공감한다. 그렇다고 카드 업계에 대한 역차별은 곤란하다. 소득공제 혜택을 신용카드는 줄이고 제로페이만 늘리려는 시도는 온당치 못하다. 그것도 국민 혈세까지 동원해가며. 제로페이에만 힘을 실어주면 형평성 논란은 불을 보듯 뻔하다. '신용카드 죽이기'를 담보로 '제로페이 살리기'는 안 된다. 한쪽을 살리려고 다른 쪽을 희생시키는 것은 시장경쟁 질서를 좀먹는 해악이다.

민간이 주도하고 있는 결제시장에 정부가 뛰어들어 경쟁을 벌이는 것 자체가 어불성설이다. 과도한 정부 개입은 비효율 발효의

238

가장 강력한 효모다. '관치의 비극'이라는 말이 그래서 나온다. 행정의 공공성과 금융의 시장성을 혼동하면 안 된다. 다양한 결제 방식이 시장에서 자유롭게 경쟁하게 하는 것이 순리다. 선택과 판단은 소비자의 몫이다. 막대한 재정과 행정력을 집중시켜 단기적 성과에 집착할 경우 부작용과 실수가 뒤따르게 마련이다.

신용카드 업계의 자성도 요구된다. 언제까지 과표 양성화 취지에서 도입된 소득공제에 기대 연명해 나갈 수 없다. 1999년 제도가 시행된 지도 어언 20년이 지났다. 지난해까지 9차례 연장돼 2022년 말 일몰을 앞두고 있다. 더 이상의 연장은 몰염치한 기대일 수 있다. 솔직히 그만하면 혜택을 누릴 만큼 누렸다. 이제는 환골탈태의 자구노력과 함께 자생능력을 끌어올려야 할 때다.

희망이 없는 것도 아니다. 제로페이가 신용카드를 대체하기는 현실적으로 불가능하다. 현금이 없어도 결제할 수 있는 외상거래의 편의성은 간편결제 서비스가 넘볼 수 없는 신용카드 고유의 영역이다. 개개인의 결제 습관을 바꾸는 것도 생각만큼 쉽지 않다. 다만, 앞으로 모바일 간편결제 서비스가 보편화될 것은 분명해 보인다. 결국 신용카드와 간편결제 서비스 공히 치열한 경쟁 속에서 살아남는 수밖에 없다. 아지매 떡도 싸고 맛있어야 사 먹는다.

07

지금까지
이런 금융은 없었다

| 금융이 건강해야 실물경제 제대로 뒷받침
| 긴요한 건 '혁신 강요'보다 '규제 개혁'

금융위원회가 모처럼 크게 한 건 했다. 지난해 기업금융을 주
제로 대통령 주재 하에 혁신금융 비전 선포식을 가졌다. 2008년
부처가 발족되고 나서 처음 있는 일이다. 금융의 패러다임을 가
계 금융과 부동산 담보 위주에서 미래성장성과 자본시장 중심으
로 전환하겠다는 계획이다. 위험을 공유하고 혁신성장을 이끄는
금융생태계를 조성하겠다는 의지다.

불쌍한 경제,
눈감은 정치

대출, 자본시장, 정책자금 등 분야별로 맞춤형 정책과제를 조목조목 제시했다. 현장 방문을 통해 스타트업, 벤처기업, 주력산업 등에서 수렴된 생생한 의견을 참고했다니 더 믿음이 간다. 기업여신시스템 혁신은 그중 압권이다. 3년 동안 연차적으로 추진된다. 우선 첫해 안에 일괄담보 관행을 정착시키는 계획을 세웠다. 부동산 담보 위주의 대출 관행을 다양한 동산자산 일괄담보 대출로 바꾼다.

2단계로 2년차 말까지는 미래 성장성·수익성 평가 인프라를 마련하고 과거 매출액 등 성과 위주의 신용평가에서 기업경쟁력, 상거래정보 등도 평가 대상에 포함시킨다. 마지막 3단계로 2021년까지 포괄적 상환능력 평가시스템을 구축하고 모든 자산, 기술력, 영업력 등을 종합 평가하는 체제를 갖추게 된다. 이를 통해 향후 3년간 혁신 중소·중견기업에 100조 원의 자금이 공급된다. 기술금융 90조 원, 일괄담보대출 6조 원, 성장성 기반 대출 4조 원이 세부 목표다.

금융을 기업의 동반자로 인식, 혁신성장을 통해 기업과 금융산업이 함께 가는 비전에 공감하지 않을 사람은 없다. 금융위원장의 말마따나 혁신성장을 뒷받침하기 위해서는 금융도 혁신되는 게 당연하다. 기술혁신을 선도하고 위험을 분산·공유하는 금융시스템을 구축, 기업의 도전을 응원하고 실패를 용인하는 문화가 하루속히 뿌리 내려야 한다.

금융위원회, 혁신금융 추진 의욕적
'기업여신시스템 혁신' 3개년 계획은 그중 압권

　기대가 크나 솔직히 걱정도 따른다. 실행력을 높일 만한 유인책이 약한 것이 우선 마음에 걸린다. 고작 인센티브로 거론되는 것이 취급지에 대한 면책조치 정도다. 금융회사가 혁신산업을 지원하며 발생한 손해에 대해서는 해당 임직원의 고의, 중과실에 의한 것이 아니면 면책하겠다는 대통령의 공언이다. 세심한 배려이기는 하나 성과가 제대로 발휘될지 의문이다.

　면책조치는 이번이 처음은 아니다. 외환위기 당시에도 동원했던 방식이다. 효과가 거의 없었다. 이번에는 대통령이 직접 당부한 터라 혁신 지원에 따른 감사 지적은 없을 걸로 보인다. 하지만 그것만으로 안심하기 힘들다. 과거의 예로 보아, 면책사항에 대한 지적은 면할 수 있으나, 다른 쪽에서 지적될 가능성은 되레 커질 수 있다. 풍선효과가 걱정된다. 일단 감사가 나오면 뭔가는 지적해 가려는 적발 위주의 감독 관행 탓이다. 이 버릇부터 뜯어고쳐야 한다.

　금융회사 건전성 악화도 염두에 둬야 한다. 기업대출 늘리기와 일자리 만들기를 지나치게 강요할 경우 금융건전성 훼손은 필연적이다. 금융산업의 취약점을 제대로 살피지 못하고 무리하게 기업 지원에 나설 경우 동반부실을 면하기 어렵다. 그러다 생기는 부실의 최종 책임은 오롯이 국민 몫이 된다. IMF 외환위기 당시

불상한 경제,
눈감은 정치

금융회사 부실로 천문학적 규모의 공적자금이 투입된 전례를 반복해선 안 된다. 그저 노파심에서 하는 말이 아니다.

사소한 얘기일지 모르나 용어 선택에도 신중을 기할 필요가 있다. 말이라고 다 같은 말이 아니다. '혁신금융'의 의미 자체가 모호하다. 오해를 살 소지가 다분하다. '금융산업을 혁신하겠다는 것인지', 아니면 '혁신금융을 공급하겠다는 것인지' 가늠하기 어렵다. 실제로 이 용어를 두고 언론에서도 혼란이 빚어졌다. 행사 3일 전 갑작스런 통보에 '혁신금융'의 실체가 무엇인지 어리둥절했다.

기업대출 늘리기 강요, 금융사 건전성 훼손
금융산업에 대한 고리타분한 인식 바꿔야

'묵은 조직이나 제도·풍습·방식 등을 바꾸어 새롭게 하는 일'이라는 사전적 의미에 따라 금융산업에 대한 규제개혁이 발표될 것으로 다들 짐작했다. 혁신금융의 정의를 묻는 기자의 질문에 금융위원회 간부의 답변도 엉뚱했다. '혁신금융이란 혁신성장을 지원하는 금융'이라는 얼토당토않은 작위적 정의를 내린 것이다. 솔직히 누가 봐도 '혁신금융'보다는 '혁신성장 금융지원 방안'의 표현이 적절했다.

금융산업에 대한 고리타분한 인식이 문제다. 아직도 금융을 독자적 산업으로 이해하지 못하고 있다. 실물경제를 뒷받침하는 지원 부문쯤으로 가볍게 여기는 경향이다. 그렇다고 한국 금융산업이 어디 체질이나 강한가. 서울의 국제금융경쟁력 순위는 36위에 불과하다. 부산은 이보다 더 낮은 46위다. 그러고도 제3금융중심지를 만들려는 어이없는 일이 벌어지고 있다. 작금의 금융권 사상 최대의 흑자 행진도 알고 보면 사상누각에 불과하다. 예대금리 차이에 따른 이자이익 확대 덕분이다.

아생연후살타(我生然後殺他)라 했다. 바둑 격언 중의 하나다. 먼저 내 말이 산 뒤에야 상대방 말을 잡을 수 있다는 의미다. 금융정책 수립에서도 금과옥조로 삼아야 할 가르침이 아닐 수 없다. 경제의 혈맥인 금융산업이 건강해야 실물경제도 든든히 뒷받침할 수 있다. 다정도 병이라고, 혁신도 지나치면 관치가 된다. 관치가 도지면 나라가 흔들린다. 망국병으로 번진다.

국내 금융산업은 큰 변화의 기로에 서 있다. 글로벌화의 진전과 디지털 기술의 발전 등으로 생사를 걱정해야 할 처지에 몰려 있다. 수익성 개선과 경쟁력 강화에 한눈팔지 않고 전력을 기울여도 모자랄 판이다. 지금 대한민국 금융산업에 가장 필요한 것은 '혁신 강요'가 아니라, '규제 개혁'일 수 있다.

08
어이없는 발상,
산업은행 지방 이전

| 국책은행 특성 무시한 이전, 정책금융 기능 훼손
| 금융은 집중화 통해 경쟁력 생겨

선거철만 되면 으레 나오는 애기 중의 하나가 국책은행 지방 이전이다. 그간에도 부산과 전라북도 지역 의원들이 균형발전을 명분으로 산업은행과 수출입은행 등의 본점을 자기 지역으로 옮기려 했다. 경쟁적으로 입법 발의에 나서기도 했다. 부산은 그동안 '제2금융중심지'로 추진되어 왔고, 전라북도는 지난 대선 때 문재인 대통령이 '제3금융중심지' 조성을 약속했던 곳이다.

지역 민심을 의식할 수밖에 없는 정치인이나 자치단체장의 입장을 이해하지 못하는 바는 아니다. 그렇더라도 지역이기를 균형 발전으로 포장하는 것은 온당치 못한 처사다. 1차 공공기관 지방 이전 당시 서울 존치로 결론 난 사안을 자꾸 거론하는 저의가 의심스럽다. 혹시라도 올해 총선을 의식한 것이라면 국민을 얕보는 행동이다. 다른 지역들도 마음이 없어 가만히 있는 게 아니다.

국책은행의 역할과 특성을 무시한 지방 이전은 정책금융 기능을 훼손할 소지가 다분하다. 금융은 집중화를 통해 경쟁력이 창출되는 속성이 있다. 주요 선진 금융사들도 대도시에 모여 시너지를 내고 있다. 런던의 씨티 오브 런던이나 뉴욕의 월스트리트가 그 대표적 사례다. 일본이나 홍콩만 하더라도 금융사들의 지리적 밀집도가 높다.

한국 금융은 도쿄, 싱가포르, 홍콩 등 아시아 금융권에 비해서도 낙후되었다는 평가를 받는다. 이런 마당에 제2, 제3의 금융중심지를 조성한답시고 제1금융중심지 소재 국책은행을 지방으로 분산시키려 한다. 안 그래도 밀리는 경쟁력이 더 떨어질까 두렵다. 세 지역 모두의 하향 평준화가 불을 보듯 뻔하다. 1등을 끌어내려 만드는 2등과 3등이 무슨 소용이 있겠는가. '자리바꿈'의 제로섬 게임도 아니고, 되레 '자리 뺏기식' 자해행위가 될 공산이 다분하다.

제2, 제3금융중심지 만든다고 제1금융중심지 '기관 뺏기' 안 그래도 밀리는 경쟁력 더 밀려

실제로 부산의 경우 제2금융중심지로 지정된 지 벌써 10여 년이 지났지만 성과가 별로 없다. 한국거래소, 기술보증기금, 예탁결제원, 주택금융공사, 자산관리공사 등 금융공기업이 대거 이전되었으나 금융중심지로 발돋움하지 못하고 있다. 추가로 한두 기관이 더 이전된다고 형편이 나아질 리 없다. 전라북도의 상황도 다르지 않다. 정부 예산보다 더 큰돈을 움직이는 국민연금 기금운용본부가 2017년 전주로 이사했다. 핵심 투자인력이 이탈하고 운용수익률이 하락하는 등 순기능보다 역기능이 더 부각되는 실정이다.

국책은행이 지방으로 옮겨간다고 금융중심지가 조성될 리 만무하다. 주된 대기업 고객이 수도권에 잔류하는 상황에서 산은과 수은의 본점 이전이 지역 금융 활성화의 모멘텀이 되기 어렵다. 금융소비자의 불만과 불편만 가중될 따름이다. 금융지원은 본점이 아닌 영업점을 통해 이루어진다. 설사 본점이 지방으로 옮겨가도 고객이 몰려 있는 수도권 중심의 영업점 운영이 불가피하다. 그럴 경우 비용은 늘고 효율은 더 떨어진다.

산은과 수은의 역할과 기능은 여타 금융공기업들과 또 다르다. 4차 산업혁명, 남북경협, 수출지원 등 정부 정책을 뒷받침해야 한다. '신북방·신남방' 전략도 지원해야 한다. 해외투자 유치, 국내

기업의 해외 진출을 위한 자금도 공급해야 한다. 그러려면 국내 기업은 물론 외국 정부나 해외투자자와 빈번히 접촉할 위치에 있는 것이 맞다. 그런 점에서 서울만 한 곳이 없다.

지역경제 활성화를 위한 목적이라면 지역의 비교우위 산업에 도움이 될 수 있는 기관을 유치하는 것이 국책은행 이전보다 더 나을 수 있다. 가령 부산은 해양, 물류 등의 지원기관을. 전북은 농수산식품 분야나 생명과학에 도움이 될 기관을 데려오는 것이 바람직하다. 지방 기업에 대한 금융 총량을 늘리고 지원 요건을 완화, 금융의 가용성과 접근성을 제고시키는 것도 효과적인 대안이 될 수 있다.

경제 활성화를 위해서라면 국책은행 이전보다 지역 산업에 도움이 될 기관 유치가 더 나은 해법

제3금융중심지 조성이라는 대선 공약을 아전인수 격으로 해석해서도 안 된다. 전라북도 지역의 낙후된 경제 여건을 개선하고 새만금개발 등 대형 국책사업을 위한 금융기반을 확고히 하겠다는 정책 의지로 받아들여야 한다. 오히려 서울을 국제 수준의 금융메카로 키우고 이와 연계시켜 지역의 금융기반을 강화하는 방안이 국가균형발전을 앞당기는 길일 수 있다. 같이 가야 멀리 갈 수 있다.

불상한 경제,
눈감은 정치

정부 차원의 거시 정책을 시행하는 국책 금융기관을 지역 안배의 대상으로 삼는 것 자체가 어이없는 발상이다. 외국 사례까지 거론하는 것이 민망하나, 독일 부흥은행(KFW)이나 일본 국제협력은행(JBIC) 같은 국책기관을 지방으로 이전해 달라는 요구가 이들 나라에서 있었다는 얘기를 들어본 적이 없다. 한국에서나 볼 수 있는 기이한 현상이다. 이런 와중에도 그나마 정부가 중심을 잡고 있는 모습이 의연하다.

　당시 최종구 금융위원장은 국책은행 지방 이전에 대해 "공론화 과정이 필요하고, 사회적 합의가 있어야 한다"는 의견을 밝혔다. "금융 행정을 책임지는 입장에서 지역의 요구만 따르는 것은 상당히 어렵다. 산은·수은의 기능이 어떤지, 이런 기능을 원활히 수행하는 데 뭐가 유리한지 중시해서 판단해야 한다"는 입장을 내비쳤다.

　"이미 많은 금융 공공기관이 지방에 있는데 내려가 있는 기관들이 좀 더 안착하고 활성화되도록 노력하는 게 우선되어야 한다"는 말까지 덧붙였다. 백번 지당한 말이다. 정부는 앞으로도 이런 기조를 이어가야 한다. 다 아는 얘기지만 금융은 이론이 아니다. 실제다. 정치 논리가 금융을 지배하는 일은 더 이상 없어야 한다. 한번 무너지면 다시 회복되기 어려운 게 관치 금융의 폐해다. 정부가 마음대로 하라는 국책기관이 아니다.

무역

• 22세기에도 수출은 우리의 먹거리다 •

01

'소부장', 일본 수출 규제 막아낼까

| '양날의 검'
| 국산화 다급하나 '국산화 만능주의'는 경계의 대상

　'국산화'가 한국 경제의 긴급 화두다. 발등의 불이다. 한일 경제 전쟁에서 소재 국산화가 국가적 현안으로 떠올랐다. 화이트리스트 배제가 결의되던 날 문재인 대통령이 즉각 대응했다. 긴급 국무회의를 소집했다. "가해자인 일본이 적반하장으로 오히려 큰소리치는 상황을 좌시하지 않겠다"고 밝혔다. 아베 신조 일본 총리는 "한국이 한일 청구권 협정을 위반하는 행위를 일방적으로 하

불상한 경제,
눈감은 정치

며 국제조약을 어겼다"며 맞섰다.

결국 일본 정부가 한국을 화이트리스트에서 제외하는 시행령 개정안을 공포했다. 우려했던 일이 현실화되고 말았다. 일본에서 소재와 부품을 공급받아 온 국내 기업들에게 비상이 걸렸다. 우리 정부가 나섰다. 소재·부품·장비 산업의 경쟁력 강화대책 추진을 발표했다. 일본의 수출규제에 대한 대응과 동시에 국내 소재 부품 장비 산업의 독자적 발전에 대한 총력전을 선포했다.

반도체, 디스플레이, 자동차, 전기전자, 기계금속, 기초화학 등 6개 분야의 핵심 품목 백 가지가 국산화 대상으로 꼽혔다. 국내 공급망을 신설하거나 대체 수입선을 통해 공급 안정화를 꾀하기 위함이었다. 수급 위험이 크거나 시급히 공급 안정이 필요한 20개 품목은 1년 안에 공급을 안정시키고자 대체 수입국을 확보하기로 했다. 통관의 간소화나 관세 경감 등 제반 세제 혜택도 수반되었다.

취약 품목이나 핵심 장비 등 80개 품목은 5년 내 공급 안정화를 목표로 두었다. 비교적 시간적 여유가 있는 만큼 자체 공급역량 확보를 주목적으로 정했다. 연구개발에는 예비타당성 조사가 면제되어 상대적으로 빠른 연구개발이 가능하도록 조치했다. 또 기업 간 협력모델 구축 및 연구, 생산, 투자, 육성 지원 등 산업 자체에 대한 전반적인 경쟁력 강화를 물색하는 것도 주된 내용이었다. 정부와 기업이 다들 바쁘게 움직였다.

일본 정부, 화이트리스트에서 한국 제외
우려했던 일 현실화, 양국 간 일촉즉발 위기

　정부가 강력한 의지를 표명하자 대학과 연구소들도 나섰다. 국산화 지원 전담반을 구성하는 등 긴급 대응전략 마련에 부산을 떨었다. 고부가가치 소재 개발, 원천기술 확보와 관련된 세미나와 토론회가 도처에서 열렸다. 언론이나 전문가의 제안과 진단이 백가쟁명을 이루었다. 지방자치단체와 공기업의 지원 대책도 봇물처럼 쏟아졌다. '대책 풍년'을 이뤘다.

　국산화가 다급하다. 당위성에 이론(異論)의 여지가 없다. 타국의 제제로부터 자국 산업의 자유도를 높이기 위해서는 이만한 대안이 없다. 일본 기업들이 독점에 가까운 우월적 지위를 이용, 공급가격이나 물량을 조절하며 우리 산업을 옥죄는 작금의 현실에서는 불가피한 선택이다. 차제에 우리 부품산업의 성장을 위한 전화위복의 결정적 계기가 되기를 바라는 마음 간절하다.

　문제는 요구되는 품질을 얼마나 빨리 얻을 수 있느냐다. 부품·소재별로 다를 것이다. 더 심각한 문제는 일본의 수출 규제가 지금이 끝이 아닐 수 있다는 점이다. 일본은 기술 선진국이다. 유럽을 넘어서는 기술 강대국으로 평가받고 있다. 이에 대응하려면 감정적 반응보다 이성적 판단에 기초한 실사구시의 지혜로운 전략이 긴요하다.

　긴급 처방에 그쳐서도 안 된다. 한 발 더 나아가 국산화의 가

불상한 경제,
눈감은 정치

치, 목적, 비전을 명확히 하고 이를 실현시킬 수 있는 중장기 대안까지 함께 마련해야 한다. 그러려면 현재의 시각으로 미래를 내다보면 안 된다. 좀 더 멀리 보는 긴 안목으로 정책을 추진함이 마땅하다. 매사가 그러하듯 정책 역시 시작보다 지속과 완성이 어렵다. 힘도 더 든다. 긴 호흡이 요구된다.

긴급 처방으론 한계
국산화 비전 명확히 하고, 멀리 보는 긴 안목으로 정책 추진해야

향후 갈등 국면이 해소되거나 호전될 경우 국산화 추진이 어려워질 수 있다. 상황이 바뀌면 정책도 달라지게 마련이다. 지금의 국산화 대책이 언제까지 지속되리라는 보장을 누구도 하기 어렵다. 정부가 바뀌고 여건이 달라지면 흐지부지될 공산이 작지 않다. 지난날 부품·소재·장비 국산화 정책들이 없었던 게 아니다. 하나같이 용두사미로 끝난 것도 이런 이유가 컸다.

정부 주도의 국산화는 바람직하지 않다. 국산화를 핑계로 정부가 국내 대기업에게 경쟁 우위의 외국 제품을 놔두고 국산품 구매를 강요하기 어렵다. 소재 생산 국내 중소기업에 대해서도 수입 불가 등 만일의 사태에 대비해 국산화 지속을 권장하기 힘들다. 시장경제 원리와 국제무역 비교우위의 이점을 포기하라는 얘기가 통할 리 없다. 모든 것을 국산화할 수 없고, 국산화만으로 문제를 해결하는 것도 어렵다. 국산화 '만능주의'를 경계해야 한다.

경쟁국이 우리의 국산화 의지를 흔들어댈 수 있다. 극자외선 (EUV) 포토레지스트가 그 생생한 사례다. 얼마 전 일본 정부가 국제 여론과 자국 기업의 실리를 따져 수출 허가를 슬그머니 내줬다. 수도꼭지를 잠갔다 풀었다 하는 식으로 우리의 국산화 노력을 방해하려는 의도일지 모른다. 우리가 기술개발에 성공하고 나면 경쟁국이 가격을 떨어뜨려 상용화를 무력화시킬 위험도 상존한다.

국가별 대체품이 많은 품목은 국산화보다는 해외기술 도입이나 기업 인수 지원에 주력하는 것이 낫다. 국산화와 함께 공급 국가 다변화, 판매업체 다각화를 병행 추진하는 게 맞다. 삼성, SK하이닉스 등 국내 기업들도 소재를 다수 업체에서 조달했으나 국가별 분산은 이루지 못했다. 공급 업체가 모두 한 나라, 일본이었던 게 화근을 불러왔다. '양날의 검', 국산화 대책. 잘 쓰면 득이고, 잘못 쓰면 해가 된다. 사용법을 잘 익혀 활용해야 한다. 말처럼 쉽지는 않겠지만.

요하난 벤 자카이식(式) 갈등 해법

| 일(日) 수출 규제, 외교적 노력으로 풀어야
| 협상, WTO 제소, 중재 등 수단과 방법 총동원해야

　요하난 벤 자카이(Johanan ben Zakkai)는 유대인이 가장 존경하는 인물 중 하나다. 유대교를 지키고 유대주의를 발전시킨 위대한 학자로 손꼽힌다. 68년 1차 유대-로마 전쟁이 시작되고 3년째 되던 해 로마 베스파시아누스 장군은 유대 왕국을 점령했다. 하지만 유대인의 완강한 저항으로 예루살렘은 함락시킬 수 없었다. 도성을 포위하고 주민들이 굶주려 항복하기만을 기다렸다.

요하난 벤 자카이는 강경파 열심당의 무장투쟁이 성공하지 못할 것을 예감했다. 그는 결국 전쟁이 대학살로 끝나고 유대인이 뿔뿔이 흩어질 것을 걱정했다. 민족의 독립보다 유대인의 보존이 우선이라는 판단을 내려야 했다. 유대 민족이 역사의 무대에서 사라지는 것만은 어떻게든 막아야 한다고 다짐했고, 로마군 사령관과 모종의 타협을 피할 수 없다는 결론에 이른다.

포위된 예루살렘은 아비규환이었다. 기아와 질병으로 수천 명씩 사망하는 데도 아무도 예루살렘을 빠져나갈 수 없었다. 요하난 벤 자카이는 제자들과 예루살렘 탈출 계획을 세웠다. 흑사병에 걸린 척 위장한 그는 열심당원의 눈길을 피해 베스파시아누스 장군의 막사에 도착할 수 있었다. 장군을 만난 그는 머지않아 장군이 로마 제국의 황제가 될 것을 예언했다. 황제가 되면 자신들이 유대 경전을 학습할 작은 학교를 예루살렘 근교에 세울 것을 허락해 달라고 간청했다. 예언이 성취되면 그러겠노라고 장군은 약조했다.

예언은 적중했다. 69년 로마 원로원이 베스파시아누스를 황제로 추대했다. 황제는 예언이 성취된 데 경악을 금치 못했다. 일개 유대교 랍비가 로마의 정치적 역학관계를 꿰뚫어본 것에 놀라지 않을 수 없었다. 약속한 대로 예루살렘 근교 도시에 유대학교 '예시바'가 세워졌다. 유대 문화유산이 소멸 위기에서 살아남을 수 있었다. 요란한 말보다 조용한 실천이 거둔 위대한 승리였다.

한국 경제 고사시키려는 일본 의도,
예루살렘 굶어 죽기 기다린 로마 본색과 다를 바 없어

2000년 전 일을 뜬금없이 거론한 것은 한일 간 수상(愁傷)한 시국 때문이다. 두 나라의 무역 갈등은 유대인의 로마 항쟁과 족히 비견할 만하다. 무역 갈등이 아니라 경제 전쟁으로 표현하는 게 온당할 정도다. 최근 분위기가 다소 호전은 되고 있으나 여전히 사태가 심상찮다. 반도체 핵심 소재 등에 대한 수출 규제로 한국 경제를 고사시키려는 일본의 의도 때문이다. 예루살렘이 굶어 죽기를 고대하던 1세기 로마 제국의 본색과 하등 다를 바 없어 보인다.

아직까지 가시적 해결책이 보이지 않는 것이 답답하다. 도처에서 말들만 무성한 것이 더 안타깝다. 말의 홍수를 이룬다. 아베 신조 일본 총리의 말속에는 가시가 돋아 있다. "한국 측이 제대로 답을 가져오지 않으면 건설적인 논의가 불가능하다"는 입장이다. 협박처럼 들린다. 이참에 본때를 보여줄 기세다. 대한민국이라고 만만할 리 없다. "지금까지 한국 정부가 제대로 된 답변을 안 했다는 이야기냐"며 청와대가 대변인 브리핑으로 즉각 되받아쳤다. 여전히 대치 국면이다.

당시 조국 민정수석의 SNS 행보도 한동안 도마에 올랐다. 9일 동안 40여 건의 글을 쏟아냈다. 강제징용 관련 대법원관결을 부정하는 사람은 마땅히 '친일파'로 불러야 한다는 주장을 폈다. 경제 전쟁이 발발한 상황에서 중요한 것은 '애국이냐 이적이냐'라는 이분법까지 내세웠다. 일본 제품 불매 움직임도 가라앉지 않고 있다. '일제 불매는 제2의 항일 독립운동'이라는 표현까지 등장했다. 우리 사법부의 강제징용 배상 판결에 일본 정부가 불만을 토로하는 건 내정 간섭이라는 분노가 쏟아졌다.

'친일', '반일'의 편 가름, 소모적 말싸움 멈춰야
사태 해결은커녕 해법 모색에 방해만 될 뿐

국제사회에서도 비판의 목소리가 높다. 그동안 신중 모드를 취해 온 미국 등에서 업계와 싱크탱크를 중심으로 글로벌 경제에 미칠 부작용을 들어 일본에 대해 무역 규제 철회를 촉구하고 있다. 보수 성향 싱크탱크인 미국기업연구소(AEI)는 '일본, 한국에서 물러서라. 삼성전자와 SK하이닉스는 화웨이가 아니다'라는 제목의 연구원 칼럼을 인터넷 홈페이지에 게재하기도 했다.

일리 있는 주장들이다. 한일 간 무역 갈등으로 경제가 위태로운 때 각자가 의견을 개진하는 것은 국민의 마땅한 도리다. 3·1 혁명 100주년을 맞은 시점에서 일본의 경거망동을 선열의 정신과 뜻으로 매섭게 꾸짖는 것은 지극히 당연한 일이다. 다만, 말이 너무 많아지고 지나치게 앞서다 보면 궁지에 몰릴까 그게 걱정이다. 일찍이 노자는 다언삭궁(多言數窮)이라는 말로 이를 엄히 경고했다.

말을 많이 한다고 설득이 쉬워지는 것이 아니다. 생각과 의도를 환히 드러내다 보면 꼬투리가 잡히기 십상이다. 되레 말을 아끼는 게 효과적일 수 있다. 지도자가 말을 많이 하게 되면 자칫 갈등의 불씨가 될 수 있다. 영향력이 지대한 고위층일수록 민감한 사안에 대해 의견 피력을 삼가는 것이 좋다. 사적 발언이 공식 입장으로 곡해될 소지가 다분하기 때문이다.

일본의 수출 규제는 한일 양국이 외교적 노력으로 풀어나가는 것이 최선의 해법이다. 문재인 대통령도 그렇게 할 것임을 천명했다. 기업인을 앞세우거나 다른 나라의 힘을 빌려 가볍게 해결될 사안이 아니다. 협상이건, WTO 제소건, 중재이건 수단과 방법을 가릴 형편이 아니다. '친일', '반일'의 편 가름이나 소모적 말싸움으로 외교를 어렵게 해서는 안 된다. 사태 해결은커녕 해법 모색에 방해만 될 뿐이다. 요하난 벤 자카이식 해법이 새삼 간절해지는 이유다.

03

사또 행차 뒤에 울리는 나팔 소리

**'소부장' 문제, 일본의 공세로 불거져,
대일 의존도 낮추고 무역적자 줄이는 전기되어야**

　일본 수출규제가 시작된 지 어언간 반년이 지났다. 한일 고위급 관계자 대화 등을 통해 '해빙무드'가 조성되고 있지만, 업계의 불안감은 여전하다. 아직까지 국내 기업들은 일본 수출규제로 인해 큰 피해를 입지는 않았다. 소부장 지원이 계속돼야 하는 이유는 크게 세 가지다. 첫째, 미·중 무역분쟁, 일본 수출규제, 중동 분쟁 등으로 글로벌 공급망 위협, 둘째, 소부장 특성상 높은 중소·중견기업 비

불쌍한 경제,
눈감은 정치

중, 셋째 낮은 기술자립도 및 만성적 대(對)일본 적자가 그것이다.

국내 소부장은 대부분 중소·중견기업이 공급한다. 전체 제조업체 수의 43.3%에 이른다. 품질, 가격 등이 뛰어난 제품만 살아남는 승자독식 구조인 만큼 정부 지원이 필수적이다. 정부는 일본 경제보복 조치 이후 추경예산 편성, 소부장 기술특별위원회 신설, 핵심품목 분석, R&D사업 예비타당성 조사 면제 등의 대책을 마련했다.

R&D 전략으로는 산·학·연 전문가, 수요기업 17개 등이 선정한 핵심품목 100개를 기반으로 세웠다. 유형에 따라 원천기술개발, 안정적 공급망 창출, 공급-수요기업 간 상생 추진 등을 지원한다. 연구역량 강화를 위해 '3N'을 지정, 운영하기로 했다. 3N은 국가연구실(N-Lab), 국가연구시설(N-Facility), 국가연구협의체(N-TEAM) 등으로 이뤄진다.

정책의 속도 향상을 위해 프로세스도 개선했다. 부처 정책지정 즉 패스트트랙 제도화, 수요기업 매칭비중(40~67%→25%) 하향 등으로 빠른 처리를 돕는다. 소재부품 수급 대응 지원센터도 기업들을 지원한다. 기업실태 조사 및 애로사항 파악, 수급애로 지원, 금융·세제지원, 협력모델 정책지원 등을 통해 서포트한다. 산업통상자원부, 중소벤처기업부, 과학기술정보통신부, 금융위원회 등은 2020년 소부장 관련 예산을 2조 960억 원 규모로 실정했다. 전년 대비 2.5배 높아진 수준이다.

'소부장' 돕기 총력전, 지원 규모와 강도 파격적
정부, 일(日) 수출규제 끝나도 지원 계속

그런데도 왠지 마음이 쓰이고 애가 탄다. 권위주의 정부 시절 보여주기식 정책에 눈속임 당한 쓰라림이 되살아나서다. 그때처럼 소부장 지원이 다른 분야에 쓰려던 재원을 돌려쓰는 건 아닌지, 걱정과 염려가 앞선다. 만의 하나라도 소부장 기업에 대한 편중 지원으로 혁신기업, 창업기업, 스타트업이 지원에서 소외되는 일은 절대 없어야 한다. 노파심에서 하는 말이 되길 바란다.

사소한 얘기 같지만 대출은 최적 해법이 아니다. 대출은 기술개발의 성공 여부와 상관없이 반드시 갚아야 하는 빚이다. 정 대출로 지원하려면 기술개발에 성공한 경우에만 상환하게 하는 조건부 대출이 유효할 수 있다. 금융 속성상 소부장 기업에 대한 지원은 신용보증이나 대출보다 상환 부담이 없는 R&D 투자가 제격이다. 도합 24조 원이 넘는 국내 R&D 예산 가운데 소부장 관련 예산 비중은 미미하다. 기술 자립을 거론하기조차 민망한 수준이다.

소부장 분야를 후원하는 예산·세제·금융지원 정책들이 속속 나와야 한다. 그중에서도 충분하고 지속적인 예산 확보가 급선무다. 한 해 2조 원 남짓의 예산을 편성한 것으로 소임을 다한 걸로 착각하면 안 된다. 적정한 자금이 적기에 투입되어야 소기의 효과를 거둘 수 있는 게 경영의 본령이다.

과감한 세제 혜택도 뒤따라야 한다. 필수적이다. 해외 소부장

불쌍한 경제,
눈감은 정치

전문기업을 인수·합병하거나 국내 기업끼리 연구인력 개발과 설비투자를 목적으로 공동 출자하는 경우 법인세 세액공제의 필요성이 진즉부터 거론되어 왔다. 지원이 흐지부지되지 않고 기필코 이루려는 의지가 있다면 소부장 관련 특별회계를 설치하고, 특별법까지 제정하는 것이 제대로 된 순서일 것이다.

┃ 예산·세제·금융 지원책 속속 나와야
┃ 국내 기술개발 고집 말고, 해외기술 도입 마다치 말아야

국내 기술개발만 고집해서도 안 된다. 실용화된 기술의 경우 후발 주자의 뒤늦은 개발이 성공한다는 보장이 없다. 설사 성공한다 해도 그사이 앞선 경쟁기업들이 더 앞선 첨단의 기술을 창안하게 마련이다. 기업이 자체 기술개발과 외부기술 획득 전략을 두고 늘 고민할 수밖에 없는 이유다. 후자가 유리할 경우 공동 기술개발, 인수합병 등 외부기술 도입을 마다할 하등의 이유가 없다.

그런 점에서 산업통상자원부의 접근 방식이 주목된다. 산업통상자원부는 소부장 산업의 외부기술 도입 촉진을 위한 1,000억 원 규모의 혁신성장 전략투자펀드 계획을 발표했다. 펀드 투자기업이 외부기술 도입, M&A, 밸류체인 기업 간 SPC 설립 등을 통해 대체 기술을 신속히 확보하고 공급선을 다변화할 수 있도록 지원할 계획이다. 펀드의 규모가 상대적으로 작고 2020년 상반기나 되어야 본격적인 투자가 실행되는 게 옥에 티지만, 시의적절한 조치다.

정부 대응은 늘 굼뜨다. 일본의 수출 규제가 시작된 지 100일이 넘어서야 소부장 컨트롤타워를 만들었다. 대통령 직속의 소재·부품·장비 경쟁력위원회가 뒤늦게 가동되었다. 소부장 기술특별위원회도 신설, 핵심품목 분석, R&D사업 예비타당성 조사 면제 등의 대책을 마련하는 부산을 떨었다. 기술특위는 경제부총리를 위원장으로 하는 소부장 경쟁력위원회와 협력하고 있다. 양 위원회가 소부장 관련 R&D 전략을 수립하고, 범부처 조정 및 연구역량을 결집하고 있다.

정책이 먼저 시행되고 의사결정 기구가 뒤따라 태동하는 모양새가 마땅찮다. 사또 행차 뒤 나팔 부는 버릇을 아직도 못 고치고 있다. 심각한 본말의 전도임에도 기대를 버리지 못하는 이유는 더없이 절박한 현실에 있다. 세계 6위까지 올랐던 한국 수출이 8위로 두 단계나 추락했다. 소부장 문제가 일본의 공세로 불거졌으나, 수입의존도 저하와 대일 무역적자 축소의 전기가 되기를 바란다. 위기가 기회라는 게 허언이 아님을 꼭 증명했으면 좋겠다.

04

'쏠림'에서 비롯된
수출 초비상

> **수출로 먹고사는 나라, 수출 감소보다 더한 악재 없어**
> **3다(3多 - 다변화·다각화·다양화)로 풀어야**

　수출이 연속 내리막길이다. 한국 경제의 든든한 버팀목이 흔들리고 있다. 2019년 수출이 5,424억 1,000만 달러로 전년에 비해 10.3% 감소했다. 10년 만의 두 자릿수 하락세다. 한국 수출이 두 자릿수 감소율을 기록한 것은 글로벌 금융위기가 있었던 2009년 -13.9% 이후 10년 만이다. 12월 수출도 지난해 같은 기간보다 5.2% 줄어든 457억 2,000만 달러로 집계되었다. 2018년 12월 이후 연속 마이너스(-)다.

대외여건의 불확실성이 커지고 경기적 요인이 복합적으로 작용하면서 나타난 결과다. 그러면서도 미·중 무역분쟁 등 어려운 대외 여건에도 3년 연속 무역 1조 달러를 달성했다. 미·중 무역 분쟁, 일본의 수출규제, 영국의 유럽연합(EU) 탈퇴(브렉시트), 홍콩사태 등 어려운 대외 여건과 반도체·석유화학·석유제품의 업황 부진 속에서 달성한 성과라 그나마 위안이 되기는 한다.

산업부는 미·중 무역분쟁으로 107억 달러, 반도체 하강기(다운사이클)로 328억 달러, 유가 하락으로 134억 달러의 수출 감소분이 발생한 것으로 추산했다. 이는 전체 감소분(625억 달러)의 91.0%에 달하는 금액이다. 수출액은 줄었으나 수출물량은 0.3% 늘었다. 특히 반도체의 경우 수출액은 25.9% 감소했으나 물량은 7.9% 증가했다. 신남방 지역으로의 수출은 사상 최초로 전체 수출에서 차지하는 비중이 20%를 돌파했으며 신북방은 3년 연속 두 자릿수 증가했다.

수입은 5,032억 3,000만 달러로 6.0% 줄었으며, 무역흑자는 391억 9,000만 달러로 11년 연속 흑자를 이어갔다. 정부는 2020년 수출이 지난해보다 3.0% 증가한 5,600억 달러 내외가 될 것으로 전망했다. 정부는 2020년 1분기에는 한국 수출이 13개월간의 마이너스 행진을 끝내고 플러스로 전환할 것이란 조심스러운 기대를 내놓는다. 그러려면 수출을 조기에 플러스로 전환하는 것을 목표로 총력 대응 체계를 가동하고 위기에도 흔들리지 않는 무역구조를 구축하기 위해 품목·시장·주체 혁신을 추진해야 할 것이다.

수출 4개월 연속 내리막길로 한국 경제 버팀목 흔들 반도체, 중국 수출 감소 영향 커

당면한 수출 위축은 '쏠림'에서 비롯된 측면이 크다. 지역적으로는 중국에, 품목 면에는 전체 수출에서 20% 가까이 점하는 반도체에 몰려 있다. 창업, 벤처 기업에 편중된 중소기업 지원정책도 수출 감소와 무관하지 않다. 한쪽에 치우쳐 있는 것을 여러 곳으로 널리 분산시키면 너끈히 극복할 수 있는 일이다. 말처럼 쉬운 일은 아니겠지만.

수출시장 다변화(多邊化) 노력이 긴요하다. 신(新)시장 개척으로 활로를 찾아야 한다. 중국, 미국에 치우쳐 있는 수출 집중도를 다른 나라들로 분산시킬 필요가 크다. 양국에 대한 수출 의존도가 38.2%로, 이전 5년 평균 37.4%보다 오히려 높아졌다. 일부 국가에 대한 수출 집중이 수익성 면에서 유리할 수 있으나, 위험도 그만큼 커질 수 있다. 과유불급이라고 비중이 지나치면 부메랑으로 돌아온다. 수입국 상황이 나빠지면 수출국 형편도 덩달아 힘들어진다. 우리가 지금 겪고 있는 현상이다.

7%대의 높은 경제성장을 이어가는 인도와 동남아시아국가연

합(ASEAN), 유럽, 중동, 아프리카 등으로 우리의 경제 영토를 넓혀 나가야 한다. 중국 기업들은 이런 지역에 이미 오래전에 진출, 사업기반을 굳혀오고 있다. 이제라도 정부가 앞장서 새로운 시장에 대한 정보를 제공하고, 공동 마케팅 전략 수립 등을 통해 기업의 해외 진출을 적극 후원해야 한다.

수출품목 다각화(多角化)가 절실하다. 신(新) 품목을 지속적으로 발굴해야 한다. 특정 수출산업에 대한 지나친 의존을 줄이고, 미래 유망 산업을 육성하는 노력을 게을리해서는 안 된다. 특히 상품무역 이외의 서비스 무역에 주목할 필요가 있다. 금융, 통신, 운수, 법률, 회계 등 서비스 분야에서의 국제거래 쪽으로 수출 구조의 무게중심 이동이 요구된다.

'별일 있겠느냐'는 안이함이 문제
문제 속에 정답, 신시장-신품목-신정책으로 해결 가능

현재 불안한 통상환경과 최저임금 인상 등으로 생산기지 해외 이전이 늘어나는 상황에서 서비스 무역은 한국 수출의 새로운 동력이 될 수 있다. 우리나라의 의료, 금융, 게임, 한류, 관광 서비스 등은 전 세계에서 비교우위의 강점이 발휘될 수 있는 유망 분야로 손색이 없다는 평가를 받고 있다.

수출정책 다양화(多樣化)도 요구된다. 획일화된 중소기업 정책에 대한 보완이 시급하다. 수출이 어려워지자 정부가 기껏 내놓은 게 무역금융을 늘리는 정도다. 수출기업이 외상 수출 결제일 전에 총 1조 원 규모의 수출채권을 조기 현금화할 수 있게 하는 보증 프로그램을 개시했다. 중소·중견 기업의 기존의 수출자금 보증에 대해 향후 1년간 감액 없이 전액 연장해 주기로 했다. 하지만 이 정도로 될 일인가. 한계가 있다.

창업기업 지원 편중에 따라 수출기업이 홀대받는 현상부터 바로잡아야 한다. 정부가 평소 중소·중견 수출기업을 '글로벌 강소기업', '월드 챔피언' 등으로 잔뜩 추켜세운다. 그러나 막상 지원 현장에서는 찬밥 대우다. 설립 후 7년이라는 창업기업의 범주를 넘어서면 신용보증 등 정책지원에서 문전박대다. 신규 지원은커녕 기존 여신 상환을 독촉받기 일쑤다. 자기 힘으로 살아가라는 취지일지 모르나 7년 만에 자립할 기업은 거의 없다. 대기업도 그렇게 못한다.

수출로 먹고사는 나라에서 수출 감소보다 더한 악재는 없다. 일자리가 줄고 경제가 흔들리게 마련이다. 설마 별일 있겠느냐는 안이함이 문제다. 수수방관했다간 호미로 막을 일을 가래로도 못막게 된다. 엄중한 상황 인식을 토대로 긴급 처방과 중장기 대안 마련을 서둘러야 한다. 설사 일시적으로 수출이 호전되더라도 차제에 근본 대책을 마련하는 게 순서다. 언제 또 상황이 악화될지 모른다. 만사 불여튼튼이다.

05

정책 실패 용납돼도,
정직 실패 용서 안 돼

> 정책은 신뢰가 생명
> 입안, 집행, 피드백 등 모든 과정서 정부는 국민과 긴밀히 소통해야

　수출이 큰 걱정이다. 대한민국은 수출로 먹고사는 나라다. 무역의존도가 68.8%나 된다. 네덜란드, 독일, 멕시코에 이어 세계 네 번째다. 일본의 2.4배다. 2018년 12월부터 시작된 수출 추락이 멈추지 않고 있다. 2019년 수출이 5,424억 1,000만 달러로 두 자릿수 감소를 기록했다. 2009년 이후 10년 만이다.

　중간재 수출 급감이 특히 뼈아프다. 산업통상자원부는 미·중

무역분쟁으로 107억 달러, 반도체 다운사이클로 328억 달러, 유가 하락으로 134억 달러의 수출 감소분이 발생한 것으로 추산했다. 전체 감소분(625억 달러)의 91.0% 달하는 금액이다. 자동차(5.3%)가 감소에서 증가로 전환되었고, 바이오·헬스(8.5%), 이차전지(2.7%), 농수산식품(4.4%) 등 신(新) 수출품목이 호조세를 나타냈다. 하지만 총량 감소를 막기에는 역부족이었다.

정부는 태연자약하다. 미안해하는 구석이 별로 없다. 되레 평계에 사설이 길다. 대외여건의 불확실성이 커지고 경기적 요인이 복합적으로 작용하면서 수출이 부진했다고 설명한다. 미·중 무역분쟁, 일본 수출규제 등 대외 리스크와 반도체 업황 회복 지연, 유가 하락 등에 따른 불가피한 결과라는 지극히 한가로운 해석이다. 사돈 남 말 하듯 한다.

정부나 정책에는 잘못이 없고, 대외환경을 탓하기 급급한 모양새다. 한국 경제를 글로벌 경기 회복이나 고대하는 천수답 경제임을 스스로 인정하는 꼴이다. 그 흔한 자존심도 안 보인다. 태연함은 이것이 끝이 아니다. 2020년 수출은 지난해보다 3.0% 늘어난 5,600억 달러 내외가 될 것이라는 전망이다. 1분기 중 수출을 플러스로 전환하기 위해 총력 지원을 하겠다고 다짐까지 덧붙인다. 적이 기대되나 왠지 불안도 크다.

연간 수출, 마이너스 성장
정부는 대외환경 탓으로 책임 돌리기 급급

세계 경기를 이끄는 미국·중국·독일의 경기 부진에 따라 우리나라뿐만 아니라 세계 10대 주요 수출국들도 동반 감소 추세라는 사실의 강조는 어이가 없다. 이쯤 되면 참았던 분노가 폭발한다. 다른 나라 경기가 나쁘면 우리도 덩달아 안 좋아야 한다는 논리인가. 그런 말을 하려거든 미국과 일본이 호황일 때 우리 경기가 그들처럼 좋지 못했던 이유부터 해명하는 게 순서일 것이다.

수출 전망에 대한 정부 시각이 낙관적인 게 문제다. "수출액 감소에도 수출 물량은 줄지 않고 있으며, 반도체 가격 하락도 둔화되고 있어 향후 수출은 개선되는 흐름을 보일 것으로 예상된다"는 주무 장관의 막연한 해설에 동의하기 어렵다. 책임도 근심도 없어 보인다. 제발 그랬으면 좋으련만, 그렇지 못할 공산이 큰 게 고민이다. 대책도 없이 막연한 낙관론으로 현실을 호도하는 것만큼 위험천만한 일도 없다.

그래도 걱정은 되었던지 정부가 수출 대책을 내놓았다. 산업통상자원부 장관 주재로 수출상황 점검 회의가 열렸다. 수출 분위기 반전을 위해 무역금융에 60조 원을 지원하고, 미래 핵심 산업 분야에 350조 원 규모의 투자를 추진하는 등 정책 역량을 총동원하겠다고 밝혔다. 규모 면에서 단연 역대급이다. 2020년 정부 예산 512조 원에 필적하는 천문학적 지원이다.

어쩐지 금액이 크다 했다. 감격과 기대는 오래가지 못했다. 발표한 정책이 새로운 게 아니었다. 이미 시행 중인 내용을 다시 써먹은 '재탕' 정책이라는 사실이 언론을 통해 보도되었다. 대기업들이 계획 중인 투자금액을 합산했고, 수출 진흥책으로 시행되어 효과가 미진했던 대책을 새로운 지원책인 양 짜깁기했다고 한다. 400조 원이 넘는 수출지원 방안이 그런 식으로 급조된 것이었다. 놀라울 따름이다.

400조 원 역대급 수출 지원책
새로운 것 없고 이미 써먹은 '재탕' 정책, 국민 우롱하는 처사

보도에 따르면, 무역금융 60조 원은 이미 확보된 무역금융 예산 235조 원 중 이미 집행된 175조 원을 제하고 남은 돈이었다. 투자 350조 원은 최근 1~2년 새 민간 기업들이 밝힌 투자 규모를 합산한 수치였다. 삼성전자 시스템 반도체 투자(133조 원), SK하이닉스 반도체 공장 건설(120조 원) 등이 포함되어 있다. 그중 일부는 투자 종료 시점이 2030년 이후인 것들이다. 기가 찰 노릇이다.

해외전시회·무역사절단 등 해외 마케팅 84회를 집중 지원하기로 한 것도 새로울 게 없다. 이 또한 당초 예정돼 있던 행사들을 합해 놓은 결과였다. 산업의 난제를 해결하는 알키미스트 프로젝트(alchemist project)에도 2조 원을 지원하기로 했다. 이는 아직 예비 타당성 조사도 통과하지 못한 상태다. 사실이라면 예삿일이 아니다. 새로운 정책으로 반겼던 국민을 우롱하는 처사다. 기업을 두 번 울리는 행동이다.

정책이 실효를 못 거두는 데는 그럴만한 사유가 있다. 무역금융만 하더라도 수요가 없어 실적이 부진한 게 아니다. 기업으로 금융이 흘러가지 못하도록 온갖 제도와 규제가 막고 있다. 수입자 신용에 기초하는 무역금융에서 수출자의 신용을 따지는 것 자체가 어불성설이다. 금융원리에도 반한다. 수출대전으로 자동 결제되어 미상환 위험도 낮은 편이다. 신용도 취약, 회생절차 진행 기업에 대해 무역금융 지원을 마다할 이유가 없어 보인다.

정책은 신뢰가 생명이다. 그러려면 정부가 정책을 입안, 집행, 피드백하는 과정에서 국민과 긴밀히 소통해야 한다. 기업과도 막히지 않고 잘 통할 수 있어야 한다. 그래야 정책이 성공한다. 정부가 최선의 노력을 기울였는데도 피할 수 없는 '정책 실패'는 용납될 수 있다. 반면 위기 때마다 적당히 핑계나 대며 얼렁뚱땅 넘기려는 정부의 '정직 실패'는 용서받기 어렵다. 정직은 정책에서도 최선의 방책이다.

06

힘 있는 국회의원, 겁 없는 해외 출장

**피감기관 지원 금지·문책보다
'공공기관 해외 출장 이력 관리 시스템' 구축 필요**

　정치인은 간도 크다. 지금이 어떤 세상인데 남의 돈으로 해외 출장인가. 국가권익위원회가 공공기관의 국회의원 해외 출장 지원에 대한 실태를 점검한 결과, 의원 38명과 보좌진·입법조사관 16명이 적발되었다. 피감기관으로부터 받은 혜택인지라 김영란법 위반의 소지가 크다. 이를 질타하는 청와대 국민청원에 26만 명이 넘게 참여했다. 여론의 불신과 비판이 하늘을 찔렀다.

청와대가 화들짝 놀랐다. 선출직 공무원의 인사검증 때 해외 출장 관련 문항을 사전질문서에 포함시키기로 했다는 발표를 내 놨다. 대통령까지 나섰다. 국회의원의 해외 출장을 지원한 피감기 관에도 잘못이 없지 않다는 질책이 있었다. 출장 지원, 과도한 의 전 제공 등은 피감기관 차원에서도 금지되고 문책되어야 한다는 경고성 메시지였다.

국제교류나 의회 외교, 현지 시찰의 명목으로 지원되는 국회의 원의 해외 출장. 적지 않은 예산이 투입되는데도 성과는 별로라 는 얘기가 무성하다. 외유의 기회로 악용되어온 지 오래다. 말이 좋아 출장이니 사실상 해외 나들이에 해당한다. 사례를 들기 민 망할 정도다. 공기업의 현지 사업을 살피는 출장에서 업무보고를 호텔 조찬으로 때우거나 한두 시간 사무실을 방문하는 것이 고 작인 경우가 적지 않다. 그러고 나서 서둘러 떠나는 게 관광이 다. 그것도 현지 기관의 안내까지 받으면서.

출장 계획과 실제 일정은 별개다. 국민대표로서의 의연한 태도 는 찾아보기 힘들다. 초청도 없는 부인까지 대동하는 외유성 시 찰도 잦다. 국민을 위해서만 사용되어야 할 공적인 지위와 권한 이 사적 이익을 위해 동원되는 순간이다. 믿는 구석이 있어서인 지, 뿌리 깊은 관행에 기대서인지 하는 행동들이 겁도 없다. 이 정도 이탈쯤은 특권으로 여기나 보다.

불쌍한 경제,
눈감은 정치

남의 돈 해외 출장 '흥청망청' 입법부
사후 약방문 만드느라 부산 떠는 행정부

출장지도 부익부 빈익빈이다. 가는 곳만 가려 든다. 의원들이 가장 선호하는 나라는 탄자니아라고 한다. 세계적인 관광지인 세렝게티 국립공원이 있기 때문이란다. 페루의 마추픽추, 캄보디아의 앙코르와트, 에콰도르령 갈라파고스도 인기 지역이다. 내 돈 내고도 쉽게 가기 힘든 유명 관광지가 있는 곳에는 어김없이 지원자가 몰린다. 반면 안 가는 곳은 누구도 가려 들지 않는다. 가나, 나이지리아, 방글라데시, 파키스탄, 동티모르 등은 대표적인 비(非)인기지역이다.

갔다 와서 작성하는 출장보고서도 허접하기 짝이 없다. 돈을 댄 공기업의 홈페이지 공시자료를 옮겨 적거나 관련 보고서들을 짜깁기하는 수준이 태반이다. 심지어 여행안내서 내용을 베끼는 보고서까지 등장한다. 그러고도 반성의 기미조차 없다. 피감기관이 지원하는 국회의원 해외 출장에 대한 국회 외교통일위원회의 해석이 가관이다. "적법 절차에 따라 편성된 예산으로 수행기관의 지급 기준에 맞춰 집행하는 만큼 법 위반 소지가 없다"는 입장 표명이다. 후안무치도 유분수지 뻔뻔함의 극치다. 정부가 밝힌 대책 정도로는 근절이 쉽지 않아 보인다.

정부나 공공기관의 실무자급 해외 출장도 부실하긴 마찬가지다. 의원들처럼 '흥청망청' 수준은 아니라도 다분히 외유성이고 성과도 기대에 못 미친다는 지적이다. 계획이 촘촘하지 못하고 준비 또한 허술하기 짝이 없다. 인원 선발부터 문제다. 가야 할 적임자가 가기 어렵다. 고생한 사람에 대한 보은 차원의 인원 차출이 잦다. 출장자로서도 남들은 열심히 일하는데 티를 내며 준비하기도 어렵다. 눈치 보아가며 전날까지 맡은 일 다 하고 다음 날 서둘러 비행기에 오른다. 기내에서 대충 자료를 훑어보고 목적지에 도착한다.

상대 기관과의 교류는 의례적인 수준에 그치기 쉽다. 이미 다녀간 출장자들이 했던 유사한 질문을 반복하거나 비슷한 자료를 요구하기 일쑤다. "과거에도 수차례에 걸쳐 동일한 자료를 준 적이 있다"는 기록까지 내보인다. "이번이 마지막"이라는 따끔한 조언과 함께 자료를 건네는 웃지 못할 일화도 있다. 출장 후 내용 정리나 자료 공유가 제대로 되지 못하고 있다는 증거다. 출장에서 돌아와 달랑 보고서 하나 만들면 끝인 사후관리 부재의 귀결이다.

문제 있다고 해외 출장 백안시 안 돼
필요한 출장은 장려하는 게 국익에 도움

빈대 잡으려다 초가삼간 태울 수는 없다. 문제가 있다 해서 해외 출장 자체를 백안시할 수 없다는 것이다. 청와대 인사검증이나 대통령의 질책이 해외 출장에 대한 규제로 작용해서는 곤란하다. 필요한 출장은 장려하는 게 나라와 국민에 유익하다. 공공기관 지원뿐만 아니라 정부 예산으로 적극 후원할 필요가 있다. 국회 심의위 활동 등에 필요한 국회의원의 해외 출장은 피감기관 돈이 아닌 국회 예산으로 편성해 집행하면 된다.

자원 빈국 대한민국은 사람이 자산이고 해외가 시장이다. 보다 많은 사람이 해외에 나가 문물을 익히고 무역과 투자 등으로 먹거리를 찾아야 한다. 뿔을 바로잡으려다가 소를 죽이는 일은 없어야 한다. 결점이나 흠을 고치려다가 수단이나 정도가 지나쳐 일을 그르친다면 그거야말로 최악의 선택이다. 기업들이 어렵게 번 외화를 쓸 수밖에 없는 해외 출장이라면 성과를 극대화시켜 국익에 도움이 되도록 하는 게 현명한 해법이다.

출장 보고는 최대한 상세하게 작성해야 한다. 수집된 자료도 잘 분류해 다수가 공유하도록 하는 게 맞다. 그래야 업무에 도움이 될뿐더러 차기 출장자들이 한층 수준 높고 폭넓은 교류를 할 수 있다. 지극히 당연한 일을 하지 않는 데서 생기는 비효율이 그동안 너무나 컸다. 예산 낭비를 막고 효과와 효율은 높일 수 있는 방책 마련이 시급하다.

차제에 정부나 공공기관의 '해외 출장 이력 관리 시스템 구축'이 절실하다. 출장 계획과 준비, 실행 내용, 자료 정리, 피드백 결과 등을 공시·공유할 수 있는 체계가 구축되어야 한다. 늦었지만 이제라도 잘하면 된다. 전화위복의 단초를 제공해 준 국회의원들에게 감사부터 하는 것이 순서일지도 모르겠다.

07

빅데이터 활용,
국부 창출 서둘러야

| 21세기 경영 총아, 빅데이터
| 잘 풀어 밝히면 기업 미래 훤히 보여

금융산업의 오랜 소원이 풀렸다. 금융 신사업이 날개를 달았다. 신용정보의 이용·보호에 관한 법률 개정안이 국회 문턱을 넘었다. 금융사가 활용하는 빅데이터의 분석과 이용의 법적 근거가 마련되는 셈이다. 개인을 알아볼 수 없도록 안전하게 조치한 '가명 정보'는 상업적 목적을 포함한 통계 작성, 산업적 목적을 포함한 연구, 공익적 기록보존 목적으로 동의 없이 활용할 수 있게 된다.

불쌍한 경제,
눈감은 정치

정보주체의 권리 행사에 따라 금융권과 공공기관 등에 흩어진 본인 정보 통합조회, 맞춤형 신용·자산관리 등 서비스를 제공하는 마이데이터(MyData) 산업이 신규 도입된다. 개인사업자에 대한 신용평가체계 구축 및 성장 지원 등을 위한 '개인사업자 신용평가업'과 통신료, 전기·가스·수도 요금 등 비금융정보를 활용해 개인 신용평가를 하는 '전문 개인신용평가업'도 새롭게 등장한다.

데이터 결합의 근거 조항을 마련하되, 국가지정 전문기관을 통한 데이터 결합만을 허용한다. 가명 정보 재식별을 금지하고 추가 정보 분리보관과 엄격한 보안대책 마련 시행도 의무화한다. 고의적 재식별에 대해서는 5년 이하의 징역과 5,000만 원 이하의 벌금, 전체 매출액의 3% 이하의 과징금이 부과된다. 데이터가 전 산업의 가치창출을 좌우하는 '데이터 경제시대'로의 전환에 맞춰 금융산업의 신성장동력 확보가 기대된다.

데이터 분석·활용의 경제적 가치는 세계적인 주목을 받아왔다. 국내 금융권의 데이터 활용은 초기 단계에 그쳤다. 개인정보 수집 시 엄격한 사전 동의를 요구하는 등 강한 수준의 정보보호 규제가 적용된 탓이다. 데이터 분석·이용을 위한 법률적 근거가 명확하지 않아 빅데이터 사업 수행에 어려움이 컸다. 데이터를 기반으로 한 새로운 사업을 적극 추진할 수 없었다. 이제야 그런 장애물이 걷힌 것이다.

'데이터 경영' 신무기가 경제 전장(戰場) 승패 판가름
'데이터 3법' 같이 통과

정부는 신용정보법 개정을 전제로 은행과 IT가 접목된 금융의 벽을 허물고, 핀테크 기업을 발굴, 지원하는 데 애써왔다. 최소 100만 명의 가명 정보는 확보되어야 상권이 분석되고 신규 대출 상품이 만들어질 수 있을 것으로 내다봤다. 미국, 유럽, 일본 등에서는 가명 정보를 활용한 정보산업 육성에 착수한 지 오래다. 우리의 법안도 유럽연합(EU)의 법제 등을 상당 부분 참조했다.

신용정보법은 개인정보보호법, 정보통신망법과 더불어 '데이터 3법'으로 불린다. 이들 법률은 서로 긴밀히 연관되어 있다. 함께 통과됨으로써 실효를 거둘 수 있게 되었다. 금융·통신·유통 등 이(異)업종 간 데이터를 결합하는 다양한 시도가 가능해졌다. 데이터 활용도를 끌어올려 소비자에게 기존과 판이한 새로운 혜택과 서비스를 선사하게 된 것이다. 4차 산업혁명 시대를 맞아 데이터 산업은 한국 경제의 커다란 활력소로 작용할 게 분명하다.

출발이 지체된 게 아쉽다. 입법 과정도 서툴렀다. 법안이 표류하는 사이 피해가 작지 않았다. 일본은 2019년 1월 유럽연합(EU)으로부터 개인정보 보호체계의 안정성을 인정받아 809억 달러, 우리 돈으로 95조 원 규모로 추산되는 유럽의 데이터시장 진출에 성공했다. EU가 2019년 5월 강력한 수준의 개인정보보호법(GDRP, General Data Protection Regulation)을 시행, 동등 수준의 보호체계를 갖춘 국가에 한해 자유로운 데이터 이동을 허용했다.

4차 산업혁명 시대, 경제 활력소 될 '데이터 산업'
선진 기업 추월해야 경쟁우위 확보

미국 역시 아메리카 기술기업을 상징하는 페이스북·아마존·애플·넷플릭스·구글 등 이른바 '팡(FAANG)'이 빅데이터를 통해 미래 먹거리를 찾고 있다. 이렇듯 선진 기업들은 늘 눈치가 빠르고 동작이 날쌔다. 후발 주자로서는 이들을 추격하고 추월해야 경쟁우위를 확보할 수 있다. 시작이 늦어진 만큼 성과 창출을 서둘러야 마땅하다. 국제적 데이터 법제와의 정합성 제고로 세계적 데이터 경쟁 대열에 합류할 수 있게 된 이번 기회를 십분 활용할 수 있어야 한다.

이제 밥상은 차려졌다. 먹는 일만 남았다. 빅데이터를 미래 경쟁력 확보의 핵심 수단으로 활용하는 일은 산업의 몫이다. 기업은 고객 행동을 예측하고 경쟁력 강화, 생산성 향상, 비즈니스 혁신의 도구로 써먹어야 한다. 정부를 포함한 공공부문도 예외일 수 없다. 국민에게 필요한 서비스 제공을 가능하게 하는 수단으로 활용, 사회적 비용 감소와 공공서비스 품질 향상을 꾀해야 한다.

경험과 감(感)에 기대는 경영은 쓸모가 없어졌다. '데이터 경영'의 신무기가 경제 전장(戰場)의 승패를 판가름 짓는 세상이 되었다. 데이터 경영은 산업과 업종을 불문한다. 근자에 와서 스포츠 계에서조차 이런 움직임이 감지될 정도다. 프로야구 롯데가 허문회 감독을 새로 선임했다. 데이터 야구에 관한 그의 식견을 높이 샀다는 평가다. 지난 시즌까지 키움 히어로즈 전력분석팀에서 일했던 신임 노병오, 윤윤덕 코치 역시 데이터 전문가들이다.

기라성 같은 스타플레이어 출신들을 제치고 비(非)선수 출신의 무명 '숫자쟁이'들을 새 코팅 스태프로 전격 기용한 것 자체가 데이터 야구에 거는 절박한 기대감 때문이리라. 21세기 신경영의 총아로 홀연 등장한 빅데이터. 잘 풀어 밝히면 기계 내부도 소비자 마음도 훤히 들여다볼 수 있다. 시계 제로의 기업 미래도 멀리 내다볼 수 있다. 지금으로서는 이만한 만사형통이 없다.

불쌍한 경제,
눈감은 정치

P A R T

08

교육

• 이대로 가다 큰일 난다 •

01
노벨상 능가하는
'관정상'

| 이(李) 회장의 투철한 도덕의식, 솔선수범의 공공 정신,
| '노블레스 오블리주' 큰 그릇

　등잔 밑이 어둡다고, 우리에게도 이런 기업인이 있는 줄 몰랐
다. 올해 98세의 원로 경영인 이종환 회장을 두고 하는 얘기다.
그는 관정 이종환교육재단의 이사장이기도 하다. 평소 기업인 하
면 부정적 이미지부터 떠올리는 일반의 인식을 보기 좋게 깨부순
다. 부자들이 세운 장학재단을 편법세습이나 세금탈루의 도구로
도매금으로 매도했던 옹졸함이 낯 뜨겁다.

불쌍한 경제,
눈감은 정치

이 회장은 1959년 플라스틱 제조로 사업을 시작했다. 지금은 대다수 전자제품의 핵심소재인 초박막 커패시터 필름 등을 만드는 삼영화학을 경영한다. 재산의 97%가 넘는 1조 원 이상을 재단에 쾌척했다. 19년간 1만 명이 넘는 장학생들에게 2,400억 원이 넘는 장학금을 지급했다. 국내는 물론 아시아를 통틀어 최대 규모의 장학재단이다. 2015년에는 서울대에 600억 원을 들여 도서관도 지어줬다. 아직도 학내 최대 기부자의 반열에 올라 있다.

장학금을 지원받은 학생 중 향후 10년 이내 노벨상 수상자가 나오기를 누구보다 갈망해 왔던 그다. 가난 때문에 꿈을 포기하는 인재가 생기지 않도록 돕는 것을 일생의 목표로 꿈꿔왔다. 그러던 중 이번에는 더 큰 포부를 밝혔다. 세계적인 과학상, 가칭 '세계관정과학상'을 창설하는 청사진을 펼친 것이다.

2022년부터 생명과학상, 수리물리학상, 화학상, 응용공학상, 인문사회과학상을 수상할 계획이다. 5개 분야에 걸쳐 매년 각 수상자에게 15억 원 안팎의 상금을 수여한다. 상금 규모만 놓고 보면 6개 분야에서 각 100만 달러, 도합 600만 달러에 달하는 노벨상 규모를 능가한다. 남달리 앞서 깨달음이 큰 선각자적 발상이다.

세계적인 과학상, 가칭 '세계관정과학상' 창설 청사진
남달리 앞서 큰 깨달음 얻은 선각자적 발상

2020년 6월까지 재단 산하에 국내외 최고 권위자로 구성되는 세계관정과학상위원회를 구성한다. 분야별 국내 최고 권위의 대학과 학술단체에 의뢰해 수상자를 심사 선정할 계획을 잡고 있다. 재단 수익이 연 300억 원을 상회하기 때문에, 매년 지급하는 연간 장학금 130억 원을 감안하더라도 과학상 운영 여력이 충분하다는 설명이다.

2002년 사재 3,000억 원을 출연, 교육재단을 설립했을 때도 세상이 놀랐다. 그 후로도 출연금을 꾸준히 늘렸다. 기금 규모가 1조 원을 넘었다. "천사처럼 돈을 벌지 못했어도 천사처럼 돈을 쓰겠다"는 각오로 사회 환원을 시작했다고 한다. 겸양의 말씀이다. 말은 그래도 그는 이미 투명한 기부 천사다. 알프레드 노벨은 다이너마이트 제조로 번 돈을 스웨덴 과학아카데미에 기부했지만, 이 회장은 정당한 기업 활동으로 부를 창출해 출연치 않았는가.

큰 상에 비해 뜻이 소박하다. 평소 장학재단을 운영해 오면서 가졌던 기대와 안타까움이 상을 만든 배경이다. 이 회장은 한국에서도 세계적인 인재가 나오기를 열망했다. 이를 뒷받침할 기업인 배출도 간절히 소망해 왔던 터다. 노벨상이 과학이론 중심이라면 새로운 상은 응용과 실용화에 공헌한 사람에게도 문호를 넓힐 생각이다. 아시아와 제3세계 출신의 과학자에게도 보다 많은 관심을 기울일 요량이다.

100세를 눈앞에 둔 그는 아직도 청춘이다. 평소 '양자 컴퓨터' 같은 미래 산업을 자주 언급한다. 반도체 이후 등장할 양자 컴퓨터 시대를 지금부터 선제적으로 준비해야 한다는 역설이 감동적이다. 국내 주요 산업들이 성숙기에 접어들어 신수종 산업 발굴을 걱정하는 마당에 후배 경영인들이 귀담아들어야 할 지침이다.

지구적 문제 해결 위해 아낌없이 재산 내놓은 선한 사마리아인들 그들 덕에 세상은 아름답게 진화

국가적 자긍심을 드높이는 경사다. 우리는 지금까지 훌륭한 기부 사례를 해외에서나 찾아야 했다. 페이스북 지분 99%, 80조 원이 넘는 천문학적 재산을 기부한 마크 저커버그. 1,000억 달러가 넘는 재산을 세 자녀에게 1,000만 달러씩 주고, 나머지를 헌납한 마이크로소프트 창업자 빌 게이츠. 2007년 21억 달러 상당의 주식을 자선단체에 희사한 오마하의 현인, 워런 버핏이 단골로 인용된다.

그럴 때마다 자존심이 참 많이 상했다. 이제 그럴 필요가 없다. 대한민국의 토종 기부 사례를 당당히 내세울 수 있게 되었다. 의식 속에 잠재한 콤플렉스를 떨치고, 안정과 균형을 찾는 카타르시스를 만끽하게 되었다. 세계 12위 국내총생산(GDP), 세계 8위 수출 규모, 1인당 국민소득 3만 달러 국가로서 그간의 구겨진 체면이 서게 되었다. 이종환 회장 덕분으로.

'Philanthropy(자선·박애)'와 'Capitalism(자본주의)'의 합성어인

자선자본주의(Philanthrocapitalism) 용어는 더 이상 남의 나라 부호의 기부 행위를 설명하는 데 국한되지 않는다. 전 지구적 문제 해결을 위해 소유 재산을 아낌없이 내놓은 선한 사마리아인들 덕에 세상은 아름답게 진화하고 있다. 이들을 태초에 천지를 창조하신 신의 과업을 돕는 이 시대의 동역자로 표현한다면 지나친 아부일까.

"어떤 재산보다 좋은 세상을 물려주고 싶다"는 저커버그. "'돈을 잘 쓰는 것'을 목표로 인생 후반전을 시작했다"는 빌 게이츠. "재산 물려주면 자식 망친다"는 워런 버핏. "미래를 기준으로 오늘 할 일을 먼저 해야 한다"는 이종환 회장. 이들의 투철한 도덕의식, 솔선수범의 공공정신은 '노블레스 오블리주' 그릇으로도 담아내기 벅차다. 중량 초과, 용적 초과 동시 위반이다.

02

중병 앓는 대학들

> 21세기 학생, 20세기 대학,
> 19세기 관(官) 통제의 토양에서 국제 수준의 대학 탄생할 수 없어

사면초가(四面楚歌)는 대학 현실을 두고 하는 말 같다. 겪는 어려움이 이만저만이 아니다. 고립무원의 고통을 이어간다. 끝없는 학령인구 감소, 11년째 등록금 동결, 불합리한 정부 규제가 촘촘히 주위를 에워싼다. 장애와 악재가 여기저기 그득하다. 지금의 대학 형편은 초나라 항우가 한(漢)나라 군사에게 포위되었던 상황보다 더하면 더했지 덜하지 않을 성싶다.

대학 자체적으로 통제가 불가능한 요인이라는 게 문제다. 정원 감축, 경비절감, 구조조정 등 자구노력만으로 감당하기 힘든 구조적 사안이 대부분이다. 정부 돈으로 살아가는 국공립대야 걱정할 게 없다지만, 대다수 사립대는 당장의 생계와 생존을 걱정해야 하는 처지다. "벚꽃 피는 순서로 대학이 망한다"는 자조적 표현, 우스갯소리로 넘길 일이 아니다.

대학 돈줄이 마르고 있다. 재정수입의 핵심인 등록금이 2009년부터 올해까지 11년간 동결된 결과다. 편입 등으로 학생 수마저 줄고 있다. 교직원 인건비 지급이 버겁고, 교육 기자재의 교체가 힘들다. 등록금 책정이 명목상으로는 대학의 자율 권한이나 실제는 딴판이다. 교육부의 동결 방침이 10년 넘게 강요돼 왔다. 대학이 정부가 내놓는 각종 사업에 목을 맬 수밖에 없는 이유다. 너나없이 경쟁에 뛰어들어 사업비 확보에 이전투구를 벌여야 한다. 이런 처절함이 없다.

이쯤 되면 사립대라고 사립대가 아니다. '국공립화 대학'의 별칭이 어울린다. 정부 돈을 안 받기도 부담스럽다. 털어 먼지 안 나는 곳 없다고, 혹시라도 밉보여 감사를 자초할까 께름칙하다. 적발되면 비리사학으로 낙인찍힐 수 있다. 재정지원 제한대학으로 지목되는 날에는 정부사업 참여와 장학금 지원이 끊긴다. 이래저래 옴짝달싹하기 힘든 구조다.

사면초가 대학들
학령인구 감소, 11년째 등록금 동결, 불합리한 정부 규제 등 포위망 촘촘

힘이 될 정부는 되레 규제·감독을 강화하는 듯하다. 가뜩이나 힘든 대학들을 정부가 입시, 재정, 감사, 평가의 4각 규제로 옥죄고 있다. 전방위적 압박이 오랜 기간 이어지다 보니 자율과 혁신은 온데간데없어졌다. 소극적이고 방어적 태도가 점차 체질화되고 있다. 창의적이고 진취적인 경영은 꿈도 꾸기 어렵다.

입학 정원부터 등록금 결정까지 정부의 간섭이 세세하고 치밀하다. 각종 사업과 평가를 통해 사사건건 통제와 감독을 받는다. 올해만 해도 그렇다. 정시 비율을 늘리고 학생부종합전형선발 비율을 높이라는 성화가 반강제적이다. 학종 선발 비율이 높은 8개 대학에 대해서는 감사까지 실시했다. 평가받고, 보고서 쓰고, 감사를 받다 보면 한 해가 훌쩍 지나간다. 대학의 1년은 그렇게 짧다.

규제 강화는 경쟁력 하락으로 이어지게 마련이다. 오비이락일까. 공교롭게도 등록금이 동결된 2010년대 들어 한국 대학교육의 국제 순위는 하락세다. 2011년 59개국 가운데 39위였던 스위스 국제경영개발원(IMD)의 한국 대학교육경쟁력 순위가 2017년에는 63개국 중 53위로 추락했다. 세계경제포럼(WEF) 고등교육 국가경쟁력도 같은 기간 중 147개국 가운데 17위에서 137개국 중 25위로 떨어졌다.

대학을 나와도 갈 곳이 없다. 졸업장이 힘이 되는 게 아니라 짐이 되는 세상이다. 한국은행이 발표한 하향취업현황 보고서 내용은 섬뜩하다. 대학졸업자의 30.5%가 굳이 대졸 학력이 필요하지 않은 서비스·판매직, 단순노무직에 종사하고 있다. 분석을 시작한 2000년만 해도 하향취업률이 23.6%에 그쳤던 게 그동안 이토록 커진 것이다. 그나마 일자리도 못 구해 애태우는 청년들은 더 많다.

대학 살리기만큼 긴급과제 없어
학령인구 감소 대처, 4차 산업혁명시대 인재육성 올인할 때

실제로 대졸자 수에 걸맞은 일자리가 만들어지지 못하고 있다. 2000~2018년 중 대졸자는 연평균 4.3% 증가했으나, 적정 일자리는 2.8% 느는 데 그쳤다. 경기침체 탓도 있고, 대졸자가 많이 배출되는 교육구조에도 문제가 있을 수 있다. 인적자본 활용이 비효율적이라는 의미도 된다. 경제 전체로 보면 생산성 둔화를 초래하는 안타까운 결과다.

인재 양성과 국가경쟁력 창출의 산실인 대학이 중병을 앓고 있다. 걱정하고 고치려는 노력은 안 보인다. 설상가상으로 현실과 동떨어진 정책이 끊이지 않는다. 최근에도 교육부는 사학의 투명성을 높인다는 이유로 1,000만 원 이상 횡령·배임을 저지른 사학법인 임원은 바로 퇴출하고, 업무추진비 공개 대상도 대학 총장에서 법인 이사장 및 상임이사로 확대하기로 하는 내용을 사학

불쌍한 경제,
눈감은 정치

혁신방안으로 내놨다. 도움은커녕 부담만 주고 있다.

대학 살리기만큼 중요하고 긴급한 과제가 없다. 학령인구 감소에 대처하고 4차 산업혁명시대에 걸맞은 인재 육성에 올인해야 할 때다. 대학 경쟁력 저하의 주범으로 꼽히는 규제부터 뿌리 뽑아야 한다. 사립대에 대한 지나친 간섭을 멈춰야 한다. 정부가 고등교육의 77.7%를 책임지고 있는 사립대를 제대로 대우해야 한다. 주종의 관계가 아닌 동반자 관계를 통해 상생의 순기능을 이끌어내야 한다.

교육 분야 비리를 엄단하고 투명성을 높이자는 정부 방침에 토를 달 사람은 없다. 다만, 대학의 공공성 강화를 명분으로 대학의 자율성이 침해되는 일은 없어야 한다. 미래 세대 육성과 국가 경쟁력 제고라는 교육 본연의 역할에 매진해야 한다. 21세기 학생, 20세기 대학이, 19세기 관(官) 통제의 토양에서는 국제 수준의 대학이 자라나기 힘들다. 대학이 흔들리면 미래가 흔들린다. 대학이 살아야 나라가 산다. 이 세대가 받들 시대적 소명이다.

03

'강사법', 이러려고 만들었나

| 안정적 법 운영 위해서는 단기적 미봉책 아닌,
지속적 재정 지원과 규제 완화가 관건

　대학 시간강사는 우리 사회의 '아픈 손가락'이다. 남들보다 공부
는 더 많이 하고 받는 대우는 초라하다. 누가 시켜서 한 게 아니
라 어디다 대고 하소연도 어렵다. 중죄인인 양 신분을 감추며 그
저 인내로 하루하루를 버티며 살아간다. 언제 끝날지 모르는 고
통의 긴 터널을 신기루 같은 교수 자리 하나 바라보며 스스로를
채찍질한다. 대한민국 슬픈 자화상의 한 단면이다.

불쌍한 경제,
눈감은 정치

공감과 동정이 없지 않았을 터다. 하지만 정작 어느 누구도 문제 제기를 하지 않았다. 정치권은 슬그머니 고개를 돌렸고, 비판적인 언론들도 공히 침묵으로 일관해 왔다. 국민도 못 본 척 지나쳤다. 인내에도 한계는 있게 마련. 2010년 5월 결국 큰일이 터지고 말았다. 고달픈 처지를 비관한 조선대 시간강사의 극단적 선택이 있었다.

그 이듬해 2011년에서야 시간강사의 처우 개선을 골자로 하는 고등교육법 개정안, 이른바 강사법이 국회를 통과했다. 그나마 기대도 잠시뿐. 대학의 재정부담 증가, 강사 대량해고 우려 등을 구실로 네 차례나 유예되는 우여곡절을 겪어야 했다. 2018년 12월 18일 국회에서 법이 개정되고, 이듬해 4일 국무회의에서 시행령이 의결되었다. 그리고 2019년 8월 드디어 시행에 들어갔다.

고등교육법 개정안은 대학 시간강사에게 교원 지위를 부여했다. 학기 단위로 채용되고 폐강 시 고용지속 의무가 없던 임용 기간을 1년 이상으로 명문화했다. 재임용은 3년까지 보장했다. 학교 재량이었던 임용 절차·조건은 시행령에 규정된 근무조건을 준수하게 했다. 방학 기간에도 임용계약에 따라 임금을 지급한다. 강의시간에 비례해 퇴직금도 제공된다. 강의 담당 시수는 6시간 이하로 정해졌다. 어쨌든 큰 진전이다.

우여곡절 끝에 시행된 '강사법'
기대는커녕 원망과 질타의 대상, 강사들 반발 극심

강사의 보호 장치가 될 것으로 기대를 모은 강사법이 원망과 질타의 대상이 되고 있다. 이해당사자인 강사들의 반발이 극심하다. 강사 단체는 "대학 당국은 2019년 1학기에만 1만 5,000명 이상의 강사를 해고하고, 그 자리를 전임교원, 겸임교수, 초빙교수 등으로 대체했고 6,000개 이상의 강좌를 폐강했다"고 주장했다. "이를 위해 졸업 이수학점 줄이기, 전임교수 강의시수 늘리기, 대형·온라인 강의 증설 등 편법을 총동원했다"고 비판했다.

법 시행 이후에도 대학의 구조조정은 가속화되고 있다. 상당수가 강사 자리를 잃었다. 남은 강사도 "해고될까 봐 불안하다"는 반응이다. 강사의 처우 개선을 골자로 하는 법이 고용 안정을 해치는 역설로 빚어지고 있는 것이다. 해고된 강사들뿐 아니라 강의를 따낸 강사들도 강의 몰아주기를 막기 위한 '주 6시간' 제한으로 급여가 줄어들었다. 학생들로서도 강의 수 축소, 강의 대형화로 수업선택권이 침해되었다.

법은 시행됐으나 갈 길이 멀다. 재원 부족이 걸림돌이 되고 있다. 대학이 강사들에게 방학 중 급여와 퇴직금, 건강보험료 등을 지급하다 보니 추가 재원이 소요된다. 한국대학교육협의회는 강사법 시행에 따른 추가 소요 예산을 연간 2,965억 원으로 집계했다. 정부가 법 시행 첫 학기 방학 중 임금 지원액으로 확보한 예산은 288억 원에 불과했다. 나머지는 대학이 부담하고 있다. 12년째 등록금 동결, 입학금 폐지, 전형료 인하, 기부금 공제율 감축 등으로 재정 압박이 큰 대학으로서는 감당하기 힘든 짐이다.

교원 지위가 인정된 만큼 강사에 대한 상응한 대우는 당연하다. 비전임 교원과 전임 교원은 같은 시수를 수업해도 연봉 격차가 크다. 평균 13배에 달한다. 강사들의 시간당 보수는 거론조차 부끄러운 수준이다. 학교별 차이는 있으나 사립대의 경우 통상 5~6만 원에 불과하다. 국립대의 경우도 8만 원 수준이다. 10만 원을 넘는 곳은 찾아보기 힘들다. 세금과 보험료 등을 공제하면 실수령액은 더 줄어든다. 나이와 연차 구분도 없어 생계 불안과 위험이 여전하다.

법은 시행됐으나 갈 길 멀어
재원 부족이 당장 걸림돌, 돈보다 더 견디기 힘든 건 차별

돈보다 더 견디기 힘든 건 차별이다. 불평등 구조에서 허울뿐인 교원 자격 부여가 강사에게 무슨 힘과 위로가 되겠는가. 법 시행 이후에도 강사가 받는 초라한 대접은 나아질 기미조차 안 보인다. '존귀 영광 모든 권세'는 교수가 독차지하고, '멸시 천대 십자가'는 강사가 짊어지는 불공정 구도가 시정되지 않는 한 교육 발전은 요원하다. 발상의 대전환이 시급하다.

대학 교육의 한 축을 담당하는 강사의 열악한 현실을 남의 일로만 여겨서는 안 된다. 교육은 미래다. 청년의 앞날은 물론 나라 장래의 명운이 걸린 중대사라는 점에 모두가 인식을 공유해야 한다. 지난날 한강의 기적이나 오늘날 세계 15위권의 경제는 교육 숭상의 우리 민족성과 무관하지 않다. 유대인은 그 점에서 우리보다 한술 떠 뜬다. 유대인은 고대로부터 학자를 공동체의 으뜸 이른으로 섬겼다. 지금도 유대인을 이끄는 리더는 공부를 많이 한 학자인 랍비(rabbi)이다.

강사법 내용을 보면 자율의 함정이 커 보인다. 세부 기준에 대해서는 대학이 자체적으로 결정하고 시행하도록 규정했다. 결과적으로 크게 개선된 부분이 없다. 마치 몸 안의 환부는 그대로 둔 채 겉만 봉합 수술한 모양새가 되고 말았다. 앞으로도 끝없는 논란이 예상된다. 앞으로 법 시행이 제대로 될 수 있을지 의구심이 들기도 한다. 치밀한 준비 없이 시행에 나선 교육부의 책임이 크다.

하지만 어쩌랴. 제도가 이미 시행된 것을. 앞으로나 잘해 나가는 수밖에 없다. 강사법의 안정적 운영을 위해서는 단기적 미봉책이 아닌, 지속적인 재정 지원과 규제 완화가 핵심 관건이다. 허점을 면밀히 추적 관찰하고 지속 보완하는 노력이 긴요하다. 교육자를 기죽이고 홀대하는 일은 더 이상 없어야 한다. 교육 융성의 백년대계는 교육자 살리기에서 시작되어야 한다. 그것이 학생을 살리고 대학을 살리며 나라를 살리는 출발점이기 때문이다.

불쌍한 경제,
눈감은 정치

04

22세기에도
가난은 큰 스승

| 한국 경제가 당면 난관 벗어나 선진경제로 재도약하기 위해서도
| 어려움은 어려움으로 맞서야

대한민국 중소기업은 어떻게 살아왔나. 한마디로 험난한 노정이었다. 그 경영자들의 인생역정도 매한가지다. 대다수가 경제적으로 넉넉지 못한 환경에서 자랐다. 생계를 위해 고향을 등지고 도시 변두리로 보금자리를 옮겨야 했다. 주경야독일망정 배울 수 있다는 것만으로도 마냥 행복하던 시절이었다. 논바닥처럼 갈라진 방바닥 틈새로 살인적 연탄가스가 늘 넘나들었지만 눈비 피

할 단칸방 하나로도 감사했다. 슬레이트 처마 밑 사과 궤짝을 찬장 삼아 투박한 그릇 몇 개로 구색을 맞춘 초라한 부엌살림에 찾아오는 사람들은 왜 그리 많았는지.

배움의 길도 고단하기 그지없었다. 많은 형제 가운데 교육의 기회는 장남에게 주어진 일종의 특권이었다. 장자 우대 문화에 큰아들 잘 가르쳐 놓으면 졸업해서 동생들을 거둘 수 있을 것이라는 계산까지 보태진 때문이었다. 이마저도 아들에만 국한돼 딸들에게는 진학의 기회란 언감생심이었다. 여성은 아무리 공부를 잘해도 적성과는 상관없이 학비가 싸거나 면제되는 교대나 간호대에 가야 했다. 결과적으로 초등교육과 의료 분야가 비약적 성장을 할 수 있었던 것도 여기에 힘입은 바 컸다. 누구도 부인하기 힘든 대목이다.

일터는 또 어떠했나. 우여곡절 끝에 힘겹게 얻은 일자리였지만 작업환경은 열악하기 짝이 없었다. 요즘 용어로 산업재해가 언제 어디서 터질지 모르는 형편없는 지경이었다. 일감만 있으면 주야간이 따로 있을 리 없고 납기를 맞추기 위해서는 휴일 근무도 마다치 않았지만 특근 수당은 구경조차 힘들었다. 워라밸 등의 호사스런 용어는 사전에도 등재되지 않았던 시절이다.

가난은 그토록 감내하기 힘든 천형이었던가. 지금 와서 보면 오히려 그 반대의 측면이 컸음을 확인케 된다. "우리는 왜 이리도 가난할까?"라는 한숨과 원망 대신 가난의 숙명을 새로운 비전과 희망으로 탈바꿈시킬 수 있었던 데는 오히려 헝그리 정신에 힘입

불쌍한 경제,
눈감은 정치

은 바 컸다. 자원도 자본도 기술도 없었던 한국 경제가 개발과 고도성장을 이뤄내 세계 15위권 경제 대국 반열에 당당히 오를 수 있었던 것이나 IMF 환난 극복 과정에서의 구조조정의 고역도 가난을 이겨낸 기업가 마인드 없이는 성취되기 어려웠다.

한국 경제 개발과 성장, IMF 구조조정 고역 감내
가난 이겨낸 '기업가 마인드' 성취 결과물

최근 대한민국 경제는 또다시 어려운 시기를 맞고 있다. 내수 침체 속에서도 그간 국내 경기를 견인했던 수출 증가세마저 미·중 간 무역전쟁 장기화, 반도체 가격 하락 등으로 둔화되고 있다. 향후 경제전망도 한층 불투명해지고 있다. 주요 경제연구소들의 성장 전망치도 하향 곡선을 내달리고 있다. 1,550조 원을 넘어선 가계부채, 100만 명이 넘는 실업자 수, 50만 명 초과 청년실업자 등 빈곤층이 넓고 깊기만 한다.

중소기업 분야도 예외는 아니어서 극심한 경영난에 시달리는 기업들의 수가 갈수록 늘고 있다. 매출 감소, 경쟁 격화, 임금 및 원자재 가격 인상으로 경영상태가 악화일로다. 당장 제조업 가동률이 1년 전에 비해서도 뚝 떨어졌다. 금융위기 당시인 2009년 이후 최대의 하락 폭이다. 외부 환경 악화와 급격한 최저임금 인상 등으로 국내 중소 제조업이 뿌리째 흔들리고 있다는 증거다.

놀라운 것은 절약 마인드가 더 없이 요구되는 이 불황기에도 소비의 기세는 건재한 현실이다. 설비투자와 생산능력이 감소하는 가운데에서도 민간 소비만은 유독 꼿꼿하다. 해외관광객 수는 연간 2,300만 명을 넘었다. 전체 인구수 대비 45% 수준으로 여타 나라들이 범접하기 힘든 부동의 세계 1위다. 국내 커피시장만 해도 성장세가 가히 폭발저이다. 목 좋은 상권에는 어김없이 고급 카페들이 성업 중이다. 커피가 한국인에게 생활의 일부로 접수된 상태라지만 정도가 지나치다. 전 지구적 소형차 선호의 흐름 속에서도 한국인들의 고급차, 대형차 사랑은 유별나다.

힘든 경제 상황은 헝그리 정신 망각 결과
허리띠 죄는 근검절약, 뼈 깎는 자기 혁신으로 대처

건강과 웰빙은 국내 소비시장 각 분야를 관통하는 대표적 소비 패턴으로 자리 잡은 지 오래다. 기능성 식품은 물론 생활용품, 가전제품, 문화상품 등에 파급되면서 수요가 수그러들 줄 모른다. 초대형 TV, 공기청정기, 무선청소기 등은 공전의 히트상품으로 선정되어 대박을 터뜨리고 있다. 유기농 전문매장의 매출은 갈수록 늘고 있고, 먹거리 외식 산업은 불황의 무풍지대로 통한다. 차량공유서비스 우버 창업자인 트래비스 캘러닉까지 한국 외식산업을 넘볼 정도다.

불상한 경제,
눈감은 정치

얇아지는 호주머니 사정에도 고가·고급 제품에 대한 소비가 커지는 것은 국내 소비자들의 욕구가 그만큼 업그레이드된 점에 일차적 원인이 있을 수 있다. 하지만 이것 말고도 경제난으로 불투명한 미래 비전에 실망한 경제주체들의 대리만족이 소비 열풍으로 표출되고 있다는 지적에 동조하는 견해도 적지 않다. 여기에 '남들이 나를 어떻게 볼까' 하는 타인을 의식한 소비문화 또한 소비 증가에 단단히 한몫하고 있다는 진단도 나온다.

어찌 보면 지금의 힘든 경제 상황은 헝그리 정신을 망각한 결과일 수 있다. 어려움은 어려움으로 맞서야 한다. 경제난 또한 허리띠를 조르는 근검절약과 뼈를 깎는 자기 혁신이 선행될 때 이겨낼 수 있다. 자고로 한민족은 모방에서 창조를 연출하는 데 특별히 강한 측면이 있다. 외국의 시스템, 종교, 제도를 들여와 원래의 모습보다 훨씬 뛰어나게 성공적으로 탈바꿈시킨 사례들이 어디 한둘이었던가.

이 모두가 생존과 발전을 위해서는 힘든 역할을 스스로 자청해서 떠맡고 인내로 현실 탈출을 시도해 얻은 훌륭한 결과들로 이해될 수 있다. 한국 경제가 저성장, 고실업, 양극화 등 현재 당면한 어려움에서 벗어나 선진 글로벌 경제로 재도약하기 위해서도 헝그리 정신의 재현이 요구된다. 21세기에도, 22세기에도 가난은 여전히 사람과 세상의 큰 스승이다.

05

'자사고' 죽이기, '일반고' 살리기

| 백년대계 교육정책, 정권 따라 '오년지계(五年之計)'로
| 피해는 고스란히 국민의 몫

　이름은 일단 멋지고 봐야 한다. 알아보기도 쉬워야 한다. 저자들은 책 출간 직전까지 표지 제목을 고민한다. 내용을 다 읽고 나서 책을 구입하는 독자는 없다. 제목이나 목차 정도를 대충 훑고 구매에 나선다. 상품이나 서비스도 브랜드의 역할이 결정적이다. 명품은 그 자체만으로 엄청난 가치를 지닌다. 까다로운 현대 소비자도 명품 앞에서는 맥을 못 춘다. 비싸도 아까운 내색 없이

지갑을 연다.

정책도 명칭이 중요하다. 그래야 홍보가 수월하고 활용도가 높아진다. 튀는 제목에 목매는 이유다. 중소기업 지원제도 중에도 그런 게 눈에 띈다. '명문(名門) 장수기업 확인제도'다. 장기간 건실한 기업 운영으로 사회에 기여한 바가 크고, 세대를 이어 지속 성장이 기대되는 중소·중견기업을 명문 장수기업으로 확인해 주는 제도다.

업력이 45년 이상인 기업으로 경제적·사회적 기여·혁신역량이 우수한 기업이 대상이다. 중견기업은 매출액이 3천억 원 미만인 경우에만 해당된다. 지원되는 혜택이 적지 않다. 명문 장수기업 확인서 발급, 현판 제작·부착, 생산제품에 마크 부착 등으로 홍보에 활용할 수 있다. 정부포상 우선 추천, 중소벤처기업부의 수출, 인력, 정책자금 등 사업 참여 시 우대와 가점이 주어진다.

국가가 인정하는 명예로서, 사회적 존경, 대외 인지도 상승, 우수인력 유입 촉진, 매출 증대 등의 부수적 효과도 기대된다. '명문'의 명칭에 걸맞게 취지가 참신하고 실속도 짭짤한 편이다. 명문을 알아보고 후한 대접을 하려는 정부의 세심함이 군계일학처럼 돋보인다. 우리만큼 중소기업 지원제도가 잘 돼 있는 나라도 드물다는 얘기가 빈말이 아닌 듯싶다. 모든 정책이 그랬으면 좋으련만.

정책도 명칭이 중요
'명문(名門) 장수기업 확인제도', 멋진 명칭에 걸맞게 지원 혜택도 짭짤

교육 분야만큼은 그렇지 못한 것 같다. '명문 중시'는커녕 '명문 무시'의 행태가 노골적이다. 자율형사립고, 외국어고, 국제고 폐지 의 논쟁이 갈수록 뜨겁다. 점입가경이다. 이들 학교를 일반고로 2025년 일괄 전환하는 초·중등교육법 시행령 개정안의 입법 예고 가 마무리되고 말았다. 법률 개정이 공포되기에 이르렀다.

짧게는 10년, 길게는 18년째 자사고로 운영해 온 명문교들이 일반고 강제 전환이나 폐교의 위기에 몰리게 되었다. 해당 학교들 은 헌법소원을 내 대응하겠다는 강경한 방침이다. 구체적인 교육 방법이나 또는 학교의 종류, 학생들이 어떤 교육을 받는지 제도 적으로 보장된 교육제도를 단지 시행령 하나로 없앨 수 있다는 발상 자체가 위헌적이라고 항변한다. 헌법소원은 시행령 공포 후 90일 이내 제기하도록 되어 있다.

학교 측의 강력한 대응에도 개정안이 철회될 가능성은 그리 높 아 보이지 않는다. 사회부총리 겸 교육부 장관은 되레 큰 소리다. 올 한 해 고교서열화 해소 방안이 현장에 안착하도록 각별히 챙 기겠다고 밝힌다. 재지정 평가로 인한 소송전에 시행령 개정에 대 한 헌법소원까지, 고교서열화 해소를 둔 갈등과 혼란이 앞으로도 한동안 이어질 전망이다.

자사고를 입시 전문기관으로 매도하는 교육 당국의 태도가 이해하기 어렵다. 자사고가 학생선발권과 교육과정의 자율성을 활용, 입시 전문기관의 역할에 매몰돼 왔다고 주장은 다분히 감정적이다. 대다수 일반고도 대입 준비에 열중하고 있다. 그렇다면 일반고마저도 폐지돼야 한다는 주장을 펴는 게 맞다. 고교교육 현실에 대한 정확한 이해나 합리적 근거도 없이 자사고 폐지를 밀어붙이는 압박은 온당치 못한 처사다.

인위적 차별도 안 되지만 결과적 우열은 인정해야
선거공약에 매몰돼 현장 외면하면 큰일

일반고 살리기 위한 자사고 폐지는 어불성설이다. 자사고를 없앤다고 일반고가 살아나고 사교육이 줄어들까. 그럴 리 만무하다. 지난날 명문고를 폐지하고 얻은 게 무엇인가. 솔직히 하향 평준화만 낳지 않았던가. 진보성향 교육감들이 주창해 만든 혁신학교에서 기초학력 미달자가 속출하고 있다.

고교 서열화 해소를 통해 교육 불평등 해결을 도모하는 것은 순진한 발상에 불과하다. 생각과 현실은 얼마든지 다를 수 있음을 유념해야 한다. 교육정책의 기조에 획일적인 평등주의 색채가 강화되면서 인재 양성의 목표가 희미해지는 현실이 안타깝다. 세계가 인재 양성을 위해 전력 질주하는 마당에 우리만 거꾸로 갈 수 없는 노릇이다. 명문은 하루아침에 세워지지 않는다. 치열한 경쟁이 개선을 낳고 부단한 개선이 명문을 탄생시킨다.

인위적 차별은 안 되지만 결과적 우열은 인정해야 한다. 이를 죄악시하면 정체나 후진의 나락에 떨어진다. 평준화의 틀을 유지하면서 잠재력을 극대화하기란 말처럼 쉽지 않다. 다양한 인재 양성을 위해 나름 잘 유지돼온 체제를 갑자기 흔들면 안 된다. 백년대계가 되어야 할 교육정책이 정권에 따라 오년지계로 쪼그라지면 피해는 학생과 학부모뿐 아니라 온 국민에게 돌아간다.

자사고 폐지의 논란은 현실적으로 무의미할뿐더러 시기적으로도 부적절하다. 당장 시급한 과제는 일반고 살리기다. 여태껏 제구실을 못해 온 공교육 탓에 사교육에 매달리는 열악한 일반고의 교육 여건부터 바로잡는 게 급선무다. 앞선 자를 끌어내리는 하향 평준화보다 뒤처진 자를 치켜세우는 상향 평준화가 낫다. 대선공약에 매몰되어 현장의 목소리를 외면하다 큰일 날 수 있다.

06

장관 후보자의
어릴 적 꿈

**전문가 존중의 풍토 조성이
정치발전, 경제성장, 사회진보 선순환 시스템 작동의 선행 요건**

"교사가 어릴 적 꿈이었다."

교육현장에서의 경험부족을 지적하는 질문에 대한 사회부총리
겸 교육부 장관 후보자의 뜬금없는 해명이었다. 여기에 국회의원
으로 교문위에서 활동했으면 전문성이 충분한 것 아니냐는 반문
까지 보탰다. 궁색하다 보니 엉겁결에 튀어나온 변명이었을 수도
있다. 하지만 전문성을 그토록 하잖게 여기는 모습에 적이 실망

했다. 기분까지 상하고 말았다.

애당초 도덕적 성인군자를 기대한 건 아니었다. 딸의 위장전입이나 사무실의 임차 특혜 정도는 넓은 아량으로 이해하고 넘어갈 수 있었다. 이미 식상할 정도로 수도 없이 접해 온 이슈들이라 정치권에서도 잠시 시끌벅적하다 적당히 끝낼 공산도 없지 않았다. 하지만 전문성 문제만큼은 달라야 한다. 유야무야 처리할 사안이 결코 아니다.

교육부 수장은 다른 장관들 못지않게 전문성이 요구되는 자리다. 젊은 학생들을 잘 가르쳐 사회가 필요로 하는 전문 인재로 키워내야 하는 막중한 임무를 감당하는 중요한 직책이다. 그동안 교육부가 보인 행태 역시 전문성과는 거리가 멀었다. 대학입시제도 하나 제대로 성안하지 못하고 우왕좌왕하며 갈피를 못 잡았지 않았나. 유치원·어린이집 방과 후 영어수업, 아동수당 지급 등과 같은 설익은 정책의 남발로 현장의 불신과 혼란만 가중시킨 게 한두 번이 아니었다.

'어릴 적 꿈'이 전문성과 무슨 상관이 있었는지, 교문위에서 활동하면서 교육과 관련하여 무슨 일을 했기에 전문성을 갖추었다고 하는지. 심도 있게 따져 보았어야 했다. 국회 교문위는 교육문화체육관광위원회의 약칭이다. 말 그대로 교육, 문화, 체육, 관광 등 제반 분야를 관장하는 위원회다. 범위가 광대한 위원회에서의 경력으로 특정 분야의 전문가 행세를 하려는 것은 누가 봐도 억지였다. 인사청문회에서 국회의원들까지 나서 이를 거드는 모습

또한 국민 보기에 언짢고 볼품이 없었다.

전문가일수록 말 아껴
많이 알수록 모르는 게 많고, 어려운 일만 보이게 마련

　전임 교육부총리는 자신의 논문 표절을 당시의 관행으로 돌리면서 정상적인 학위 수여자들을 기만했다. 어릴 적 꿈 정도로 '전문성'을 적당히 포장하려는 모습을 적당히 넘어가기 어렵다. 오랜 기간 한 분야의 일에 매진, 전문가 경지에 이른 사람들을 경시하는 태도라 할 수 있다. 비(非)전문가들이 활개 치며 전문가들을 도외시할 경우 초래될 사회적 손실과 국가적 비효율을 누가 어찌 감당하겠는가. 어쨌든 이런 장관 취임 후 보여준 성과가 잘 말해준다.

　전문성에 대한 정의나 이해는 말처럼 쉽지 않다. 어떤 영역에서 보통 사람이 흔히 할 수 있는 수준 이상의 능력을 보이는 정도를 뜻한다. 장기적이고 체계적인 훈련을 거쳐야 비로소 습득할 수 있는 인고의 결과물이다. 전문성에는 묘한 속성까지 숨어 있다. 알면 알수록 모르는 게 많아지고, 남아 있는 일은 죄다 어렵게 보이는 것이다.

　전문가일수록 겸손하며 말을 아끼는 까닭이다. 많이 알수록 모르는 것투성이고 어려운 일만 보이게 마련이다. 빈 수레가 요란하다고 자신을 내세우는 사람치고 진정한 전문가는 별로 없다. 가

짜일 확률이 높다. 묵묵히 깊이 있게 파고드는 사람의 전문성을 존중해야 하고 또 그런 전문가를 발굴해 해당 분야의 적임자로 세우는 것만큼 소중한 인사관리 원칙이 있을 리 없다.

그런 점에서 산업 현장은 벤치마킹의 모델로 손색이 없어 보인다. 작금의 글로벌 경제환경은 국내외 기업들이 전문성을 겨루는 살벌한 전장(戰場)이다. 대충 아는 수준으로는 싸움판에 끼어들기조차 어렵다. 섣불리 들어가 봤자 결과는 뻔하다. 백전백패다. 고도화된 과학과 기술, 심지어 인문학에 대한 이해 없이는 사업화는커녕 아이디어 창출도 힘들다. 깊이 알아야 하고 아는 폭도 넓어야 한다. 자기 분야 밖의 기술도 당연히 파악해야 한다. 서로 다른 기술과 기술을 접목해 융합적이고 복합적인 전문성으로 승부해야 하는 때이다.

인류 역사는 창의적 전문성 덕분에 진화
이런 추세는 앞으로도 변치 않을 듯

앞선 기업들은 공히 전문성 제고를 경영의 최우선 과제로 삼고 있다. 연구개발 능력을 확충하기 위해 전문가 확보에 무던히 애를 쓴다. 최고경영자가 직접 나서 국내외에서 널리 인재를 구한다. 사장보다 연봉을 더 많이 주겠다는 제의도 주저하지 않는다. 제시하는 복리후생 수준도 파격을 보인다. 후한 물질적 대우를 넘어 존중과 존경까지 더함으로써 큰 성과를 거두는 기업들도 적지 않다. 바르고 현명한 선택이다. 정부나 공공부문에서도 학습이 필요한 부분이다.

현실 사회는 제반 문제들이 복잡하게 얽히고설켜 있다. 집단들 간 이해상충에 따른 부작용이 없을 수 없다. 예기치 못한 상황이 수시로 돌발한다. 밝은 면만 생각했던 '어릴 적 꿈'이라는 전문성으로 무슨 일을 해 보겠다는 의도 자체가 순진한 발상이다. 급격한 최저임금 인상, 근로시간 단축 등도 좋은 면만을 꿈꾸며 깊이 고민하고 연구해 온 전문가들을 무시한 결과는 아니었는지, 괜한 노파심까지 발동한다.

어느 분야에서든 전문가를 전문가로 귀히 여기고 걸맞게 대우하는 풍토가 마련되어야 한다. 그래야 보다 많은 사람이 전문가가 되려고 부단한 노력을 기울이게 된다. 또 그런 전문가들이 많으면 많아질수록 높은 성과를 기대할 수 있다. 이를 토대로 정치발전, 경제성장, 사회진보 등의 선순환 시스템이 구축되고 효율적으로 작동될 수 있다.

역사의 흐름 속에서 민족이나 국가 단위의 흥망성쇠 요인을 논하는 것은 간단하지 않다. 그래도 찬찬히 들여다보면 선명히 드러나는 원칙이 있다. 창의성과 전문성이 보장되는 곳에서는 어김없이 발전과 성장이 성취되었다는 사실이다. 인류 역사는 창의적 전문성이라는 요인 덕분에 진화할 수 있었다. 이런 추세는 앞으로도 변하지 않을 것으로 믿어 의심치 않는다.

07

'자기소개' 못하는
자기소개서

> 취업의 요체는 요령이나 기술이 아냐
> 실력·능력으로 공정 경쟁하는 장(場) 마련돼야

커피전문점이 만원이다. 노트북을 펴든 젊은이들이 유독 많다. 취업시즌이 되면 자기소개서를 작성하는 취업준비생들로 차고 넘친다. 그간의 학습 내용을 총정리해야 할 막바지에 뜬금없는 자기소개서 작성 열풍이다. 식구들 눈치 보여 집에서 쓰기도 어렵고, 따닥따닥 자판 소리에 도서실에서의 작업도 힘들다. 사실 커피전문점만 한 곳이 없다.

불쌍한 경제,
눈감은 정치

실제로 취업에서 자소서만큼 중요한 게 없다. 취직의 알파와 오메가로 불릴 만하다. 첫 관문인 서류심사의 통과는 자소서에 의해 결정된다 해도 과언이 아니다. 면접 때 나오는 질문도 대부분 자소서 내용과 관련이 깊다. 그러니 수험생들로서는 수단과 방법을 가릴 형편이 아니다. 어떻게 해서든지 좋은 작품을 만들어내야 한다.

표절과 대필이 난무한다. 자소서 작성을 코칭해 주는 전문가와 컨설팅 전문 학원까지 등장했다. 자소서의 샘플이나 예문, 작성 방법을 도와주는 인터넷상의 유료 사이트들도 즐비하다. '취업 자소서 작성비법' 등의 표제를 단 책자들이 절찬리에 판매 중이다. 다들 돈벌이 쏠쏠한 신종 비즈니스로 번창하고 있다.

자소서에서 '자기소개(紹介)'를 할 수 없다. 자신을 철저히 감추는 '자기소개(疏開)'를 해야 한다. 땅을 파 물길을 다른 쪽으로 돌리듯 자신의 신상정보가 노출되지 않도록 꼭꼭 숨겨야 한다. 공공기관에서 블라인드 채용이 도입되면서 벌어지는 진풍경이다. 신체조건, 출신 지역, 학교와 학과, 성적을 기재할 수 없다. 가족 관계는 물론 성별, 나이까지도 밝혀서는 안 된다. 사진 부착도 금지 사항이다. 그러다 중장년층이 신입 직원으로 뽑힐까 걱정이다.

커피전문점에 젊은이들이 몰리는 이유
알고 보니 '자소서 작성' 열풍 때문

자소서 작성에는 원칙도, 기준도 없어 보인다. 전공학과는 표기하지 못하게 하면서 수강과목은 적으란다. 말 그대로 눈 가리고 아웅이다. 인턴 경력을 표시하게 하는 것도 공평하지 못한 처사다. 공공기관과 대기업의 인턴 기회는 낙타가 바늘구멍 통과하기보다 힘든 현실에서 이를 평가에 반영하는 것 자체가 명백한 역차별일 수 있다.

자격증 표시도 논란거리다. 학업에 전념해야 할 재학생들까지 자격증 열풍으로 몰아가고 있다. 취업에 별 도움이 안 되는 성적 관리는 이미 학생들의 관심 밖 사항이다. 솔직히 지원자들에 대한 능력평가 수단으로 학업 성적만 한 게 없다. 대학 4년간의 생활기록부인 학력과 학점은 안 보면서 인턴 경력이나 자격증 유무를 따지는 것은 본말의 전도다. 학교 수업에 열중하면 바보가 되는 세상이 되었다.

자소서에는 직무와 관련된 내용만 적어야 한다. 입사 희망 기업의 업무를 제대로 알 리 없는 지원자들에게 직무수행을 위한 준비 사항, 입사 후 계획과 기여할 내용을 적어내라는 것은 무리한 요구다. 기존 직원들도 해내기 어려운 난제 중의 난제다. 여러 곳에 지원서를 낼 경우 이런 쓸모없는 일을 수없이 반복해야 한다. 허구한 날 회사의 홈페이지와 기사 등을 서칭, 분석하는 일에 매달려야 한다. 그래 봐야 일회용에 불과하다. 채용하는 곳마다 업종이 다르고 원하는 인재상도 제각각이다 보니 매번 새롭게 작성해야 한다. 이런 낭비가 없다.

심사위원들도 곤욕을 겪는다. 누가 쓴 것인지도 모를 자소서를 서로 돌려가며 읽어야 한다. 우열 판정은 고사하고 내용 파악조차 힘들 것이 분명하다. 굳이 현행 방식을 고집하려면 자소서를 '직무수행계획서'로 바꾸고, 대필이나 표절을 가려낼 제도적 장치부터 마련하는 게 순서일 것이다. 대입 전형의 경우 한국대학교육협의회가 '자소서 유사도 검색 시스템'을 통해 표절한 학생을 골라내 불합격 처리한다. 자기소개서를 베꼈다가 들켜 1,406명이 대학에 떨어졌다.

업무 모르는 수험생에게
직무수행 준비 내용, 입사 후 기여 사항을 써내라고?

블라인드 채용은 2017년 이후 공공기관에서부터 실행 중이다. 그 후 몇몇 대기업들을 필두로 민간 기업에까지 확대 시행되고 있다. 학연, 지연, 혈연이 중시되는 비합리적인 사회 환경을 탈피하게 하려는 정부의 고민을 모르는 바 아니다. 그렇다고 명분만 앞세워 덜컥 정책 시행에 나설 수는 없다. '깜깜이' 자소서 중심의 블라인드 전형이 초래할 비효율과 부작용도 같이 살폈어야 했다.

채용 담당자들의 자소서에 대한 신뢰 또한 높지 않아 보인다. 마지못해 정부 지침에 따르는 기색이 역력하다. 서류심사를 줄이고 면접 비중을 늘리는 기업이 느는 것도 이와 무관치 않은 현상이다. 개인별로 기껏 3~4분에 불과하며 주관성 개입의 여지가 높은 면접으로 당락이 좌우되는 것은 더 큰 문제다. 불합격자들은 자신이 왜 떨어졌는지도 모르게 된다. 취업 전형 전반에 대한 불신만 키울 뿐이다.

공공기관이나 민간기업의 채용방식까지 이래라저래라할 정도로 정부 입장이 한가롭지 못하다. 2010년 금융위기 이후 취업자가 가장 적게 늘고, 1990년대 말 외환위기 이후 실업자가 폭증하는 고용 참사가 목전에서 벌어지고 있다. 내버려 둬도 잘할 수 있는 신입직원 채용방식까지 정부가 챙기는 것은 지나친 간섭이다. 시장경제의 최대 강점인 자율성을 죽이는 일이다.

채용이나 취업의 요체는 요령이나 기술이 아니다. 실력과 능력으로 공정하게 경쟁할 수 있는 장(場)이 마련돼야 마땅하다. 또 이를 통해 우수한 인재가 선발될 수 있어야 한다. 합격자나 불합격자 공히 결과에 수긍하고 채용기업도 만족하는 길이다. 형식이 실질을 능가할 수 없다. 심각한 취업난에 지칠 대로 지친 젊은이들을 돕지는 못할망정 자소서 작성지침 따위로 힘들게 해서는 안 된다. 그러잖아도 아픈 청춘들이다.

소비

• 고객은 왕이 아니다 황제다 •

01

요지부동 공직사회,
언제 고쳐지나

| 규제개혁 없이는 혁신성장도, 공정경제도 공염불
공무원의 간절함 부족이 가장 큰 원인

이런 얘기 들을 때마다 부아가 난다. 박주봉 중소기업 옴부즈
만이 취임 1주년에 즈음한 언론간담회에서 밝힌 소회를 접하고
도 그랬다.

기업에서는 밤을 새우더라도 끝내는 일인데, 공공부문에선

되지 않습니다. 이걸 보면 공무원들의 간절함이 부족하다는

불쌍한 경제,
눈감은 정치

생각이 듭니다. 공무원이 적극적으로 행정을 하기만 해도 중소벤처기업부 1년 예산보다 높은 규제개혁 효과를 낼 수 있습니다.

자수성가한 성공기업인 출신 옴부즈만이 공직사회의 복지부동을 몰랐을 리 없다. 중소기업의 어려움을 듣고 각종 규제와 애로사항 개선을 정부에 건의하는 자리에 막상 오르고 나서 느낀 실망감이 상상 이상이었던 것으로 이해된다. 차관급 고위직인 자신이 발 벗고 뛰어도 꿈쩍 않는 관료주의의 견고한 장벽 앞에서 규제개혁의 소임을 해내기 어려웠다는 하소연으로 들린다.

공무원들을 만나 급격한 최저임금 인상과 주 52시간제 시행 등으로 기업인들이 겪고 있는 고충을 전달해도 "검토해 보겠다"는 말만 메아리쳐 오는 현실에서 느낀 자괴감이 이만저만이 아니었을 것이다. 1988년 트럭 한 대로 시작해 매출 1조 원 대의 거대기업을 일궈 아쉬울 게 없는 그로서는 어쩌면 옴부즈만 자리 수락을 수없이 후회했을지도 모른다.

오죽했으면 '망치상'을 제정, 불필요한 규제를 깨부수는 공무원을 포상하는 아이디어까지 냈겠는가. 법규만이 기업을 옥죄는 게 아니라, 공무원의 방어적인 태도가 더 문제라는 그의 지적은 안일과 나태에 찌든 공직사회의 치부를 아프게 찌른다. 한 해 수백 회에 걸쳐 전국을 돌며 기업인과 지방자치단체 관계자들을 만나 확인한 부끄러운 대한민국의 민낯인지라 어느 누구도 부인하기 어렵다.

"기업선 되는 일, 공공부문선 안 돼"
옴부즈만의 하소연, 공직사회 치부 아프게 찔러

규제 관할 기구가 없어서가 아니다. 1998년 정부는 규제정책을 심의·조정하고, 규제의 심사·정비 등에 관한 사항을 추진하기 위해 대통령 직속 기구로 규제개혁위원회를 만들었다. 국무총리와 민간 공동위원장 체제로 정부위원과 함께 다양한 분야의 민간전문가들로 위원을 구성한다. 체계는 갖춘 셈이나 형식적 운영에 그치고 있다. 역대 정부마다 규제와의 전쟁을 선포했지만 규제의 건수와 강도가 줄기는커녕 되레 늘고 있다.

이때마다 도마에 오르는 건 공무원이다. 공무원들도 할 말은 있다. 규제개혁에 적극적으로 나섰다 오히려 피해를 입는 경우가 허다하다. 애써 규제를 없애보았자 표창은커녕 문책을 당하기 십상이다. 심지어 소송까지 휘말린다. 이런 현실에서 어떤 공무원이 제대로 일할 맛이 나겠는가. 규제 관련 민원은 한 귀로 듣고 다른 귀로 흘리는 게 비책으로 통할 정도다.

소극 행정이 고착화될 수밖에 없는 이유다. '어떻게 하면 되게 할 수 있을까?'라고 고민하기보다는 '어떻게 하면 안 되게 할까?'를 궁리하는 게 자신을 지키는 길이 된다. 규제 해제를 기득권 포기로 잘못 이해하는 풍조까지 번져 있다. 안 되는 이유만 골라 나열하는 핑계 기법만 늘어 있다. 규제 해제가 얼마나 힘든지는 실례를 들어 설명해야 이해가 빠르다.

불쌍한 경제,
눈감은 정치

일본에서는 맥주를 집으로 배달해주는 '홈 탭(Home Tap)' 서비스가 등장했다. 일본 맥주사 기린은 맥주를 공장에서 바로 집으로 배달해 준다. 기린 이치방 시보리를 월 2회, 1ℓ 용량의 전용 케그로 배달한다. 홈 탭의 이용 가격은 한 달에 7,500엔이다. 집에서 술을 즐기는 '홈 술'이 인기를 얻으면서 배달 서비스 시행을 구상하게 된 것이다. 사전 회원으로 접수된 예약자만도 2만 명을 넘었다.

일본 기린의 '홈 탭' 서비스
한국선 규제에 막히고 반대 논리, 핑계만 횡행

이런 서비스가 한국에서는 불가능했다. 주류 배송이 주세법 규제에 막혀 있었다. 막걸리나 전통주 등의 경우에만 예외적으로 배송이 허용되었다. 소주나 맥주 등의 경우에는 음식과 함께 주문하는 경우에만 배달이 가능했다. 그나마 2017년 7월 주세법 개정에 따라 '직접 조리한 음식'에 부수해 주류를 배달하는 것이 예외로 허용된 덕분이다. 치킨이나 피자 등을 배달시키면 생맥주까지 함께 주문할 수 있는 이유다.

규제 해제를 꺼리는 공무원들의 반대 논리가 볼만했다. 청소년들의 음주를 조장할 수 있다는 우려의 목소리다. 고양이가 쥐 걱정한다고 언제부터 청소년을 그토록 끔찍이 여겼는지 묻고 싶다.

청소년 음주에 막걸리 등 전통주는 괜찮고 맥주와 소주는 안 된다는 논리가 어이없다. 그렇게 해서라도 막아질 청소년 음주라면 애당초 전통주 배송도 허용되지 않았어야 했다.

해외 주류에만 유리하다는 주장도 내놓는다. 수입 맥주의 배송이 늘면 국내 주류시장이 위축될 수 있을 것이란 분석을 내놓는다. 이 또한 수긍하기 어렵다. 국내 주류에 대한 과세체계의 불리함을 주류 배송 탓으로 돌리는 건 언어도단이다. 매장을 찾은 고객이 줄어들 편의점과 대형마트의 수익성 악화까지 걱정한다. 이쯤 되면 정부가 공급자 입장만 헤아리고 소비자 편의쯤은 안중에도 없다는 방증이다. 본말의 전도다. 다행히 이 문제는 옴부즈만의 노력에 힘입어 2019년 말 해결될 수 있었다.

규제 개혁만큼 중요한 과제가 없다. 이것 없이는 혁신성장도 공정경제도 공염불에 불과하다. 문재인 대통령도 신속한 규제 혁신을 약속하지 않았던가. 실제로 공무원이 마음만 먹으면 해결할 수 있는 규제가 지천에 널려 있다. 적극 행정을 위한 분위기 조성과 지원시스템 마련도 시급하다. 모든 공무원이 망치상을 타는 날이 어서 와야 한다. 그렇게 되면 옴부즈만이 이를 감당해낼 수 있을지 그게 걱정이다.

불쌍한 경제,
눈감은 정치

팽창 예산의 종말,
16세기 스페인 꼴 날라

정부 예산, 연례행사로 늘리다 보면 국가 재정 급속 악화
누굴 위해 부풀려지고 있나

스페인은 해가 지지 않는 최초의 제국이다. 콜럼버스가 신대륙을 발견한 이후 남아메리카 대부분과 북아메리카의 3분의 1, 필리핀 등을 지배했다. 펠리페 2세 때 최대의 황금기를 맞는다. 하지만 과도한 팽창 정책으로 큰 규모의 재정 적자가 쌓여갔다. 여러 차례 국가 부도를 겪다 몰락하고 말았다. 군사력보다 경제력에서 먼저 균형이 깨졌다.

펠리페 2세는 선대로부터 광대한 영토와 함께 막대한 빚을 물려받았다. 국고 수입이 모두 저당 잡혀 등극 다음 해인 1557년 파산을 선언한다. 그런데도 제국주의적 팽창 정책은 멈출 줄 몰랐다. 정치적 야망에 사로잡혀 전쟁을 치르는 바람에 전비 수요가 급증했다. 차입 과정에서 국유지와 광산 대부분이 상인 수중에 넘어갔다. 1560년 다시 채무불이행 사태에 이른다.

네덜란드 독립전쟁 발발로 군사비 지출은 더 늘어났다. 재정 수입의 두 배를 넘었다. 위험을 감지한 채권자들이 이자를 40%까지 올렸다. 스페인은 1575년 다시 파산 위기를 맞게 된다. 1576년에는 병사들에게 지급할 급료만도 국가 수입의 2.3배에 달했다. 부채는 갚을 길이 막막했다. 식민지로부터 엄청난 양의 귀금속이 유입되었으나, 군사비 증가로 인한 국고 파탄을 막기엔 역부족이었다. 1596년 또 국가 파산을 선포한다.

1598년 펠리페 2세가 서거할 무렵, 거의 모든 세입원이 저당 잡힌 상태였다. 신대륙으로부터의 예상 세입을 담보로 빌린 돈으로 겨우 국가 재정을 꾸려야 할 처지에 몰렸다. 그 후로도 국가 채무는 늘어만 갔다. 이자율도 높아져 정부 수입의 70%가 이자로 나갔다. 1667년 차입금은 정부 소득 10년 치에 달했다. 연이은 국가 부도를 반복하며 스페인은 강대국 대열에서 영원히 멀어졌다. 세입보다 세출이 많은 재정 적자가 무적함대 스페인 제국을 무너뜨린 것이다.

재정 적자 앞에서 거대 제국 몰락도 속수무책
재정 확대 필요성 크지만 예산 확대 신중해야

역사의 쓰라림 때문일까. 전통적으로 적절한 재정 정책은 예산 수지의 균형 유지를 의미해 왔다. 이런 믿음은 1930년대 대공황을 겪으면서 깨지게 된다. J. M. 케인스는 경기를 안정시키기 위해 재정 정책을 활용할 것을 주문했다. 정부는 급격한 경기 변동을 막는 데 영향력을 적극적으로 행사해야 한다는 새 이론을 펼쳤다.

예산은 경제 활동 수준이 낮을 때에는 적자여야 하고, 높은 인플레이션을 수반할 만큼 경기가 과열된 경우에는 흑자여야 한다는 내용이다. 재정 정책은 정부가 직접 상품이나 노동력의 구매자로 등장, 국민경제에 미치는 효과가 확실하고 강력함에 따라 여러 나라에서 널리 활용돼 왔다. 다만, 예산 편성이나 국회 심의 과정이 필요해 적기 시행이 어려운 게 흠이다.

성장동력이 약해지고 경기 침체가 지속되는 작금의 우리 경제로서는 재정 정책의 긴요성이 절실하다. 확대 재정을 위한 예산 증액이 불가피하다. 정부 지출을 늘려 경기 확장 효과를 가져와야 할 당위성과 긴급성이 충분하다. 부문별 적정 소요 예산을 산출, 국회와 국민 앞에 제시하고 설득시키는 게 정부가 취할 급선무일 수 있다.

그 와중에 청와대 대변인의 발언이 뜬금없었다.

곳간에 있는 작물들은 계속 쌓아두라고 있는 게 아니다.
쌓아두기만 하면 썩어버리기 마련이기 때문에 어려울 때
쓰라고 곳간에 재정을 비축해두는 것이다.

적절하지 않은 비유다. 가뜩이나 세수가 줄어 국채 발행을 해야 하는 상황에서 국가 재정을 부패 농산물에 비하다니, 얼토당토않았다. 공감은커녕 공분을 참기 어려웠다.

올 예산도 다 못 쓰면서 내년 예산 큰 폭 증액, 국회도 부풀리기 경쟁 제 돈이면 과연 그럴까?

정부나 국회가 하는 행동에 영 믿음이 안 가는 때가 많다. 정부는 늘 확대 재정의 기세가 등등하다. 정책 실현의 핵심은 예산이라는 논리를 편다. 512조 2,504억 원의 사상 최고액의 2020년 예산안이 편성되었다. 예산심사 과정에서 국회는 삭감은커녕 되레 부풀리기 경쟁을 벌였다. 여야 할 것 없이 지역 건설사업, 현금복지 등의 예산 확보에 혈안이었다. 돈 나올 구석은 누구도 생각지 않는 듯했다.

지난해 말에는 남은 예산을 소진하라는 독촉이 성화같았다. 지방자치단체장들을 국회로 불러 재정 집행을 독려하고 나섰다. 조기 소진하는 지자체에는 인센티브 제공까지 약속했다. 당시 본

332

예산 기준 중앙정부가 직접 쓸 수 있는 금액은 299조 원이고, 지방정부가 230조 원, 시·도교육청이 75조 원을 써야 했다. 2019년 10월 말 기준 중앙정부는 예산의 85%를 쓰는 데 그쳤다. 지방정부는 70%, 시·도교육청은 77.3%밖에 쓰지 못한 상태였다.

2019년 469조 6,000억 원의 본예산과 5조 8,000억 원의 추경도 다 못 쓰면서 2020년 예산을 대폭 증액시키려 했던 게 앞뒤가 안 맞는 행실이었다. 추경이 늦어져 경제 회생이 더디다고 아우성칠 때는 언제고, 연말이 되면 남은 돈 다 쓰고 결과까지 보고하라니. 잘못돼도 한참 잘못된 일이다. 예산을 마구 늘려 마음껏 써 보려는 저의가 심히 의심스럽다. 자기 돈이라도 그랬을까?

예산 팽창은 늘 신중해야 한다. 세출이 세입을 초과하면 그만큼 빚을 더 얻어 와야 한다. 국채 발행이나 한국은행 차입을 늘려야 한다. 그 빚은 다음 세대가 갚아야 한다. 빚을 물려받는 처지에서는 억울한 노릇이다. 제 살기도 힘겨운데 동의한 적도 없는 앞세대의 빚까지 떠맡아야 한다. 개인 빚은 안 갚아도 될 수 있으나, 나랏빚은 그러지도 못한다. 예산을 연례행사로 늘리다 보면 국가 재정은 급속도로 악화되기 마련이다. 자칫 16세기 말 스페인 꼴 날 수 있다.

03

만연한 소비자 패싱, 실종된 소비자 주권

> 주 52시간 근무, 승차 공유, 원격 의료, 제3인터넷 은행 등
> 주요 정책 결정에 소비자 안 보여

　중소기업은 상시 구인난이다. 실업률 고공행진의 요즘도 직원 구하기가 하늘에서 별 따기다. 외국인 노동자로 근근이 버티고는 있으나 그마저도 인원 제약으로 맘대로 못 쓴다. 내국인 지원자는 가뭄에 콩 나듯 한다. 놀랍게도 최근 들어 대기업 출신 지원자가 생기고 있다. 이력서를 받아 쥔 중소기업 사장의 손이 떨린다. 남들은 못 들어가 안달인 대기업을 버리고 제 발로 중소기업

을 찾는 이유가 궁금해서다.

대기업에 비해 고용이 불안정하고 급여와 복리후생이 뒤지는 곳으로 이직하려는 사연이 뜻밖이다. 주 52시간 근무제 때문이다. 2018년 7월부터 300인 이상 사업장에 이 제도가 시행되면서 근무시간이 하루 8시간으로 줄어든 것이 원인이다. 근무시간이 줄면서 급여가 감소, 생계 위협을 견디기 어려웠다는 얘기다. 손해인 줄 뻔히 알면서 직장을 옮길 수밖에 없는 남모를 속사정이 숨어 있었다.

50~299인 사업장은 2020년 1월부터, 5~49인 사업장은 2021년 7월부터 주 52시간제가 단계적으로 시행되는 점에 착안한 것이다. 남의 일 같지 않다. 모든 기업을 대상으로 제도가 전면 시행되면 이들은 더 이상 갈 곳이 없다. 그런 줄 알면서 내린 결정이라 더 안쓰럽다. 중소기업에서야 우수 경력자를 뽑을 수 있어 나쁠 리 없다. 웬 떡인가 싶을 수 있다. 하지만 당장의 생계를 위해 안정된 직장을 포기해야 하는 딱한 처지는 당해 보지 않으면 모를 일이다.

전국 버스노조 근로자는 그래도 행복한 편이었다. 시민의 발을 담보로 파업 카드를 무기로 내세울 수 있었다. 결과적으로 공공요금 인상과 정부 지원을 얻어냄으로써 소기의 목적을 달성할 수 있었다. 생색은 정부가 내고 과실은 업계가 따먹었다. 피해와 부담은 고스란히 소비자 몫이 되었다. 자구책이 있을 리 없는 힘없는 근로자로서는 꿈도 못 꿀 일이다. 그저 부러울 뿐이다.

주 52시간제 피해 대기업 직원 중소기업 이직
근로시간 축소가 소득 감소로 이어진 탓

근로자를 돕겠다고 추진되는 제도가 되레 이들을 힘들게 하고 있다. 주 52시간제가 쓰나미가 되어 '난민 근로자'를 양산하고 있다. 이율배반이다. 편익을 누려야 할 근로자가 피해자로 전락하는 현실이 쉽게 믿기지 않는다. 제도 시행에 따른 부작용과 역기능을 충분히 헤아리지 못한 정부 탓이 크다. 디테일 부족과 준비 소홀이 초래한 자업자득이다.

'소비자 패싱'은 어제오늘의 일이 아니다. 늘 그래왔고 지금도 그러하다. 정책이 논의되고 결정되는 과정에 있어야 할 소비자가 안 보인다. 아예 쏙 빠져 있는 경우가 허다하다. 협상 당사자나 의사결정자의 안중에 소비자가 존재하지 않는다. 여기에 기득권층의 반발, 관료의 보신주의, 표만 의식하는 정치권의 포퓰리즘까지 가세해 소비자를 왕따시키고 있다.

승차 공유, 원격 의료, 제3호 인터넷 전문 은행 등 일련의 논의 과정이 하나같이 그랬다. 타다 논쟁 때도 다를 바 없었다. 정부와 업계 간 부질없는 언쟁이 난무하고 자기주장만 횡행했다. 소셜미디어 설전도 볼만했다. 소비자를 염두에 둔 논의는 보이지 않았다. 그런데도 정부는 신중 모드다. 자신감이 없어 보인다. 힘들고 어려운 일은 외부에 맡겨 해결하려는 풍조가 몸에 밴 듯하다. 인터넷 은행 신설만 해도 자문기구에 불과한 외부평가위원회의 반대를 이유로 불허 결정을 내렸던 금융당국이다.

소비자를 가볍게 보기는 업계도 다를 바 없다. 오십보백보다. 기존 업계는 물론 신규 사업 주체들 공히 저만 살겠다고 아우성이다. 국민의 눈에 곱게 비칠 리 없다. 자기 이익만 지키려다 보면 모두가 피해자가 될 공산이 크다. 경쟁을 통한 자력갱생으로 생존과 발전을 도모하는 것이 바른길이다. 정부 지원은 일시적 도움은 될지언정 항구적 생존까지는 보장하지 못한다.

정책의 궁극적 목표는 소비자 만족
정부, 경쟁 무대 만들고 공정한 관리자 역할에 그쳐야

소비자 선택이 업계의 운명을 가른다. 소비자 만족을 위한 최선의 해법은 다름 아닌 혁신에 있다. 오스트리아학파의 경제학자 조지프 슘페터는 혁신을 '창조적 파괴'라는 개념으로 정의했다. 낡은 것은 계속 파괴하고 새로운 것은 창조하면서 끊임없이 혁신해 가는 과정으로 풀이했다. 창조 행위에는 불가피한 희생이 뒤따름을 뜻한다. 비워야 채울 수 있고 버려야 얻을 수 있는 이치다.

혁신은 경쟁을 통해 극대화된다. 경쟁의 가치는 어떠한 경우에도 누구에 의해서도 훼손될 수 없다. 시장경제의 핵심 동인(動因)이기 때문이다. 정부도 예외일 수 없다. 정책의 궁극적 목표는 소비자 만족에 맞춰져야 한다. 정부는 다양한 경제주체들의 경쟁할 무대를 만들어주고 공정한 관리자의 역할에 그쳐야 한다. 독과점, 불공정의 패해가 우려될 때나 나서는 게 바람직하다.

정부가 인허가 등의 각종 규제를 틀어쥐고 시도 때도 없이 시시콜콜 간섭을 하게 되면 혁신은 질식되고 만다. 신기술, 신사업, 신제품이 탄생하기 어렵다. 소득주도성장, 공정경제와 더불어 정부의 경제정책 3대 축인 혁신성장은 공염불에 그친다. 소비자 만족도 실현될 리 만무하다. 소비자 중심의 시대적 흐름은 누구도 거스를 수 없다. 저항을 해도 결국은 그렇게 되고 만다.

정책의 결정에는 소비자가 항시 그 중심에 있어야 한다. 소비자에 의한, 소비자를 위한, 소비자의 정책이 생산되어야 한다. 그게 당연하고 합당하다. 정부와 업계 간의 싸움으로 소비자만 등 터지는 일은 이제 없어야 한다. 소비자는 봉이 아니다. 그렇다고 왕도 아니다. 이제부터는 황제다. 소비자 제국주의는 21세기를 넘어 22세기에도 이어진다.

불쌍한 경제,
눈감은 정치

04

정책에도
'좀비' 일회용품 많다

| 폐기물 발생 원천 봉쇄하는 프리사이클링(precycling) 시급
| 사후관리보다 사전예방이 해법

세상 참 좋아졌다. 일회용품 천국이다. 얼마 전만 해도 나무젓
가락, 종이컵 정도에 그쳤던 게 식품 용기, 포장 재료, 택배 상자
등 쓰이지 않는 곳이 없다. 용도가 워낙 다양하고 한 번 쓰고 버
리다 보니 쓰레기 범람의 주범이다. 분리수거를 한 주만 걸러도
쓰레기 대란이 일어난다. 플라스틱이 그중 골칫거리다. 플라스틱
폐기물 전부를 재활용으로 감당하기 어려울 뿐더러 처리업체들

도 수지타산 맞추기가 힘들다.

급기야 동남아 국가들로 수출이 되었고 그러던 중 사달이 났다. 몇 년 전 한국의 어느 업체가 두 차례에 걸쳐 필리핀에 불법 수출된 플라스틱 쓰레기가 문제가 되어 평택항으로 되돌아왔다. 당초 재활용이 가능한 합성 플라스틱 조각으로 신고되어 수출이 되었는데, 도착 후 필리핀 관세청이 열어보니 재활용이 안 되는 쓰레기와 유해 폐기물이 뒤섞여 있었던 것이다.

당시 필리핀 여론이 들끓었다. 환경단체들이 필리핀 주재 한국 대사관 앞에서 극렬 시위를 벌였다. 자칫 큰 국제 문제로 번질 뻔했다. 민다나오 섬 미사미스 오리엔탈 터미널에 보관 중이던 한국발 플라스틱 쓰레기 6,550t 중 51개의 컨테이너 분량 1,211t이 먼저 실려 왔다. 이미 국제적으로 망신살이 뻗쳤지만, 이 정도 선에서 마무리된 게 천만다행이다.

당국의 대응은 안일했다. 폐기물 관리 감독을 강화하고 재발 방지책 마련을 서둘러도 시원찮을 판에 책임 소재를 놓고 난감해했다. 10억 원에 달하는 처리비용을 누가 어떻게 언제 부담하느냐의 문제로 정부와 지방자치단체가 전전긍긍했다. 국민들 눈에 무능하게 비쳤다. 속담에 '망신하려면 아버지 이름자도 안 나온다'더니, 대한민국 국민이라는 게 창피해 고개를 들지 못할 정도였다.

불쌍한 경제,
눈감은 정치

플라스틱 폐기물 필리핀 수출로 국가적 망신 자초
창피해 고개 못 드는 대한민국 국민

플라스틱 폐해는 생각보다 심각하다. 위생적이고 편리하긴 하나 사용 후 처리가 골칫거리다. 세계 폐플라스틱 56%를 수입하던 중국이 수입 중지를 밝히자, EU와 미국은 물론 우리나라도 쓰레기 몸살을 앓아야 했다. 캘리포니아대 해양연구소에 따르면 전 세계 플라스틱 생산은 매년 8.4%씩 늘어난다. GDP 성장률의 2.5배다. 1950년 이후 전 세계에서 83억 톤이 생산되어 63억 톤이 쓰레기로 폐기되었다. 재활용 비율은 9%에 불과하고 12%가 소각되었다.

나머지는 매립되거나 바다나 벌판에 버려졌다. 방치된 플라스틱은 5㎜ 미만의 미세플라스틱으로 분해되며 시간이 지날수록 마이크로미터(㎛, 100만분의 1m)와 나노미터(㎚, 10억분의 1m) 크기로 쪼개져 바다와 육지의 생물에 흡수된다. 결국 인류에게 쌓인다. 인체에서 플라스틱이 검출되고 있다. 남해 수산물 97%에서 미세플라스틱이 발견되었다. 인천과 경기 일대 해안, 낙동강 하구는 세계 2~3위 미세플라스틱 오염지역이라는 끔찍한 보고다.

정부 정책 중에도 '일회용품'이 적지 않다. 2018년 말 중앙부처와 공공기관, 지방자치단체 등에서 단기 일자리 5만 9,000개가 급조되었다. 말이 좋아 공공일자리지, 대부분 잡일이었다. 국립대 빈 강의실 불 끄기, 산불·전통시장 화재 감시, 독거노인 전수조사, 침대 라돈 측정, 교통안전 시설물 조사, 농촌 환경정비 등 고용이 불안정한 단기 알바가 주류였다. 연말 취업률을 잠시나마 높여보려는 얄팍한 '눈속임 행정'이었다.

취업자들이 원하는 건 일회용 일자리가 아니다. 공공일자리라 해도 한두 달 일하고 그만둬야 할 바에는 안 하느니만 못하다. 청년들의 장래를 생각하면 차라리 그 시간에 취업 준비에 전념하는 게 나을 수 있다. 인턴 한답시고 시간만 보내다 제한된 취업 기회마저 놓치게 되면 후회막급이다. 연간 1만 명 수준인 공공기관의 체험형 인턴 목표치를 해마다 늘려 잡는 정부를 보면 여기까지는 생각이 못 미치나 보다.

'잠시 편리' 위해 '장시 불편' 부르는 일회용품
물건이건, 정책이건, 시설이건 최소화돼야

한 번 쓰고 폐기되는 일회용 공공시설도 허다하다. 각종 행사를 치르고 나면 차고 넘치는 게 각종 시설물이다. 두고두고 속 썩이는 애물단지다. 평창 동계올림픽의 경기장 시설도 예외는 아니었다. 전 세계에 남북 평화의 메시지를 알린 기념비적 대회라는 극찬을 받았으나 축제는 그때뿐이었다. 천문학적 금액이 소요된 경기 시설들이 상당 기간 그대로 방치되어 있었다.

2011년 유치 당시 생산 유발 효과 20조 4,973억 원, 고용 창출

23만 명, 대회 기간 외국인 관광객 수 20만 명 등의 장밋빛 청사진에만 매료되었던 측면이 컸다. 1994년 동계올림픽을 치른 노르웨이의 릴레함메르는 대회개최 이전 '올림픽 이후 활용위원회'를 설립하고, 활용도가 낮은 시설은 아예 가건물로 지었다가 올림픽 후 해체했다. 주도면밀함이 돋보였다.

일회용품은 극도로 자제되어야 한다. 그게 물건이건, 정책이건, 시설이건 다를 바 없다. 꼭 필요할 경우나 특단의 비상용으로 국한되는 게 마땅하다. '잠시 편리'하자고 '장시 불편'과 '필시 고통'을 선택하는 잘못을 범해서는 안 된다. 국민 부담을 늘리고 환경까지 훼손시키는 매우 위험하고 비경제적인 행동이다. 현세대뿐만 아니라 미래 세대에까지 치유하기 힘든 누가 미치게 된다.

재활용이나 업사이클링도 답이 못 된다. 되레 소비 촉진의 구실이 될 수 있다. 기술적으로도 갈 길이 멀다. 가장 큰 우려는 폐기물이 그냥 사장(死藏)되지 않는다는 사실이다. '좀비'로 변신해 투기(投棄)한 인간들에게 무차별적 역습을 가해 오는 현실이 이를 잘 말해 준다. 딱히 제어 방법이 없는 것도 문제다. 폐기물 발생을 원천 봉쇄하는 프리사이클링(precycling) 외에는 달리 방도가 없다. 사후관리보다는 사전예방에 만전을 기하는 수밖에 없다.

05

민원(民願)이
민원(民怨)

폭발하는 금융 민원, 귀책사유 찾아내 근본대책 마련해야
사후 해결보다 사전 예방이 방책

다 좋은 직업은 없나 보다. 국회의원은 선거만 없으면 할 만하다고 한다. 성직자는 설교만 없으면 해 볼 만하다. 교수는 강의만 없으면 지낼 만하다는 얘기다. 장관 노릇도 청문회만 없으면 마다할 이유가 없어 보인다. 얼핏 들으면 우스갯소리 같지만 말 가운데 뼈가 들어 있다. 힘들고 싫은 일도 최선을 다해야 한다는 가르침으로 새기고 싶다.

불쌍한 경제,
눈감은 정치

공직자도 싫은 게 있다. '민원(民願)'이다. 한 번 휘말리면 좀처럼 헤어나기 힘든 곤욕 중의 곤욕이다. 조직 내 감사 부서는 물론 외부 기관에까지 불려 다니기 일쑤다. 조사와 심문을 받느라 혼쭐이 난다. 내용 소명과 자료 제출로 이만저만한 고생이 아니다. 잘못이 있다면 어쩔 수 없겠지만, 정상적으로 업무처리를 했을 때는 억울하기 짝이 없다. 빈 총도 안 맞은 것만 못하다고, 발생 자체만으로 당사자에 엄청난 고통을 안기는 것이 민원 아닌가.

조직 내 눈총부터 싸늘해진다. 다른 사람에게는 생기지 않는 민원이 유독 특정인에게만 생긴 것에 대한 주변의 측은지심이 더 견디기 힘들다. 이럴 땐 드러내놓고 변명도 어렵다. 더욱이 이해관계가 첨예하게 대립하는 사안의 민원 발생은 필연적이다. 합리적 결정이 내려져도 불리해지는 쪽은 불만을 토로하게 마련이다. 이렇게 결정하면 저쪽에서, 저렇게 결정하면 이쪽에서 들고나오기 예사다. 이래저래 죽어나는 건 공직자다.

공직자도 사람이다. 민원을 당하고 나면 일하기가 싫어진다. 민원인 대하기가 겁나고 부담스럽다. 대인공포증도 겪는다. 동료의 고통을 목격한 여타 공직자들 역시 몸조심에 들어가게 된다. 징계와 질책이 일벌백계가 되기도 하나, 파생되는 역기능도 경계해야 한다. 소극적이고 보신적 업무처리로 자칫 국민 불편과 불이익을 가중시킬 수 있다. 개선이 개악이 되고, 민원이 민원(民怨)을 살 수 있다.

공직자의 혐오 대상, '민원'
업무 처리에 일벌백계 되기도 하나 파생되는 역기능도 경계해야

금융 관련 민원도 예상을 뛰어넘는다. 2019년 상반기 중 금융 민원이 4만 건에 육박했다. 금융소비자가 금융감독원에 방문하거나 인터넷 등을 통해 접수한 민원 건수가 3만 9,924건에 이른다. 근무 일수를 기준으로 할 때 하루 평균 332건꼴이다. 권역별로는 보험 민원이 압도적이다. 전체의 61.9%, 2만 4,760건이다. 이어 비(非) 은행(8,452건), 은행(4,674건), 금융투자(2,038건) 순으로 민원이 많다.

카드사·저축은행 등 비은행을 제외한 모든 금융권에서 민원이 증가했다. 증권·투자 자문 등 금융투자 부문에서 17.7% 급증, 가장 큰 폭으로 늘었다. KB증권, 미래에셋대우증권 등 대형 증권사의 연이은 전산 장애로 보상을 요구하는 투자자 민원이 몰려서다. 보험과 은행 민원도 각각 1.6%, 1.4% 증가다. 생명 보험의 상품 설명 부실 등 불완전 판매 민원이 늘어난 탓이다.

손해보험도 보험사의 보험금 산정과 지급에 문제가 있다는 민원이 많아졌다. 자동차 보험의 적자가 커지자 보험사가 보험금 지급 심사를 강화하면서 보험금 산정을 둘러싼 분쟁이 증가한 결과다. 2016년부터 집중적으로 판매된 치아보험도 보험 가입 후 일정 기간 치료비를 보장하지 않는 면책 기간 2년이 지나 계약자의 보험금 청구가 늘면서 민원이 함께 증가했다.

은행 민원은 주로 인터넷·폰뱅킹 등 금융 사기나 개인 신용정보 유형이 늘었고 대출과 예·적금 민원은 줄었다. 비은행 민원은 작년 상반기보다 9.5% 감소했다. P2P(Peer-to-Peer·개인 간) 회사를 상대로 한 투자자 민원이 71% 급감한 영향이다. P2P 금융의 투자자 보호 법규가 미비해 민원 처리에 한계가 있다는 점 등을 소비자가 인식한 때문이라는 금감원 관계자의 설명이다.

금융회사의 환골탈태 시급
금융소비자보호 선진화 절실, 소비자도 함께 대오각성해야

심각성은 민원 건수에 머물지 않는다. 민원이 줄지 않고 있는 현상을 눈여겨봐야 한다. 민원 발생은 어느 한쪽의 귀책으로 돌리기 어렵다. 감독기관, 금융회사, 소비자의 공동 책임에 해당한다. 주체별로 산재해 있는 귀책 사유를 면밀히 살펴 근본 치유책을 마련해야 한다. 형식적인 대증치료에 그치면 민원 발생이 줄기는커녕 되레 늘어날 수 있다. 지금까지처럼 말이다.

금융회사의 환골탈태가 급하다. 불완전판매 관행부터 뿌리 뽑아야 한다. 일단 팔고 보자는 마구잡이식 영업은 커다란 사회적 해악이다. 지난날 키코 사태나 최근 불거진 파생상품 판매처럼 고위험 상품을 소비자에게 무작정 떠넘겨 피해를 끼치는 일은 더 이상 없어야 한다. 보험도 정직해져야 한다. 권유할 때는 모든 걸다 보상할 것처럼 떠들지만, 막상 사고가 나면 어떻게든 보험금 지급을 기피하는 이중성이 문제다. 사기나 진배없다.

소비자보호도 선진화되어야 한다. 금융회사의 영업행위에 대한 철저한 감독으로 공정한 금융거래 질서를 확립해야 한다. 투자 판단에 영향을 미칠 수 있는 정보가 시장에서 적절히 공시되도록 해야 한다. 소비자 불편 사항에 대한 상담과 민원처리, 분쟁조정으로 소비자 권익을 보호해야 한다. 소비자 금융역량 향상을 위한 금융교육 프로그램 가동 역시 필수적 과제다.

소비자의 대오각성도 요구된다. 툭하면 민원부터 제기하는 습성이 문제다. 금융 민원만 하더라도 단순 불만이나 업무처리 개선 요구 사항이 3분의 2를 점한다. 우호적 방법으로 얼마든지 해결 가능한 사안들이 주류다. 민원은 남발되어 좋을 게 없다. 개인적 부담과 사회적 비용만 낭비한다. 사후적 해결보다 사전적 예방이 낫다. 소비자 피해가 생기기 전에 대비하는 게 상책이다. 예방만 한 치료가 없다. '민원 왕국' 대한민국, 그 오명을 이제 벗을 때도 되었다.

06

절실한 온고지신,
지혜는 경험에서

> 각종 사회적 갈등과 혼란 난무
> 옛것을 익혀 그것으로 새것을 개발해야

　고령 운전자가 늘고 있다. 전국 택시 운수종사자 26만 8,434명 중 65세 이상의 운전자가 7만 2,565명이다. 전체의 27%다. 그중 70~79세는 2만 6,151명, 80~89세는 533명이라는 통계다. 사업용 화물차 운전자의 평균 연령대도 높아지고 있다. 89.3%가 50대 이상이다. 시각, 주의력, 기억력 등 7개 항목을 평가하는 '자격유지 검사'를 통과해야 운전대를 잡을 수 있고, 나이가 들수록 조심성이 커져 운행에 지장이 없다는 게 표면적 이유다.

그래서 나이는 숫자에 불과한 걸까. 지난해 노벨 물리학상 수상자인 아서 애슈킨(Arthur Ashkin) 박사는 1922년생이다. 만 97세다. 노벨상 전 분야를 통틀어 역대 최고령자 기록이다. 신문에 난 사진만 봐도 정정한 모습이다. "내 시대는 이미 지나갔고 수상은 생각조차 못했다"는 소감이다. "최신 논문을 써야 하기 때문에 인터뷰 시간이 많지 않다"는 답변까지 덧붙인다. 연구하느라 여전히 바쁘다는 것이다.

그런데도 많은 곳으로부터 초청이 쇄도할 것이다. 수많은 초청자가 그에게서 듣고자 하는 바는 무얼까? 옛 지식은 정녕 아닐 테고, 새로운 지식이나 정보도 더더욱 아닐 듯하다. 그의 발명 업적 이후 레이저 물리학 분야에서 상당한 학문적 진전이 있었을 터라, 최신 정보는 요즘 전문가들이 더 잘 알 것이다. 추측건대 그 같이 훌륭한 성과를 어떻게 거둘 수 있었는지, 그 과정과 지혜를 배우고 싶어서일 것이다.

단편적인 지식은 인터넷 공간에만도 차고 넘친다. 검색어만 잘 선택하면 웬만한 정보는 실시간 검색이 얼마든지 가능하다. 신제품이나 신기술 개발 등은 이 정도의 지식으로는 어림도 없다. 족탈불급이다. 아이디어 개발에서 사업화 실행까지 수없는 장애와 난관이 도사리고 있다. 정작 긴요한 것은 어려움을 극복할 수 있는 지혜라 할 수 있다. 지식과 경험, 노하우를 결합하고 융합하는 지혜가 핵심 관건이 된다.

불쌍한 경제,
눈감은 정치

첨단의 지혜, 오랜 기간의 지식과 경험의 산물
경험 많고 나이 지긋한 노년 세대서 나와

지혜는 오랜 기간의 지식과 경험의 결과물로서, 주로 경험 많고 나이 지긋한 노년 세대로부터 나온다. 변화무쌍한 순간순간의 상황을 순발력 있게 대처하는 노령 운전자의 일상처럼, 글로벌 무한경쟁 환경에서 사투를 벌이는 경영 활동에서도 경험과 지혜는 성과와 성공의 요체로 작용할 수 있다.

지혜의 중요성과 당위성은 사례를 들어 설명하면 실감이 더한다. 국내 기업에서 연구개발을 성공리에 마치고 사업을 개시했을 때 일어난 실제 스토리다. 세계 최초의 제품은 아니었지만, 성능만큼은 감히 당대 최고라 자부할 수 있었다. 공장을 짓고 생산을 시작하면서 예상하지 못한 사태가 돌발했다. 양품(良品)률이 좀처럼 올라가지 않는 것이었다.

원료를 고급으로 바꿔도 보고, 설비나 공정도 일일이 짚어가며 조정도 해 보았다. 매번 허사였다. 불량은 전혀 개선되지 않았다. 신제품이라 어디다 대고 물어볼 곳도 없었다. 마음고생이 이만저만이 아니었다. 경쟁사 사람이라도 포섭해 보고 싶은 마음이 간절할 정도였다. 사태가 장기화되면서 지푸라기라도 잡는 심정으로 업계에서 오래전에 은퇴한 선배 한 분을 초빙했다.

역시 미덥지 못했다. 그분이 아는 지식, 경험, 노하우는 옛날 것뿐이었다. 질문을 해도 속 시원한 답변을 내놓지 못했다. "그런 문제라면 배합비를 다시 살펴보라"거나 "냉각수 쪽을 점검하라"
는 식의 애매한 얘기만 늘어놓기 일쑤였다. 왜 그쪽을 점검해야
하는지에 대한 이유나 설명조차 없었다. 마지못해 지적한 곳을
조사하고 분석한 결과, 놀랍게도 해답을 찾을 수 있었다. 오랜 기
간 온갖 경험을 다 해서인지 디테일은 약했지만 방향 감각은 탁
월했다. 지혜의 놀라운 결과였다.

노년 세대 지혜 활용은 성공 경영 요체
나이가 들었다는 것만으로 중장년층 값진 지혜 말살 안 돼

작금의 스피드 경쟁 환경에서는 당장 써먹을 수 있는 제품이나
기술이 가치를 발할 수 있다. 지당한 말씀이다. 이런저런 시도를
해 볼 정도로 시간과 예산과 인력이 충분한 경우는 거의 없다.
시간과의 싸움에서 지면 나중에 아무리 좋은 결과가 나와도 무
용지물이 되고 만다. 그렇다고 속도를 낸다고 빨리 갈 수 있는 것
도 물론 아니다. 지름길을 발견하면 속도를 내지 않고도 더 빨리
도착할 수 있는 이치 또한 분명한 사실이다.

차량 운행에서는 내비게이션이 그런 역할을 한다. 기업 경영에
서는 안타깝게도 그 같은 기능을 수행할만한 문명의 이기가 미개
발된 상태다. 인공지능이 고도화될 경우 가능한 일일 수 있지만,
현재로써는 꿈에 불과하다. 제대로 비전 설정과 상품 전략이 기

불쌍한 경제,
눈감은 정치

업의 경쟁력을 좌우하는 현실에서 그나마 선험자의 지혜를 빌리는 것만큼 유용한 도구도 현실에서 찾아보기 힘들다.

제품이나 기술의 수명주기가 짧아지고 지식수준이 첨단화되었다고 옛 지혜의 활용을 소홀히 할 수 없다. 지금은 보편화된 제품이나 기술도 개발 당시에는 첨단의 신기술, 신제품이었다는 사실에 유념할 필요가 있다. 어떻게 과제를 추진해서 성공을 거둘 수 있었는지에 관한 숨겨진 지혜를 찾는 수고를 아끼지 말아야 한다. 그래야 시행착오는 줄이고 성공 가능성은 높일 수 있다. 경영학 교과서에서도 소개되지 않은 현장 비책 중의 하나다.

나이가 들었다는 이유 하나만으로 구조조정으로 내몰아 중장년층의 값진 지혜를 말살하는 잘못을 저질러선 안 된다. 거대한 사회적 손실이자 조직을 망치는 자해행위나 진배없다. 탈(脫) 원전, 소득주도성장, 최저임금, 최장 근로시간, 일자리 창출 등 사회적 갈등과 혼란이 큰 이슈들을 접할 때마다 원로들의 지혜가 때늦은 아쉬움으로 남는다. 옛것을 익히고 그것을 미루어서 새것을 아는 온고지신(溫故知新)의 공자 말씀이 새삼 그리워지는 요즘이다.

07

'공짜 문화'는 몰염치의 다른 말

| '지식, 정보, 경험, 비장 노하우(知情經祕)' 중요
| '제값 주기'는 정도경영 방책, 성공거래 관건

공장 기계가 갑자기 멈춰 섰다. 엔지니어들이 백방으로 고쳐봤지만 허사였다. 전문가를 불러왔다. 그는 망치로 한두 군데 쳐서 기계를 작동시키고는 수리비로 30만 원을 요구했다. 사장은 망치질 몇 번 한 것뿐인데 너무 심한 것 아니냐고 따졌다. 전문가가 내민 계산서에는 '망치질 값 1원, 어디를 망치질할지 알아낸 값 29만 9,999원'이라고 적혀 있었다.

불쌍한 경제,
눈감은 정치

경제 전문지 유머 코너에 실린 이야기다.

재미는 있으나 뒷맛이 개운치 않다. 웃어넘기기에는 께름칙한 해학이다. 남의 것 거저먹기 좋아하는 우리 사회의 '공짜심리'를 비웃는 듯해서다. 이점에서는 기업들도 자유롭지 못하다. 지식경제, 창조경제를 들먹이는 요즘도 지식과 정보, 경험과 노하우에 대한 정당한 평가와 구매에는 인색한 기업들이다. 이런 일로 돈을 요구하면 치사하게 여기곤 한다. 이하에서는 '지식, 정보, 경험, 비장의 노하우'를 편의상 '지(知)·정(情)·경(經)·비(祕)'로 약칭하고자 한다.

지정경비의 경제적 가치는 누구도 부인하기 어렵다. 재무제표에는 나타나 있지 않지만 무형의 자산임에는 틀림없다. 가치 있는 서비스에 대한 가격 지불은 당연지사다. 오랜 기간 각고의 노력으로 체득한 지식자산에 대한 무임승차는 몰염치의 극치다. 도둑의 심보나 다를 바 없다. 공짜배기 사고방식으로는 지식, 정보, 경험, 노하우의 연결과 융복합이 핵심인 4차 산업혁명 시대를 살아가기 힘들다.

지정경비에 대한 적극적 활용이 오히려 긴요하다. 산업계를 눈여겨보면 값이 나가는 지정경비들이 넘쳐난다. 대기업이나 공기업 등에서 퇴직하는 고급 인적자원에 체화된 지정경비는 그 대표적 사례다. 구조조정과 명예퇴직의 와중에서 고난도 지정경비들이 홍수를 이룰 정도다. 인력난, 기술난에 시달리는 중소기업에게는 가뭄에 단비 같은 존재다. 고가의 서비스를 염가에 구매할 수 있는 최적의 쇼핑 찬스다.

국내 기업들, 오랜 시간과 힘든 노력으로 체득한 '지정경비(知情經祕)' 탈취 공격에 무방비

　창의성은 무에서 유를 창조하는 데서만 나오는 게 아니다. 기존 지식에 새로운 가치를 부가하는 형태가 대부분이다. 기존에 전혀 없던 것을 만들어내는 발명의 케이스는 거의 없다. 기왕의 지정경비를 활용해 효과적으로 개선해 내는 것이 주류를 이룬다. 그렇다면 지정경비의 무상 취득 시도는 쉽게 할 수 있는 일을 스스로 어렵게 만드는 일일 수 있다. 지름길 놔두고 돌아가는 어리석은 선택이 될 수 있다.

　썩 좋은 예는 아니지만, 중국 기업들의 한국인력 채용에서 소중한 힌트를 얻을 수 있다. 중국 기업들은 한국 굴지의 기업에서 은퇴한 인력을 앞다퉈 채용해 왔다. 고액 연봉을 미끼로 한국 '인재 사냥'에 나섰다. 특히 한국 경제를 떠받치고 있는 핵심 산업인 반도체, 디스플레이 등 하이테크 분야에서 핵심 인력 탈취를 위한 중국 업체들의 시도가 갈수록 노골적이다.

　현장 필요 인력을 충당하기 위한 목적에서만이 아니다. 기술 격차를 좁히기 위한 무차별적인 인재 확보의 케이스들이 적지 않다. 이들에게 의외의 임무가 부여된다. 한국과 중국을 오가면서 지정경비를 수집하는 게 주된 미션이다. 함께 일했던 한국의 옛 동료나 후배들에게 밥 사고 술 사주며 지정경비를 빼내오는 일이다. 결과는 끔찍하다. 수십억 원씩 수년간 투자해야 따라잡을 수 있는 고급 기술이 염가의 비용으로 단시일에 개발되고 만다.

지정경비 탈취 공격에 대한 국내 기업들의 대응은 안이하기 짝이 없다. 사실상 무방비 상태다. 그러다 보니 속수무책으로 당할 수밖에 없다. 특허 등 지적재산권으로 등록된 내용이 아닌 경우에는 법적 대응도 쉽지 않다. 더 큰 걱정은 대다수 기업이 지정경비의 중요성이나 활용의 당위성에 둔감해 있는 현실이다. 고치기 힘든 한국 기업의 고질적 병폐의 하나가 아닐 수 없다.

중소기업, 대기업 퇴직 인력에 체화된 노하우 활용 절실
높은 가치, 염가 구입의 최적 기회

기업 내의 지정경비 공유 역시 부재인 상태다. 임직원 개개인의 지정경비 공유가 이루어지는 경우가 드물다. 큰맘 먹고 공개해 봤자 돌아오는 게 없다. 금전적·비금전적 보상은 일부 대기업에서나 어쩌다 있는 일에 불과하다. 자칫 "그러면 네가 해 봐"라는 식의 덤터기만 쓸 수 있다. 할 일만 늘리는 악수가 된다. 이런 판에 자신의 지정경비를 내놓을 '바보'가 있을 리 없다. 하등의 필요도 이유도 없다. 입을 다무는 게 상책이다.

간혹 적지 않은 돈을 들여 힘들게 외부 전문가나 원로를 초청하는 경우에도 이벤트성 행사에 그치곤 한다. 모여 앉아 강연이나 듣고 사진 촬영하기에 바쁜 정도다. 손님으로 정중하게 모시면 그걸로 다 되는 줄 안다. 그들이 가진 지식과 경험, 지혜를 활용하는 것은 엄두조차 못 낸다. 성과와 효율을 몇십 배 올릴 수 있는 모처럼의 호기인데도 이를 제대로 살려내지 못한다.

비용 지불에 경직적인 회사 내규도 걸림돌이다. 지급 대상별로 금액이 책정돼 있고 그것도 두툼한 보고서를 공식적으로 첨부해야 하는 번거로운 절차를 요구한다. 그마저도 교수, 전문가 등 사회적 학문적 명성이 탁월한 경우에나 해당되는 일이다. 이름 없는 사람의 조언이나 도움말 정도에는 예산 집행이 불가능한 구조다. 기껏해야 "고맙습니다", "나중에 식사 한번 모시겠습니다"라는 선에서 말로 때우고 끝난다.

돈을 써야 돈이 벌린다. 성과 거양에는 비용 투여가 필수 요건이다. 먼 장래까지 생각하면 구현되지 않은 지정경비에도 소정의 대가를 치르는 게 옳다. 줄 건 주고받을 건 받는 것이 거래의 속성이다. 인색함이 소탐대실(小貪大失)을 부를 수 있다. 가치에 대한 '제값 쳐주기'야말로 정도 경영의 방책이자 성공 거래의 관건이 된다. 공짜라면 양잿물도 마신다지만 그랬다간 큰코다칠 수 있다. 기업 존폐를 자해하는 경쟁력 저하로 이어질 수 있다.

불쌍한 경제,
눈감은 정치

P A R T

10

의식
· 유대인처럼만 해라 ·

돈 몇 푼 아끼려다
고객서비스 망쳐

> 유대인 은행에서 배우는 뱅커의 지혜
> 뿔 바로잡으려다가 소 죽여선 안 돼

유대인은 동서고금의 역사가 증명하는 금융의 원조다. 11세기 이탈리아 시장에는 원거리 무역상들을 상대로 환전을 해주는 상인들, 즉 뱅커(banka)들이 있었다. 유대인들이었다. 환전 서비스를 하려면 수많은 주화의 가치를 평가하고 환율을 산출해 내는 데 상당한 경험과 전문성이 필요했다. 이런 정보를 수집할 수 있는 집단은 원근 각지의 커뮤니티와 유대관계를 맺어온 유대인밖에 없었다.

유대인 환전상들은 시장 거리 한구석에서 달랑 긴 의자(banco) 하나만 놓고 영업을 했다. 오늘날 은행업의 효시다. 뱅크(bank)의 어원이 이탈리아어 방코(banco)에서 유래되었다. 긴 의자(banco → banca → bench)가 뱅크(bank)가 된 것이다. 중세 뱅커들은 환전업무만 수행한 게 아니다. 어음 업무나 예금업무를 함께 취급했다. 예금자들은 사용이 불편하고 소지가 위험한 돈을 뱅커에게 맡기고 대신 증서를 교부받아 사용했다.

이따금 문제가 발생하곤 했다. 예금증서를 갖고 가도 뱅커에게 돈이 없어 돌려받지 못하는 경우가 생겨났다. 예금주들이 가만있을 리 없었다. 화가 난 나머지 뱅커의 영업장소로 들이닥쳐 환전대로 사용되던 긴 의자를 마구 부숴버렸다. 이래서 파산(bankruptcy)이라는 말의 어원이 부서진 의자(bankarotta)에서 나왔다.

뱅크가 동양에서 '은행'으로 번역된 데도 그럴만한 사연이 있다. 중국의 상인 길드인 '행(行)'이 원거리 무역의 결제 수단으로 '은(銀)'을 사용했다. 이 행이 금융업의 주체가 되면서 은행(銀行)이라는 말이 탄생하게 되었다. 어쨌든 은행업은 의자에서 출발했고 의자는 은행의 소중한 영업 밑천이 되었던 셈이다.

> 은행(bank)은 '긴 의자(banco)',
> 파산(bankruptcy)은 '부서진 의자(bankarotta)서 유래

이 같은 역사적 배경을 지닌 의자가 근자에 이르러 우리나라 은행들에서 자취를 감추고 있다. 비용 몇 푼 아껴보겠다고 은행들마다 앞다퉈 일반 창구에서 의자를 치우고 있다. 인터넷 뱅킹과 모바일뱅킹이 보편화되면서 은행 객장을 찾는 주 고객층인 중장년 노인들이 힘겹게 서서 일을 보고 있다. 보다 빠른 업무 처리를 위해 '입식 창구' 제도를 도입했다는 것이 은행 측의 설명이나 이를 곧이곧대로 믿을 사람은 없다. 속 보이는 빤한 거짓말이다.

정 그럴 수밖에 없었다면 고객에게 미리 양해를 구하는 게 제대로 된 순서이다. 수익성을 따지다 보니 고객 의자를 입출금과 송금 같은 일반 창구에서 부득불 없앨 수밖에 없었노라고 사실대로 말해야 했다. 고객 불편이 불가피했다면 정직하기라도 해야 했다. 결과적으로 신뢰성과 도덕성을 모두 잃었다. 금융소비자에 대한 최소한의 도리마저 망각한 치졸한 처사였다.

입식 창구 도입으로 실제로 비용이 얼마나 절감됐는지 은행들이 밝히지 않으니 알 수 없다. 다만 분명한 것은 작은 것에 눈이 어두워 그보다 훨씬 큰 것을 놓치고 있다는 사실이다. 은행의 핵심 경쟁력인 고객서비스를 망가뜨리는 치명적 자해행위로 작용될 소지가 다분하다. 뿔을 바로잡으려다가 소를 죽이는 어리석음이 될 수 있다.

불쌍한 경제,
눈감은 정치

'삼시세판(三時三判)'의
공동체 의식

> **가난한 동포 돕는 '무이자 대출제도'가 성공 열쇠**
> **차원 높은 도덕성과 성숙한 의식 필요**

유대인은 한 형제다. 능력껏 벌어 필요에 따라 나눠 쓴다는 공동체 의식이 투철하다. "아무리 길고 훌륭한 쇠사슬이라도 한 개만 부러지면 무용지물이 된다"는 『탈무드』의 '고리론'을 믿어 의심치 않는다. 그들 스스로 수직적·수평적 생태계를 꾸려 서로 끌어주고 밀어주는 공동체를 이루며 살아가는 이유다.

성공한 유대인들은 다른 유대인을 돕기 위한 기금을 조성하고 아이디어를 모은다. "필요한 사람에게는 돈을 빌려주어야 한다", "동족에게는 이자를 취할 수 없다"라는 율법의 가르침에 따라서다. 이런 전통은 지금까지 이어진다. 유대인의 미국 이민 후에도 지속하고 있다. 가난한 동포를 돕는 '무이자 대출제도'가 대표적 사례다. 새로 창업하거나 사업 실패 후 재기를 도모하는 사람에게 자금을 무이자로 빌려준다.

18세기 이후 유럽에서 운영된 '헤브라이인 무이자 대출협회'가 모태다. 실패한 창업자에게 세 번까지 무이자 조건의 대출 기회가 주어진다. 세 번의 대출 횟수는 대충 정해진 것이 아니다. 두 번 이상 실패를 해 봐야 사업에 성공할 수 있다는 그들만의 경험 법칙에 기초한다. 첫 번째 시도에 실패하고 두 번째에도 잘못되더라도 세 번째에는 성공할 수 있다는 확신이다. 이런 믿는 구석이 있어서인지 유대인은 실패를 크게 두려워하지 않는다. 되레 실패도 자산으로 여긴다.

벤처투자 펀드도 발달해 있다. 실리콘밸리의 창업 환경도 사실상 유대인들이 주도한다. 인구 894만 명에 불과한 작은 나라 이스라엘이 강한 이유다. 미국 나스닥에 상장된 기업만도 94개나 된다. 1위 미국, 2위 중국에 이어 세 번째다. 유럽 국가 전체를 합한 것보다 많다. 스타트업 기업 7,600개, 인구 1인당 창업 비율 세계 1위, 인구당 노벨상 수상자 세계 최다 기록이다. 고용인력 1만 명당 과학기술자도 140명에 이른다.

공동체 의식이 몸에 밴 유대인
실패한 동포의 재기 지원을 위해 '무이자로 세 번까지' 대출

유대인의 재기 지원은 다른 나라 기업들에는 부러움의 대상이 되기 충분하다. 실제로 그들이 성공할 수 있었던 데는 이런 제도적 뒷받침에 힘입은 바 컸다. 다만 여기서 주목해야 할 점은 제도의 화려한 겉모습만이 아니다. 정작 눈여겨봐야 할 부분은 제도 운영의 내면에 있다. 이토록 혁신적인 프로그램이 어떻게 뿌리내릴 수 있었는지에 대한 진지한 성찰이 긴요하다.

만약 이런 제도가 다른 나라에서 시행된다면 어떨까? 이자도 받지 않고 그것도 세 번씩이나 돈을 빌려주면 어떤 일이 벌어질지 궁금하다. 물론 나라별로 다르겠지만 십중팔구 사람들이 '눈 먼 돈'으로 알고 마구 갖다 쓸 소지가 다분하다. 기금이 금세 고갈되어 제도가 오래가지 못할 게 분명하다. 그런데 유대인의 경우는 전혀 뜻밖이다. 신기할 정도로 제도가 잘 운용된다.

무이자 대출의 회수율은 통상 80% 수준을 크게 상회한다. 대출금을 상환하지 않거나 못하는 사람이 드물다는 얘기다. 자금을 지원받아 성공한 사람들은 이자보다 더 많은 금액을 또다시 기부한다. 거액의 출자도 서슴지 않는다. 기금은 점점 불어난다. 그렇다고 유대인은 무이자 대출제도를 반기지 않는다. 외부 도움을 받는 것 자체를 부끄럽게 여긴다. 될 수 있으면 남의 힘을 빌리지 않고 자력갱생하려는 의지가 남다르다.

중요한 것은 무이자 대출과 지원 횟수가 아니다. 수준 높은 제도에는 차원 높은 도덕성과 성숙한 의식이 요구된다. 이것이 바로 유대인의 성공 열쇠다. 유대인은 자기들이 특별한 백성이라는 점에 의문을 품지 않았다. 그런 일이 수천 년이나 계속된 결과 실제로 특별한 백성이 되었다. 그들이 특별한 역할을 하게 된 것은 스스로 그런 역할을 자기들에게 부여했기 때문이다. 이런 자존감이 우리에게도 필요하다. 유대인이 해낸 일을 못 해낼 대한민국이 아니다.

불쌍한 경제,
눈감은 정치

감람나무에서 배우는
'세월의 힘'

고난과 형극의 역사에서 영광 연출한 유대인 삶
올리브 나무와 흡사

　올리브나무는 성경에서 자주 언급되는 감람나무다. 15년이 지나야 첫 열매를 맺는다. 30년 이상 자라야 수확다운 수확이 가능하다. 척박한 사막성 기후에서 살아남기 위해 안정된 수분 층까지 깊게 뿌리내리는 데 오랜 시간이 걸려서다. 이때는 성장 속도를 줄이고 나이테를 겹겹이 쌓아야 한다. 바위 땅에서 살아남고 1000년 넘게 열매를 맺을 수 있는 것은 깊게 뻗은 뿌리 덕분이다.

지혜의 왕 솔로몬은 비탈진 언덕에 올리브나무를 집중적으로 심게 했다. 지세를 활용한 농법이었다. 갈릴리에 있는 한 올리브나무는 수령이 2,550년에 이른다. 알렉산더 대왕이 페르시아 정복에 나섰던 기원전 331년경에 심겨져 자라온 것으로 전해진다. 예루살렘 겟세마네 동산의 올리브나무들도 식수 된 지 1000년이 넘는다.

올리브나무의 장수 비결은 특이한 면역체계에 기인하는 바 크다. 메뚜기 떼가 몰려와 나무를 갉아 먹을 때 독특한 화학 성분을 합성하여 특유의 냄새를 풍긴다. 이게 바람에 날려 주변의 나무들에 전달된다. 위험을 감지한 나무들은 메뚜기 공격을 방어하는 화학물질을 즉각 생성한다. 먼저 공격받은 나무는 죽음을 피할 수 없으나, 다른 나무들은 생명을 보전할 수 있게 된다.

가난이 스승, 세월이 보약

그 덕에 올리브 열매는 지상에서 가장 우수한 기름을 만들어낸다. 맨 먼저 짜낸 기름은 성전에 바쳐졌다. 거룩한 기름으로 소중히 여겨졌다. 성전 촛대도 이 기름으로 밝혔다. 왕이나 대제사장에 기름 부을 때도 사용되었다. 이 밖에도 올리브유는 식용, 의

불쌍한 경제,
눈감은 정치

약품, 미용 등 다용도의 생필품으로 소비되고 있다.

나무의 웅장한 외모와 풍성한 결실은 아름다움과 수려함, 힘과 번영, 하나님으로부터의 축복과 평화를 상징한다. 고난과 형극의 역사를 견디며 영광을 연출해낸 유대인들의 삶과 흡사하다. 세월이 보약이고 가난이 스승이 되었다. 경제 활동도 그 점에서는 예외는 아닐 듯싶다. 힘들어도 오래 참고 기다리다 보면 기회는 언젠가 찾아오게 마련이다. 동서고금의 역사가 이를 수없이 실증해 온 바다.

오마하의 현인 워런 버핏은 기다림의 달인이다. 그는 "10년을 보유하지 않을 거면 1분도 주식거래를 하지 말라"고 했다. 마라톤처럼 긴 호흡으로 페이스를 유지하라는 소중한 교훈이다.

워런 버핏은 오랜 준비 과정을 거쳐 중년 이후에 부를 축적했다. 재산의 99%를 50세 이후에 벌어들였다. 39세에 2,000억 원, 50세 때 5,000억 원이던 재산이 2018년 기준 90조 원 규모로 불어났다. 성공의 비밀이 '나이'였던 셈이다. 그 또한 유대인인지라 올리브나무에서 '세월의 힘'을 간파한 건 아닌지, 뜬금없이 궁금해진다.

04

뉴욕을 수리남과 맞바꾼 네덜란드

| 그때는 잘한 일, 지금 와선 후회할 일?
| 정책, 짧게 보면 잘못 본다

　역사는 재미있다. 우여곡절과 희로애락이 살아 숨 쉰다. 17세기 중엽 세계 무역을 독주하던 네덜란드에 제동이 걸렸다. 1651년 영국 크롬웰의 항해조례가 장애물이었다. 영국이나 영국 식민지와 무역할 때 영국과 영국 식민지 소유의 배만 이용토록 한 내용이 문제였다. 해운과 무역에서 경쟁국 네덜란드를 따돌리려는 의도였다. 선장과 승무원도 4분의 3 이상이 영국인이어야 하는 의무

불쌍한 경제,
눈감은 정치

규정도 생겼다. 전시 해군에 필요한 선원 양성의 속셈이었다.

해상무역에 종사하던 네덜란드 유대인에게는 큰 위기였다. 1660년 영국은 2차 항해조례를 선포했다. 설탕, 담배, 목화 등을 영국 식민지에서 영국과 영국령으로만 수출할 수 있게 했다. 돈 되는 상품은 영국령끼리만 무역을 하게 하려는 조치였다. 이 또한 네덜란드의 숨통을 죄려는 심사였다. 1665년 3차 항해조례는 더 억지였다. 유럽대륙에서 아메리카 영국 식민지로 수송되는 모든 화물은 일단 영국에 들러 짐을 내린 뒤 다시 배에 싣도록 했다.

식민지행 화물에 영국이 관세를 부과, 식민지와 다른 국가 간의 직접무역을 막으려는 목적이었다. 결국 영국과 네덜란드 간 전쟁이 재개되었다. 영국은 1665년 3월 전쟁을 선포하고 6월 영국의 르스토프트 앞바다에서 네덜란드 해군을 격파했다. 이듬해에 벌어진 2차 전쟁에서는 네덜란드가 승리했다.

1667년 전쟁이 끝나고 네덜란드는 육두구 산지 반다제도와 사탕수수 재배지 수리남의 소유권을 인정받는 대신, 뉴암스테르담, 지금의 뉴욕을 영국에 내주었다. 당시로서는 합리적 교환으로 평가되었다. 막 성장을 시작한 설탕 농업을 위해서는 서인도제도에 위치한 수리남의 경제적 가치가 뉴욕보다 높다는 판단에서였다. 승전국 네덜란드가 뉴욕을 포기한 결정은 지금 와서 보면 땅을 치고 후회할 일이었다. 짧은 안목의 위험성을 일깨우는 역사의 가르침이다.

'만능키 정책'은 없다
맘에 안 든다고 함부로 말하면 곤란, 분별없는 비판은 더 큰 해악

정책에 대한 평가도 시간이 지나면 달라지곤 한다. 호평이 악평으로 악평이 호평으로 바뀌곤 한다. 요즘 시행되는 정책들도 그럴 수 있다. 최저임금제에 대한 비판이 혹독하다. 경제난의 원인을 최저임금 탓으로 돌리는 시도가 노골적이다. 소득주도성장 정책에 대한 비난도 거세다. '족보에 없는 이론'이라는 극언까지 등장했다.

국내총생산(GDP) 대비 국가채무 비율에 대한 논란도 뜨겁다. 40%를 넘으면 마치 나라가 망할 것처럼 호들갑이다. 경제가 어렵다 보니 그럴 만도 하기는 하다. 그렇다고 역기능만 내세우고 순기능은 외면하려는 편향성은 온당치 못하다. 마음에 들지 않는다고 함부로 말하는 것이 아니다. 더 큰 해악이다. 언제 어디서나 통하는 '만능키 정책'은 없다. 어차피 정책은 선택이 아니던가.

고래도 칭찬하면 춤을 춘다. 미흡할수록 비난보다 신뢰와 인내가 방책일 수 있다. 정책은 긴 안목으로 봐야 한다. 일관성도 중요하다. 정책이 왔다 갔다 하면 이도 저도 안 될 수 있다. 혹시 또 누가 아는가. 훗날 최저임금 인상이 근로자의 생활 안정과 노동력의 질적 향상에 크게 기여했다는 호평을 받을지. 또 소득주도성장 정책이 경제체질 개선의 계기가 되었다는 찬사가 나올지. 제발 그랬으면 좋겠다. 그렇게 되도록 정부는 한층 더 노력해야 한다.

　변화 앞에서는 예측과 계산이 쉽지 않다. 미래를 장담해서도 안 되지만 결과를 예단하는 것도 잘하는 일은 아니다. 그것만큼 무모한 일도 없다. 사탕수수 재배지와 뉴욕을 맞바꾼 네덜란드의 결정도 달리 보면 꼭 손해라고만 할 수 없다. 영국은 1776년 미국 독립 때까지 뉴욕에 대해 109년을, 네덜란드는 1975년 수리남 독립 때까지 308년을 다스렸다. 지배 기간이 네덜란드가 영국보다 200년가량 길었다. 짧게 보면 잘못 볼 수 있다. 근시가 착시를 부른다.

05

현대판 부르주아, 중산층

| 힘들게 '기합'받는 중산층에 정부의 '기업(氣up)'이 힘 돼
| 정책 지원 시급하고 절실

　중세 도시에서 주민의 핵심은 상인과 수공업자들이었다. 상업이 활발해지자 그들은 상품의 선택과 수송, 선박의 수리와 단장, 수레와 상자 제조 등 필요한 물건과 부속품을 생산하고 유통했다. 도시 인구가 점차 늘어나자 외부로부터 제빵업자, 양조업자, 대장간, 푸줏간, 대부업을 하는 상인들이 모여들었다. 여기에는 상당수 유대인이 포함되었다.

도시는 입지적으로 방어하기 좋은 성채 근처에 생겼다. 성채 바깥에 몰려든 상인들은 시장을 만들고 집을 지었다. 주변에 새로운 성벽을 쌓아 도시를 보호했다. '성벽 안에 사는 사람'이라는 뜻의 '부르주아(bourgeois)'라는 별칭이 이때 붙여졌다. 부르주아의 개념이 성(Burg) 안에 사는 사람 브르거(Burger)에서 유래되었다. '도시 사람'이라는 뜻으로 성 밖에 사는 '시골 사람'과 대비된 호칭이었다.

부르주아는 근대에 와서 절대 왕정의 중상주의 경제 정책으로 부를 축적한 유산 계급으로 시민 혁명의 주체가 되었다. 그 이전에는 상당한 부를 소유했음에도 왕과 귀족의 지배를 받는 피지배 계급에 불과했다. 중세의 숙명론적 봉건 윤리를 퇴장시키고 소유의 욕망을 긍정하여 역사 발전을 진보시키며 사회의 주체 세력으로 등장했던 당당한 그들이다.

현대적 개념의 부르주아는 경제적 수준이나 사회문화적 수준이 중간 정도인 중산층으로 정의될 수 있다. 소득이 안정되고 여가와 소비생활을 영위하는 사회 집단을 지칭한다. 경영 관리직, 전문직 및 기술직 종사자 등 사회적 중간 계층과 도시 자영상인과 농촌 자영농 등이 이에 속한다 할 수 있다.

| 역사 발전과 사회 진보 주도한 중세 '부르주아'
| 부의 쏠림 심화로 무너지는 현대 '중산층'

근자에 와서 중산층이 무너지고 있다. 범세계적인 추세이기도 하다. 경제개발협력기구(OECD)의 조사결과에 따르면, 세계 주요 국가들에서 중산층의 경제력이 지난 30년간 40% 가까이 감소한 것으로 나타났다. 전체 경제규모의 성장세를 감안하면 중산층의 경제력 약화는 소수 고소득 계층으로의 부의 쏠림이 심화됨을 의미한다. OECD는 전체 중산층 가구의 20%가 소득보다 지출이 많고, 8가구 중 1가구는 부채 규모가 자산의 75% 이상일 것으로 추정했다.

우리나라도 예외가 아니다. 부익부 빈익빈 현상 등으로 중산층이 빠르게 무너져 내리고 있다. 한국노동연구원이 발간한 「2017년까지의 최상위 소득 비중」을 보면 우리나라 상위 10% 집단의 소득 비중이 50.6%로 절반을 넘었다. 그중에서도 최상위 1% 집단의 소득 비중은 15.26%에 달해, 상위 집단 내에서도 양극화가 점입가경이다. 중산층 감소가 뚜렷해지고 있다.

중산층이 무너지면 소비가 줄고 경제가 흔들린다. 정치적 경제적 불안정성을 키우고 성장과 투자에도 부정적 영향을 미치게 된다. 중산층 붕괴를 막는 대책이 시급한 이유다. 토마 피케티 파리경제대 교수는 부의 불평등 완화를 위해 누진적인 자본세 부과를 제안했다. 그는 "더 균등하고 역동적인 사회경제로 이행하려면 정치적 역할이 중요하다"며 '불평등에 맞서는 정치'를 요청했다.

실제로 일자리 창출, 중소기업 지원 강화, 중산층 조세부담 경감, 공공요금 등 필수 생활비용 인상 억제 등 세심하고 폭넓은 정책적 후원이 더없이 긴요한 시점이다. 성장 둔화와 경기 침체 과정에서 힘들게 '기합'받는 중산층에게 정부로부터의 따뜻한 '기업(氣up)'만큼 힘 될 게 없다. 중산층이 살아야 나라가 산다. 중세가 그랬고 근대가 그랬다. 현대는 더더욱 그러하다.

06

안식일의 경쟁력

| 한국 핀테크 산업, 시작 늦었으나 도약 서둘러야
| '나중 된 자 먼저 되는' 반전, 지금도 가능

　유대인의 하루는 일몰에서 시작해 일몰로 끝난다. 안식일은 금요일 일몰부터 토요일 일몰까지다. 기독교의 주일보다 하루 이상 이르다. 그래서 유대인은 안식일이 끝나는 토요일 일몰부터 새로운 한 주를 시작할 수 있다. 그들은 토요일 저녁이 되면 그때부터 다음 주간에 할 일을 정리한다. 그리고 한 주를 시작하는 일요일에 업무를 본격 개시한다.

불쌍한 경제,
눈감은 정치

일요일 오전, 여러 나라에 흩어져 있는 유대인 커뮤니티인 디아스포라들과 주요 정보를 주고받는다. 오후가 되면 랍비가 그 분야의 전문가를 중심으로 디아스포라들로부터 수집된 정보를 분석한다. 곧이어 이를 토대로 그 주에 취할 행동 지침을 결정한다. 일요일 저녁에는 이를 정리, 다른 디아스포라들과 상호 교환한다.

월요일 아침에 출근해서야 일을 시작하는 일반인에 비해 유대인은 매주 하루 이상 빨리 비즈니스에 임한다. 과정과 절차가 이렇다 보니 촌각을 다투는 정보 전쟁에서 유대인은 늘 한발 앞서갈 수 있었다. 그것도 세계적인 정보 네트워크를 십분 활용하면서 말이다. 특히 정보가 생명인 금융 부문에서 이들이 두각을 나타낼 수 있었던 결정적 이유라 할 수 있다.

이처럼 독특하고 유용한 관습은 정보의 중요성이 더없이 강조되는 현대사회에서 빛을 더욱 발한다. 월가 등 세계 금융시장에서 타의 추종을 불허하는 발군의 기량을 뽐내는 유대인의 활약상이 이를 반증한다. 의도한 바는 아니었을 터이나, 결과적으로 안식일을 잘 지킨 덕에 남보다 앞서갈 수 있었다. 또 앞서가다 보니 더 많은 부의 축적도 가능한 일이었다. 결국 안식일이 유대인의 경쟁력으로 작용한 셈이다.

주일보다 하루 이상 이른 안식일, 유대인 특유 성공 요체 현대 사회에서 더욱 빛 발해

앞서가야 유리한 '안식일 효과'는 핀테크(FinTech) 분야에서 더욱 절실하다. 정보통신기술(ICT)과 금융(Finance)의 융합은 금후 인류의 경제와 삶을 바꿔놓을 핵심적 변화의 하나로 꼽힌다. 그 변화는 이미 시작되었고, 선진 기업들이 한참 앞서가는 형국이다. 구글, 애플, 페이팔, 알리바바 등 글로벌 거대 기업들의 각축이 치열하다.

우리 금융당국과 금융사들도 이런 흐름을 간과한 것은 아니다. 입만 열면 이구동성으로 핀테크를 금과옥조로 내세웠다. 그렇다면 결과는 어떤가. 유감스럽게도 아직까지 이렇다 할 대안이나 서비스의 실체를 보여주지 못하고 있다. 비전이나 전략보다 선언이 앞서다 보니 가시적 성과가 나올 리 없었다. 늦게나마 정부가 핀테크 규제 개선에 발 벗고 나섰다.

우선 금융회사의 핀테크 기업 출자 제약을 해소하기로 했다. 금융회사가 100% 출자할 수 있는 금융 밀접업종 중 '핀테크 기업'의 범위를 확대했다. AI 등 신기술을 활용한 금융서비스 제공 시 관계기관 합동으로 자율적 기준을 수립해 인증·보안 기준을 마련한다. 금융 분야 빅데이터 활성화를 위해 금융지주 내 계열사 간 고객정보 공유를 허용하는 범위와 기간을 조정, 데이터 규제를 합리화한다.

또 카드 가맹점 매출 정보에 핀테크 기업이 접근할 수 있도록 가맹점의 정보제공 동의를 전제로 오픈 API를 구축한다. 비대면 금융거래 제약요인을 해소하고 디지털 금융시스템 전환을 가속화 한다. 다만, 가상통화를 활용한 해외 송금, 암호화폐 공개(ICO) 허 용 등을 중장기 과제로 미룬 것은 아쉬움으로 남는다.

이 정도 조치로 핀테크가 활성화될 리 없다. 겨우 숨통이나 틔 우는 임시방편에 불과하다. 앞으로도 기업의 창의성이 마음껏 발 휘될 수 있도록 정책적 관심과 후원을 아끼지 말아야 한다. 대한 민국 핀테크 산업이 비록 출발은 늦었으나, 세계를 리드하는 선구 자 반열에 속히 올라야 한다. 기업과 정부가 힘을 합하면 '나중 된 자가 먼저 되는' 극적 반전은 지금도 얼마든지 가능하다.

07

워털루 전투와
빅데이터 혁명

> **충격 강하고 효과 큰 빅데이터 혁명**
> **빠른 선점으로 한국 경제 되살리는 전환점 되기를**

정보가 돈이다. 비단 어제오늘의 얘기도 아니다. 귀에 못 박힐 정도로 들어온 터라 새로울 것도 없다. 그럼에도 정보로 떼돈을 번 얘기는 흥미롭다. 들어도 들어도 물리지 않는다. 근대 유럽의 금융 거부 로스차일드가(家)는 정보의 선각자다. 그 중요성을 누구보다 일찍 깨달았다. 실제로 그들의 자본형성 과정을 보면 정보력이 큰 힘이 되었다.

불쌍한 경제,
눈감은 정치

1815년 유럽에서는 세계사의 운명을 가를 큰 전쟁이 벌어졌다. 워털루 전쟁이다. 전쟁에서 나폴레옹이 승리하면 프랑스가 유럽의 맹주가 되고, 웰링턴이 이기면 영국이 패권을 거머쥘 형세였다. 로스차일드가는 전쟁 승패를 알기 위해 유럽 내 정보망을 풀가동했다. 동족 유대인의 네트워크가 힘을 발휘했다. 그해 6월 18일 브뤼셀 근교 워털루에서 나폴레옹이 패배하고 말았다. 로스차일드 런던의 네이선이 이 정보를 영국 왕실보다 먼저 손에 넣었다.

네이선은 곧장 증권시장으로 향했다. 전쟁 결과를 애타게 기다리던 투자자들의 시선이 큰손인 그에게 집중되었다. 그의 눈빛 지시에 따라 네이선 직원들이 국채를 내다 팔기 시작했다. 이를 본 투자자들은 영국의 패배를 직감했다. 갖고 있던 국채를 덩달아 매도했다. 증권시장은 순식간에 아수라장으로 변했다. 투매가 거듭되며 주가도 폭락했다. 채권은 액면가의 5% 이하로 급락했다.

돌연 네이선의 눈빛이 달라졌다. 네이선 직원들이 이번에는 폭락한 채권과 주식을 사들이기 시작했다. 다음날 반전이 일어났다. 나폴레옹이 8시간의 전투 끝에 병력의 3분의 1을 잃고 대패했다는 소식이 전해졌다. 승전보가 하루 지나서야 날아든 것이다. 주식과 국채의 가격이 천정부지로 치솟았다. 네이선은 하루만에 20배의 매매차익을 거뒀다. 영국 채권의 62%를 확보했다. 로스차일드가 영국을 샀다는 말까지 나왔다. 정보 선점(先占)의 괴력이었다.

과거는 정보, 지금은 빅데이터 시대
경쟁력 강화, 생산성 향상, 비즈니스 혁신의 최적 수단

정보의 가치는 여전하나, 의미와 효과는 예전만 못하다. 지금은 빅데이터 시대다. 데이터를 잘 관리해야 일이 풀리고 돈도 번다. 디지털 환경에서 생성되는 빅데이터는 규모가 방대하고 생성 주기가 짧다. 수치 데이터뿐 아니라 문자와 영상 데이터를 포함한다. 과거에 비해 데이터의 양은 물론 질과 다양성 면에서 비교가 안 될 정도로 거대하고 복잡하다. 그래서 수집도, 분석도, 관리도 어렵다.

빅데이터를 잘 활용하면 기업은 고객의 행동을 예측하고 대처 방안을 마련해 경쟁력을 강화시킬 수 있다. 생산성 향상과 비즈니스 혁신에 큰 도움이 된다. 공공기관도 빅데이터 활용을 통해 시민이 요구하는 서비스를 제공할 수 있다. 사회적 비용 감소와 더불어 공공 서비스 품질 향상을 기할 수 있다. 일거양득이다.

금융당국도 빅데이터 활용에 잰걸음이다. 금융위원회가 금융 빅데이터의 문호를 개방했다. 핀테크 기업과 금융회사, 교육기관 등이 은행, 카드, 보험 등 금융권에 축적된 정보를 활용할 수 있게 했다. 금융회사는 신용평가모형의 혁신이 가능해졌다. 금융소비자로서도 보다 낮은 금리로 대출을 받을 수 있는 길이 트였다. 곧이어 금융데이터를 사고팔 수 있는 거래소도 오픈될 예정이다.

"창의적 아이디어와 의지가 있는 누구에게나 데이터와 분석시스템을 제공해 인공지능산업의 성장기반을 마련하고, 데이터 기반의 혁신성장을 촉진할 수 있도록 하겠다"는 금융당국 책임자의 발언이다. 방향 설정이 맞고 뜻도 참신하다. 각종 사회적 현안 해결에 유용한 역할이 기대된다. 워털루 전투보다 훨씬 치열하고 충격과 효과가 거대한 빅데이터 혁명, 빠른 선점으로 침체된 한국 경제를 되살리는 전환점이 되었으면 좋겠다.

08

유대인의 '포트폴리오', 한국인의 '몰빵'

| 남의 수익 뒤쫓기보다 안정적 분산으로 미래 준비하는 지혜 배워야
안정 없이 성장 없다

　1492년은 세계사적 의미가 각별하다. 그해 스페인에서 세 가지 큰 사건이 발생했다. 먼저 이사벨 여왕이 이베리아 반도에서 이슬람을 축출, 스페인 통일을 완성했다. 이슬람 세력은 십자군 전쟁 시절에도 버텨냈던 최후의 거점 그라나다까지 내주며 이베리아 반도에서 물러났다. 그라나다 왕국의 마지막 왕 무함마드 12세가 저항을 포기하며 지브롤터 해협을 조용히 빠져나갔다.

콜럼버스의 신대륙 개척 위업도 그해 일어난 일이다. 오늘날 세계를 호령하는 미국의 탄생이 그해 신대륙 발견에서 비롯된 점에서 시대적 의미가 작지 않다. 현대적 세계 질서의 씨앗이 그때 파종된 셈이다. 이를 기점으로 서구(西歐)는 세계사의 주역으로 등장했고, 역사의 페이지는 중세를 마감하고 근대의 서막을 열 수 있었다.

그해 중요한 사건이 하나 더 있었다. 유대인 추방령이다. 이사벨 여왕은 그라나다 알람브라 성에서 교서를 발표했다. 일명 '알람브라 칙령'이다. 유대인은 '가톨릭 개종'과 '국외 추방' 중 하나를 선택해야 했다. 유대인 17만 명이 스페인을 떠났다. 전쟁으로 이완된 민심을 수습하고 신앙심 깊은 왕실로 권위를 회복하려는 종교적 단일화 의도가 표면적 이유였다.

이면에는 또 다른 이유가 숨겨져 있었다. 유대인의 재산을 몰수해 전쟁으로 바닥난 국고를 메우려는 속셈이었다. 콜럼버스 신항로 탐사에 소요될 왕실자금을 마련하려는 의도도 한몫했다. 유대인은 4개월 안에 재산처분을 허용받았으나, 화폐나 금, 은은 갖고 나갈 수 없었다. 적발되면 처형이었다. 유대인은 재산을 서둘러 헐값에 팔아치웠다. 살던 집을 내주고 당나귀를 구했고, 포도원을 몇 필의 포목과 맞바꿔야 했다.

늘 꿈꾸는 한국인, 절대 꿈꾸지 않는 유대인
과연 어느 쪽이 성공적일까?

그나마 불행 중 다행인 것은 유대인의 재산관리 방식이 재산처분에 큰 도움이 되었던 점이다. 유대인들은 탈무드 격언에 따라 재산을 나누어 관리하는 습관을 대대로 지켜왔다. 3분의 1은 현금으로, 3분의 1은 보석이나 골동품 같은 값나가는 재화로, 3분의 1은 부동산으로 부를 분산시켜 관리해 왔다. 안정적 재산관리 방식인 '포트폴리오(Portfolio)'는 여기서 유래했다.

이런 포트폴리오를 한국인이 모를 리 없다. 문제는 실천력이다. 한국인은 끊임없이 새로운 정보를 탐색하는 데 누구보다 열성적이다. 주변에서 큰 수익을 낸 정보를 접하면 그게 바로 모범답안이 된다. 이거다 싶으면 가진 돈을 한 곳에 몽땅 쏟아붓기 일쑤다. 이른바 '몰빵' 투자다. 빚까지 끌어다 쓰는 과욕도 서슴지 않는다. 순간의 판단에 따라 변동성 높은 부분에 모험 투자를 감행한다. 겁도 없다.

대상도 불문이다. 부동산 붐이 일면 건물과 토지를, 자본시장이 활황이면 주식과 채권을, 요즘처럼 환율이 오를 것 같으면 달러화를 앞다퉈 마구 사들인다. 한번 분 광풍은 쉽사리 가라앉지 않는다. 시장은 과열로 치닫는다. 피해는 막바지 참여자의 몫이 된다. 남의 말만 듣고 뒤늦게 뛰어들었다 패가망신하는 사례가 즐비한 이유다. 주식시장에서 개미들만 늘 마이너스인 것도 이

때문이다.

유대인이 분산투자를 고수하는 가장 큰 이유는 미래를 예측할 수 없기 때문이다. 향후 어떤 자산이 유망할지 모르기 때문에 부동산, 주식, 현금 등에 각각 30% 내외로 분산 투자를 하는 것이다. 실제로 성과도 좋다. 1993년부터 2015년 8월 말까지 미국의 부동산, 채권, 주식에 투자한 경우 주식의 수익률이 연평균 7.76%로 가장 높았다. 하지만 위험을 반영한 위험조정 수익률은 개별 자산에 투자한 것보다는 3분법 원칙의 포트폴리오의 성과가 더 높게 나타났다.

한국인은 늘 꿈을 꾸며 산다. 이에 비해 유대인은 절대 꿈을 꾸지 않는다. 유대인은 자신이 통제할 수 없는 영역에 대해서는 과도한 기대를 거는 법이 없다. 서로 닮은 점이 많다는 한국인과 유대인의 차이점 중의 하나다. 남의 수익을 뒤쫓기보다 안정적인 분산을 통해 미래를 준비하는 유대인의 지혜는 배울 만하다. 안정 없는 성장은 없다. 사상누각(沙上樓閣)은 지어지지 않는다.